LIBRES OPINIONS

MORALES ET HISTORIQUES

ESSAIS
SUR L'ÉPOQUE ACTUELLE

LIBRES OPINIONS
MORALES ET HISTORIQUES

PAR

ÉMILE MONTÉGUT

DU GÉNIE FRANÇAIS
LA RENAISSANCE ET LA RÉFORMATION — DES CONTROVERSES SUR LE XVIIIe SIÈCLE
DE LA TOUTE-PUISSANCE DE L'INDUSTRIE
DE L'INDIVIDUALITÉ HUMAINE DANS LA SOCIÉTÉ MODERNE
DE L'IDÉE DE MONARCHIE UNIVERSELLE
DE L'HOMME ÉCLAIRÉ
DE L'ITALIE ET DU PIÉMONT — FRAGMENT SUR LE GÉNIE ITALIEN
WERTHER — HAMLET
CONFIDENCES D'UN HYPOCONDRIAQUE

PARIS
POULET-MALASSIS ET DE BROISE
IMPRIMEURS-LIBRAIRES-ÉDITEURS
9, rue des Beaux-Arts

1858

ALENÇON. — TYP. POULET-MALASSIS ET DE BROISE.

AVANT-PROPOS

—

Ce n'est pas sans raison que nous avons donné aux essais réunis dans ce volume le titre général d'*Opinions* ; les pages qui suivent sont en effet de simples opinions, et si par hasard elles ont un mérite, c'est certainement de n'être pas systématiques. Elles ne sont pas l'expression d'un système, elles n'ont pas été dictées par l'esprit de parti, elles n'ont été inspirées par aucune secte, ni aucune école. Ces pages sont, pour la plupart, filles de l'occasion et non du parti pris. Le spectacle de l'activité industrielle exagérée, par exemple, a porté l'auteur à réfléchir sur les dangers qu'une civilisation matérielle excessive peut faire courir aux sociétés ; les prétentions du czar et la guerre de Crimée l'ont amené à rechercher l'origine de cet esprit d'envahissement que la Russie représente aujourd'hui plus que toute autre puissance. Libre de tout lien de parti, exempt de toute reconnaissance envers le passé ou le présent, n'ayant pas à craindre les reproches d'ingratitude ou de défection, l'auteur a vu se succéder les événements et les idées sans amertume et sans colère, il les a suivis quelquefois avec tristesse, mais toujours avec curiosité. Témoin désintéressé dans les luttes politiques et les combats intellectuels qui se sont livrés sous ses yeux, son grand souci a donc été non de les condamner ou de les approuver, mais de les comprendre et de les expliquer. Simple spectateur, son désir était de bien voir, et par conséquent son premier soin était de choisir la place où il serait le plus commodément assis et d'où il pourrait plus facilement embrasser le spectacle. Aussi a-t-il souvent changé de loge et de lorgnette, non par caprice et mobilité d'esprit, mais par attrait de curiosité; telle scène dont il n'eût pu pénétrer le sens aux premières loges lui révélait tous ses secrets dès qu'il se plaçait au parterre. Il y a tel phénomène social dont une opinion exclusive ne donnera jamais l'explication, et qui pour être compris doit être jugé d'après les opinions qui nous sont le plus antipathiques. En politique et en critique, il ne doit y avoir ni sympathies ni antipathies; le premier devoir est de comprendre, préférer n'est que le second. Libéral par nature et par goût, l'auteur a donc toujours tenu compte des opinions qui n'étaient pas les siennes et a varié ses points de vue

selon la nature du spectacle qui s'offrait à sa curiosité. Telle page pourra paraître inspirée par un
sentiment démocratique, telle autre inspirée par
des opinions absolutistes ; mais nous espérons que
le lecteur saura reconnaître que ces contradictions
ne sont qu'apparentes, et ne sont, pour ainsi dire,
que les *déplacements* d'une même pensée. Au fond,
un même esprit, l'esprit de liberté, sert de lien à
toutes ces pages, et s'il sortait de leur lecture une
autre impression qu'une impression libérale, ce serait la faute peut-être, mais à coup sûr la punition
de l'auteur.

Le lecteur trouvera cependant au fond de ce petit
volume une opinion permanente, inébranlable, qui
en est comme le principe et la substance. Nous avons
un goût très-vif pour le xvi⁰ siècle, un goût modéré
pour le xviii⁰. Nous sommes persuadés que tous
nos malheurs viennent de l'abandon où nous avons
laissé au xvi⁰ siècle le principe de liberté. Nos ancêtres ont laissé passer l'heure et le moment, et
lorsque nos pères ont voulu réparer les fautes de
leurs devanciers, ils n'ont pu accomplir leur tâche
qu'à moitié. L'heure propice était passée. Cet heureux équilibre entre le caractère et l'intelligence
qui distingue les générations du xvi⁰ siècle était
rompu. L'intelligence dut combattre seule, privée
de l'appui de la force morale. Au lieu de croyances,

nos pères n'eurent pour accomplir leur œuvre que des opinions. De là les tempêtes imprévues qui battent notre pauvre société et nos incessantes variations. De pilotes pour nous guider au milieu des orages nous n'en manquons jamais; mais de boussole nous n'en n'avons pas, et c'est cette boussole que nous offrait le xvie siècle et que nous avons repoussée. Nous avons voulu conserver des simulacres, et quand nous avons appelé la réalité, la réalité nous a puni de notre idolâtrie en ne nous répondant pas. Nous avons été complices, maintenant nous sommes victimes. La conduite de la France au xvie siècle a été pour elle un malheur irréparable, et il n'y a plus sans doute à revenir sur nos pas. Ce n'est donc qu'un regret que nous exprimons. Cependant nous livrons ce regret à la réflexion du lecteur. Qui sait? Si la vie des générations est courte, le temps est long et les ressources de l'âme humaine sont infinies et inépuisables.

Émile MONTÉGUT.

Paris, 11 juin 1858.

DU GÉNIE FRANÇAIS

—

Historiens et publicistes, nous sommes tous sujets à d'étranges erreurs, fruit de nos préoccupations personnelles et des influences délétères que nos passions exercent sur notre jugement. Nous jugeons souvent des choses par mauvaise humeur politique ou sous le coup d'une déception. Nous les voyons souvent, toute la vie, telles qu'elles nous sont apparues un certain jour, à un moment donné et sous un rayon particulier, qui transfigurait ou décolorait leurs traits véritables. Notre jugement exagère alors un détail outre mesure, et prend un point isolé de tel ou tel caractère pour l'ensemble même de ce caractère. Cela est vrai surtout des jugements que nous portons sur les peuples lorsque les révolutions sont venues ruiner nos espérances et mettre notre logique aux abois. Irrités des conséquences que tel ou tel défaut national a produites à une certaine minute, nous n'avons pas de peine à ne voir dans le passé qu'une longue série de conséquences fâcheuses engendrées par des défauts de même nature, comme auparavant nous ne voulions y voir qu'une longue série de conséquences heureuses que nos espérances étaient chargées de résumer et de couronner. Hélas ! la déception politique est semblable à toutes les autres déceptions ; elle augmente singulièrement notre clairvoyance sur certains points, et nous rend complètement aveugles sur d'autres. Bien des jugements contradictoires ont été portés sur la France depuis quarante ans, et surtout depuis la révolution de février. Formulés *ab irato* sous le coup des évènements, ils se sont ressentis de leur origine, et en dépit des progrès de la science historique, ils expriment souvent bien plus la disposition d'âme, les espérances ou les mécomptes de l'écrivain que le génie même de la nation. Ils ne tiennent compte que d'un certain ordre de faits, ils exagèrent l'importance des détails, et, nés d'un incident qui, si considérable qu'il soit, est destiné avec le temps à perdre sa couleur propre et à se fondre dans l'océan de faits que contient l'histoire générale, ils ont tous quelque chose d'exclusif, de passionné, d'intolérant. Ils partagent les passions des vivants, ils n'ont pas l'impartialité de la contemplation. C'est à ces passions que nous voudrions nous soustraire un moment pour essayer de surprendre le génie de la France dans son essence même, dans ce qu'il a de fondamental, d'indestructible, de permanent, de supérieur à ses vicissitudes changeantes, d'identique à travers ses innombrables métamorphoses.

La France est le pays le plus facile à juger en apparence, le plus difficile à juger en réalité, et tous les jugements qu'on a portés sur elle peuvent se ranger sous deux chefs principaux : la France est un pays monarchique, la France est un pays révolutionnaire. Peuple révolutionnaire ! dit cet historien, qui fait dater la France de 1789, et qui oublie qu'elle a été la plus monarchique des nations ; peuple anti-religieux ! dit un autre, qui oublie que l'Eglise a été soutenue, la Papauté fondée par l'épée de la France, la Réforme arrêtée dans son développement par l'obstination de fidélité de la France aux vieilles institutions ecclésiastiques. — Peuple traditionnel, monarchique, et que les querelles malheureuses de soixante années pleines d'orages ont fait faussement juger ! se croient alors en droit de répondre certains publicistes. Hélas ! ce jugement n'est pas mieux fondé que les autres. La vérité est que la France, pays des contradictions, est à la fois novatrice avec audace et conservatrice avec entêtement, révolutionnaire et traditionnelle, utopiste et routinière. Il n'est pas de pays où les choses meurent plus vite ; il n'en est pas où leur souvenir vive plus longtemps.

Oui, c'est un peuple révolutionnaire et traditionnel pour qui sait bien voir : révolutionnaire, parce que les métamorphoses y ont été plus nombreuses qu'ailleurs ; traditionnel, parce que sous toutes ces métamorphoses brille le même esprit méconnaissable en apparence.

Ces évolutions et transformations des choses ont un double caractère qui les rend tout à fait énigmatiques ; elles se présentent d'une manière si imprévue, si brusque, qu'elles surprennent le jugement et déconcertent la raison, et en même temps elles ont une apparence si singulière de simplicité et je dirais presque de bonhomie, que, le premier moment de surprise passé, vous vous étonnez de ne pas les avoir prévues et d'avoir pensé qu'elles pouvaient se produire autrement. Un autre fait non moins frappant, c'est la facilité inouïe avec laquelle la France change ses conditions d'exister et de penser ; nul effort, nulle tension des caractères, nul lent recueillement de ses forces, nul calcul préalable des difficultés de l'œuvre à accomplir ou de l'énergie des résistances qu'elle rencontrera. Comme un habile artiste qui sur son instrument parcourt avec le même indifférent enthousiasme toute la gamme des sentiments humains, le génie français passe sans transition d'un ordre d'idées à un autre avec une aisance qui confond le contemplateur, le remplit d'admiration, et en même temps l'alarme et quelquefois même le révolte. On admire la souplesse d'intelligence du peuple chez lequel de telles métamorphoses peuvent s'accomplir, on tremble pour sa conscience, on s'indigne de son facile oubli et de son apparente ingratitude. Chez les autres peuples, le temps est nécessaire pour opérer les révolutions politiques et morales ; on les voit poindre, se développer lentement, se greffer sur le passé ou usurper peu à peu sa place ; on saisit le point de transition d'un fait ou d'une idée à un autre fait ou à une autre idée En France, rien de semblable ; on passe de Bossuet à Voltaire sans préparation et sans transition marquées ; tour à tour chevaleresque, bourgeoise, monarchique, catholique, révolutionnaire, athée, industrielle, la France porte chacun de ces costumes avec une aisance telle qu'on croirait qu'elle n'a jamais porté que celui-là, et joue chacun de ces rôles avec une telle perfection de sincérité, qu'on est tenté de croire que le dernier est réellement le seul qui lui convenait. On dirait l'âme d'un sceptique supérieur, indifférent à toutes choses parce qu'il les comprend toutes également, ou d'un épicurien transcendant aimant le changement par plaisir et la variété par goût des contrastes, ou encore l'âme d'un artiste pour qui les choses sont bonnes et morales selon le parti qu'il en peut tirer et les émotions qu'elles lui procurent. Il n'en est rien cependant, et ce génie français, si propre à déconcerter ses amis et ses ennemis, s'élève bien au-dessus de telles interprétations.

Ce n'est pas en France que le génie français a été le mieux compris; nous nous moquons très-souvent des jugements des étrangers sur notre compte, mais ils en savent sur nous plus long que nous-mêmes. Nous nous accordons des qualités et jusqu'à des défauts qui ne sont pas les nôtres. Ainsi il est généralement tenu pour certain que le peuple français est un peuple pratique et de bon sens, et cela est vrai dans une certaine mesure, mais dans quelle mesure? Nous sommes pratiques, si l'on entend par ces mots une certaine tendance à réaliser en faits nos rêves les plus fuyants ou nos pensées les plus abstraites; nous ne le sommes pas, si l'on entend par être pratiques conformer sa conduite aux faits existants, et former ses pensées d'après l'expérience extérieure. Il est également admis que le Français est sceptique et se complaît dans le scepticisme : pure calomnie que nous propageons par esprit de fatuité; il n'est pas de nation où l'individu ait plus à cœur d'avoir une croyance précise, soit plus tourmenté lorsqu'elle lui manque, et fasse de plus sérieux efforts pour s'en forger une et se convaincre de la réalité des fantômes qu'a enfantés son esprit. Il en est de même de la proverbiale légèreté française. Nous ne sommes points légers, nous sommes téméraires et cyniques : téméraires devant les dangers et les difficultés de la vie, cyniques dans la défaite et devant le spectacle du mal. Au fond, notre prétendue légèreté, sous les deux formes qu'elle revêt, témérité et cynisme, contient la plus haute philosophie, celle de la résignation. Nous sommes donc légers si l'on veut, mais seulement dans les choses auxquelles toute la gravité du monde ne pourrait rien changer. Grâce à notre esprit militaire, à notre esprit révolutionnaire, nous passons pour un peuple aventureux, et néanmoins il n'y a pas de nation chez laquelle les habitudes aient autant de puissance. Enfin une opinion très-répandue veut que le Français, être sans profondeur, n'ait aucun penchant aux spéculations abstraites, rêveries bonnes seulement pour les habitants des brouillards allemands. Or il n'y a pas de peuple chez lequel les idées abstraites aient joué un aussi grand rôle, dont l'histoire témoigne de tendances philosophiques aussi invincibles, et où les individus soient aussi insouciants des faits et possédés à un aussi haut degré de la rage des abstractions. Ce ne sont là que des détails et des nuances, et nous pourrions les multiplier. Ils nous suffiront pour justifier ce que nous avons avancé, que le Français ne se connaît pas lui-même et qu'il se calomnie sans le savoir. Lorsque les étrangers, dans leur amour ou dans leur haine de la France, prononcent leurs jugements, souvent le Français refuse de les admettre. Ce Français qui tient surtout à se montrer par ses qualités secondaires, et qui s'ignore lui-même, s'étonne des compliments et des injures étranges qui lui sont adressés. — Peuple initiateur, peuple qui s'est chargé de faire pour les autres nations les expériences périlleuses ! disent les uns ; peuple ennemi des libertés d'autrui, tout prêt à sacrifier des victimes humaines à son Moloch de justice abstraite, sans souci des droits acquis ! disent les autres. Emphase allemande, vieille morgue anglaise ! répond le Français, qui ne comprend pas comment il a pu mériter cet excès d'honneur ou cette indignité. Et cependant il a tort : le génie de la nation à laquelle il appartient se retrouve bien mieux dans ces interprétations étrangères, qui l'étonnent si fort, que dans les opinions qu'il cherche à accréditer lui-même.

Un fait surtout est capable d'éclairer singulièrement sur les destinées de notre pays : ce sont les espérances qu'inspire la France à tous les partis européens sans distinction. Tous comptent sur son initiative ou sur son concours désintéressé pour faire triompher leurs illusions ou leurs rêves. L'absolutiste espère toujours que par un miracle notre nation retrouvera la tradition du droit divin ; le démocrate attend toujours de la France la parole magique qui soulèvra les peuples et les délivrera de la tyrannie ; le libéral anglais voit en nous les meilleurs agents

de la propagande pour le *self government*. Quels que
soient les mécomptes que la France leur réserve, ils ne
renonceront à aucune de leurs espérances, ils s'attacheront
obstinément à la pensée que d'elle viendra leur salut ; ils
compteront sur une de ces surprises, sur un de ces mouvements imprévus dont la France a donné si souvent le
spectacle, et lorsqu'ils sont déçus un instant dans leurs
espérances, quels reproches amers, quelles paroles insul-
tantes ils nous adressent ! On l'a vu dans les années qui
ont suivi 1848. On dirait qu'entre eux et nous il y a un
contrat écrit que nous avons déchiré, une promesse jurée
que nous avons trahie. Or que signifie cet espoir que tous
les partis mettent en nous, sinon que, dans leur pensée,
la France est la seule nation capable de dévouement intellectuel, la seule qui soit capable de préférer des idées
à des intérêts, et de sacrifier son repos au triomphe de la
justice ? Mais plus significatif encore et plus propre à faire
réfléchir est l'attachement du clergé catholique pour la
France. Souvent repoussé, toujours surveillé avec méfiance, il ne se rebute jamais et supporte avec indifférence les contraintes qu'on lui impose et les dédains qu'on
lui fait subir. C'est-là, dis-je, un fait très-significatif et
qui porte à la méditation. Quelque jugement qu'on pro-
nonce sur le catholicisme, il n'en reste pas moins certain
que le but qu'il poursuit est un but purement moral, que
la cause qu'il cherche à faire triompher est purement
idéale, qu'il rêve une société où tous les intérêts terrestres
seraient subordonnés aux intérêts spirituels, qui n'existe-
rait que pour la plus grande gloire de l'Eglise, où la vie
n'aurait d'autre raison d'être que Dieu même. Et pourtant
cet idéal du catholicisme est tellement éloigné de notre
manière de vivre et de penser, qu'il faut chercher ailleurs
que dans la patience proverbiale du clergé catholique la
raison de l'attachement tout particulier qu'il a conservé
pour cette nation qui a tant fait pour lui, qui a tant fait
contre lui, et des espérances qu'il ne cesse d'entretenir.
Egarée, mais non perdue, telle est la pensée constante de
l'Eglise romaine sur la France. Un instinct secret l'avertit
mystérieusement que cette France, catholique ou non,
est vouée par nature au service des causes idéales, et que,
même alors qu'elle s'est montrée furieusement athée,
révolutionnaire, utopiste, ses excès et ses égarements tra-

hissaient un invincible amour de l'idéal. C'est cet instinct qui a guidé le plus hardi défenseur de l'église romaine qu'ait vu notre siècle, qui lui a montré dans les fureurs de la Révolution le triomphe même du catholicisme, et qui lui a fait porter sur la France le jugement le plus étroit et en même temps le plus profond qui ait jamais été porté sur elle.

Nous avons maintenant trouvé le mot qui convient au génie de la France. La nation française est la nation idéaliste par excellence, celle dont les expériences et les révolutions ont eu le but le plus idéal, celle dont toute l'histoire trahit le mieux cette constante et glorieuse préoccupation. Essayons de retrouver, à l'aide de ses annales, les principaux caractères de ce peuple si mobile en apparence, si fidèle à lui-même au fond, extérieurement si sceptique, intérieurement si passionné, qu'on a toujours voulu faire passer pour épris de la réalité, et qui n'a jamais aimé que l'idéal, sous quelque forme qu'il se présentât, Église, Monarchie ou Révolution.

Je demande pardon d'avance pour la singularité des assertions que je vais émettre, et je me résigne à subir l'accusation de paradoxe. Les Français passent pour le plus irréligieux des peuples; mais leur histoire, lue avec attention, prouve, à chacune de ses pages, qu'ils sont un peuple essentiellement théocratique et théosophique. Ils l'ont été dès l'origine, et aujourd'hui encore, en plein règne de l'athéisme de la loi, il leur reste assez de cet esprit pour donner courage et espoir aux défenseurs de l'antique religion nationale. Je ne crois pas qu'il faille attacher aux instincts celtiques et aux croyances druidiques toute l'importance que certains historiens ont cru devoir récemment leur attribuer; toutefois notre primitive histoire révèle un fait saisissant : c'est le contraste que, sous le rapport de la religion, les Celtes présentent avec les autres Barbares. La religion des Germains n'est pour ainsi dire qu'une expression superstitieuse des profonds instincts de race. C'est un effort obscur et incohérent de l'esprit pour expliquer les forces naturelles, une philosophie rudimentaire. Rien n'y dépasse l'horizon de l'homme et de la nature : aucun pressentiment de ce qui constitue essentiellement la religion, c'est-à-dire la croyance à un monde surnaturel, ne s'y laisse aperce-

voir. Le culte de Teutatès et de Hertha est une philosophie naturelle à l'état grossier. La religion d'Odin est une
divinisation de la vie de combat chère aux Scandinaves.
Un principe purement humain, recouvert d'une enveloppe
religieuse, domine ces vieux cultes barbares et ces vieilles
légendes runiques, qui n'offrent, de quelque côté qu'on
les considère, que des symboles de la matière animée,
des emblêmes de la force, des apologies de la vaillance
et du combat. Sous ce vieux paganisme, on distingue très-
nettement le germe de ce grand système, conception
essentiellement propre à l'esprit germanique, qui, sous
diverses formes, s'est développé et précisé de siècle en
siècle, et a fini par s'appeler du nom de panthéisme. La
religion des Celtes n'est pas, comme celle des Germains
ou des Scandinaves, une grossière philosophie naturelle
ou un sauvage anthropomorphisme. Cette religion dépasse
la nature, laisse l'homme soumis au sentiment auquel le
soumet toute vraie religion, celui de la dépendance, et
s'appuie sur la croyance à un monde surnaturel. Elle
promet à l'homme des destinées ultérieures qui ne seront
pas la continuation vulgaire de la vie actuelle, et, par ses
dogmes de la métempsycose, de l'éternité et du progrès
incessant de l'âme, elle semble à la fois un écho des
grandes doctrines de l'Inde et une préparation du spiri-
tualisme chrétien. Ainsi, chez nos ancêtres, le sentiment
religieux, au lieu de se présenter à l'état d'instinct obscur,
et d'être déterminé, comme chez tous les peuples barbares, par une admiration, une épouvante ou un étonnement de l'âme faisant effort sur elle-même pour s'expliquer le mystère de la nature, se présente à l'état de
croyance, appuyé sur tout un corps de doctrines très-com-
plètes, très-subtiles et très-raffinées déjà. Mais ils n'ont
pas seulement le sentiment religieux plus épuré, ils ont
aussi l'esprit plus sacerdotal, si nous pouvons nous exprimer ainsi, et attachent une plus grande importance aux
fonctions religieuses. Une singulière théocratie s'élève
au-dessus d'eux. Les druides sont un collége de prêtres,
une hiérarchie ecclésiastique, déjà un clergé. Dans cette
société primitive, les dépositaires du pouvoir spirituel ont
une plus grande importance que partout ailleurs dans le
monde barbare. Ce n'est donc pas à tort qu'on attache
aujourd'hui plus de prix qu'autrefois à ces origines celti-

ques et à cette vieille religion druidique qui nous révèlent
bien clairement un fait, à savoir que si nos ancêtres
n'avaient pas un sentiment de la nature aussi vif que
celui des Germains, ils avaient bien davantage, en revanche, le sentiment d'un idéal plus dégagé du monde extérieur, plus purement métaphysique et moral.

Lorsque la religion changea, cet instinct théocratique
persista et grandit encore en s'épurant. Nulle part les
prêtres et les évêques du christianisme n'eurent une prise
plus facile sur les populations de l'empire, et lorsque les
Barbares se présentèrent en Gaule, c'est plutôt avec le
pouvoir sans armes de la parole divine et du sacerdoce
qu'ils eurent à se mesurer qu'avec les lieutenants du
pouvoir impérial. La lutte était trop inégale, et les Barbares furent vaincus. Ils furent comme surpris et ensor-
celés par des paroles magiques, et montrèrent une soumission, une obéissance, un empressement à suivre les
avis et les ordres des évêques et des prêtres qui témoi-
gnent à la fois et de la noblesse native de la nature humaine, même barbare, et de l'étendue d'influence du
clergé dans la Gaule romaine. Sous cette tutelle religieuse,
ils devinrent dès le premier instant ce qu'ils devaient être
durant tout le moyen-âge, les fils aînés de l'Eglise, les
soldats et les lieutenants de Dieu agissant par les armes
franques, comme disent les chroniques du temps : *Gesta
Dei per Francos*. On ne vit point en France ce qu'on vit
dans les autres royaumes barbares, en Angleterre et en
Italie par exemple, des rois barbares exerçant un pouvoir indépendant de l'Eglise, résistant à la puissance
ecclésiastique, ou s'obstinant, avec un sauvage orgueil,
dans leurs anciennes habitudes de commandement et
dans leur rôle de chefs de tribus. Dans les origines de la
monarchie française, aussitôt après la mort de Clovis, on
sent partout une action indirecte et mystérieuse autrement
puissante que la hache et la framée franques, et qui de
toutes parts enlace, presse dans un réseau invisible et
serré le chaos de barbarie au milieu duquel agonisent
les populations. On voit les chefs barbares passer comme
des ombres sanglantes, s'agiter, s'égorger, jouer dans tous
ses détails leur sanglante pantomime., mais ce n'est qu'une
pantomime : la pièce véritable, sérieuse, se joue ailleurs.
La monarchie française se fonde dans leur personne, mais

à leur insu et presque sans aucune participation de leur volonté. Ils règnent et ne gouvernent pas; des prêtres habiles, des créatures du clergé dirigent à des titres divers cette royauté débile, et malheur à tout ministre hostile au clergé ou représentant de quelque influence contraire à la sienne. Il est sûr d'être écarté, exilé, mis au secret dans un cloître, calomnié jusque dans la postérité la plus reculée, déclaré traître, ambitieux et ennemi de l'état. La France est fondée avec le concours d'une barbarie nominalement puissante, moralement sans empire, et cette barbarie s'étiole et s'énerve rapidement, comme étouffée sous les embrassements du clergé. Lorsque la première dynastie de cette race conquérante dut céder la place à une famille nouvelle, les talents et l'énergie de ces nouveau-venus ne servirent pas moins bien les vues du clergé que les vices et la faiblesse de leurs prédécesseurs. C'est lui qui leur donna leur raison d'être et détermina la mission qu'ils devaient accomplir : établissement de la puissance temporelle des papes, conversion violente de l'Allemagne, idoles poursuivies et brisées jusque sur les bords de la Vistule et sur les rivages de la mer du Nord. C'est au profit de l'Eglise et sous l'inspiration de l'Eglise que règnent et combattent les rois carlovingiens ; c'est à son triomphe et à son exaltation qu'ils travaillent. L'œuvre politique de Charlemagne tombe en ruine dès sa mort, mais sur cette poussière l'Eglise reste debout, vénérée et terrible, unique puissance, pouvant déjà, à son gré, faire et défaire toutes les autres, comme le prouvèrent les scènes qui accompagnèrent et suivirent la déposition de Louis-le-Débonnaire et la dissolution de l'empire carlovingien.

L'Eglise ! c'est le grand mot de la France durant tout le moyen-âge ; désormais leurs destinées sont indissolublement unies. La France et l'Eglise seront souvent en querelle, jamais en guerre ouverte. On se chicanera sur des points de détail, jamais sur une question importante et capitale ; même alors qu'on imposera des entraves à l'Eglise, ce sera en l'aimant et en la conservant grande, en transportant son esprit sur le trône, comme fit saint Louis. Malgré le soufflet de Philippe-le-Bel à la papauté, lorsque les souverains français résisteront à Rome, ce sera bien moins en leur nom et par jalousie de leur pou-

voir qu'au nom de l'Eglise de France et par jalousie de
ses franchises et de ses libertés. Ces querelles n'entraîneront point, comme en Allemagne, les graves questions
des droits respectifs du pouvoir temporel et du pouvoir
sacerdotal ; elles n'entraîneront point, comme en Angleterre, une hostilité sourde qui, un jour ou l'autre , finira
par se traduire chez le peuple en une rupture ouverte, et
chez les souverains en des résolutions sanglantes, pareilles
au meurtre de Thomas Beckett. Les membres de l'Eglise
seront bafoués et raillés par les jongleurs et faiseurs de
fabliaux, lorsqu'ils laisseront apercevoir quelques faiblesses humaines en désaccord avec leur caractère sacré
et leurs prétentions à la sainteté, mais l'Eglise elle-même
sera respectée : inoffensives railleries d'ailleurs, dont on
a souvent, je le crois, exagéré l'esprit et la portée, bien
moins dangereuses pour l'Eglise que ces interprétations
politiques des doctrines chrétiennes qu'Arnaldo de Brescia
a prêchées en Italie, que ces sermons mystiques avec lesquels Eckart et Tauler transportent l'âme des populations
du Rhin, ou que ces prédications évangéliques dans lesquelles un Wicleff attaquera l'organisation ecclésiastique.
Au moyen-âge, la véritable résistance à l'Eglise en France
vient de l'Eglise même et a un caractère tout ecclésiastique. La France est plus orthodoxe que toutes les autres
nations, elle est la patrie de l'orthodoxie même. Elle
attaque l'Eglise dans ses abus humains et non dans ses
principes ; elle lui résiste, non pour un motif impie, politique ou philosophique, mais pour un motif religieux,
parce qu'elle ne trouve pas l'Eglise assez religieuse, assez
conforme à l'idéal de perfection qu'elle s'est créé. Si la
papauté a besoin de secours temporels, l'épée de la France
est à son service, et grâce à elle le suprême pontife est
assuré de triompher de ses ennemis ; mais si elle a besoin
de réprimandes, elles ne lui manqueront pas. Le champion par excellence de l'orthodoxie, saint Bernard, passera
sa vie à demander la réforme des abus et à les réformer
lui-même ; plus infaillible que la papauté, lorsque l'Eglise
sera divisée par les prétentions des pontifes rivaux, sans
embarras ni crainte, le grand docteur fera cesser le
scandale qui désole le monde chrétien et désignera d'un
geste d'autorité le véritable pontife. Cette prétention de la
papauté à l'infaillibilité, les docteurs français la déclare-

ront, si cela devient nécessaire, contraire aux traditions et à l'orthodoxie, et la transporteront du pape au concile, et de Rome à l'Eglise universelle. De saint Bernard à Gerson et à Pierre d'Ailly, la France n'a cessé de s'élever contre les abus ecclésiastiques, de demander la réforme de l'Eglise, et cela non dans une pensée hostile encore une fois, mais par intérêt pour l'Eglise, car la France du moyen-âge, si prompte à s'élever contre l'injustice et le népotisme des prêtres, est d'une ardeur sans égale quand il s'agit de repousser leurs ennemis ; elle ne les persécute pas, elle les détruit entièrement. Le rationalisme naissant est écrasé dans son germe avec Abailard ; l'audacieuse hérésie des Vaudois est noyée dans le sang et ensevelie sous les ruines d'une civilisation charmante. Jean Gerson et Pierre d'Ailly, de la même main dont ils viennent de signer la déchéance de Balthasar Cossa, signent la condamnation des doctrines de Wicleff et le bûcher de Jean Huss. Tel est l'esprit religieux de la France du moyen-âge ; dans ses persécutions comme dans ses cris de réforme, elle n'a jamais eu en vue que l'orthodoxie. Rien ne l'en fait dévier, ni les abus et les scandales contre lesquels elle s'élève, ni les pentes dangereuses de la rêverie monastique et les excès de la vie contemplative, ni ces sollicitations et ces inquiétudes de l'esprit humain qui remue sourdement avant de s'éveiller tout à fait et pour toujours

C'est cette prétention permanente à l'orthodoxie qui a fait depuis son origine jusqu'à son déclin l'originalité de l'Eglise française. S'il y a dans la chrétienté une église qui se soit attribué le droit d'infaillibilité, c'est l'Eglise française. « Nous sommes les meilleurs juges de la vérité religieuse, » telle est la parole hardie que semblent répéter de siècle en siècle nos théologiens et nos docteurs depuis saint Bernard jusqu'à Bossuet. Cette prétention a eu de grands résultats qui remplissent toute notre histoire : elle a donné à la France assez de liberté d'esprit pour empêcher la religion d'y dégénérer jamais en superstition, elle lui en a donné trop peu pour qu'il lui fût possible de rompre avec les vieilles habitudes et d'oublier les vieux enseignements. Elle a empêché la France de tomber dans l'asservissement spirituel, elle lui a défendu, en même temps, de se délivrer jamais entièrement de la tutelle ecclésiastique. Elle lui a permis de résister à la papauté

et de lui faire la leçon, elle a conservé et préservé contre
les attaques les plus furieuses ou les mieux fondées,
contre la Renaissance, contre la Réforme, contre le rationalisme et la révolution française, le catholicisme et
les institutions catholiques. Le plus hardi champion de la
papauté a senti, sans l'expliquer, cette prétention qui lui
paraît arrogante et illogique. Dans son livre sur l'Église
gallicane, il s'étonne de cette tendance à vouloir former
une église séparée au sein de la grande unité catholique.
« Il n'y a qu'une Église universelle, dont le centre est à
Rome, s'écrie-t-il ; ce n'est qu'en France que l'on ait entendu parler d'une Église nationale. Qui a jamais entendu
parler d'une Église italienne, d'une Église espagnole,
d'une Église polonaise ? » Cela est très-vrai ; mais le raisonnement de M. de Maistre, fondé au point de vue philosophique, est bien léger au point de vue historique. Ce
que M. de Maistre reproche à l'Église française est précisément ce qui fait sa gloire. Si l'on n'a jamais entendu
parler dans les autres pays d'une Église nationale, c'est
qu'il n'y a jamais eu, au sein du catholicisme, d'autre église
que l'Église gallicane qui ait eu une vie propre, qui ait
existé d'une manière indépendante et libre. Toutes ont
plus ou moins dépendu de Rome, ont tiré de la ville éter-
ternelle leurs doctrines, leur règle de conduite, leur ligne
politique, leur mot d'ordre ; toutes ont subi son influence
et ont imité son esprit, imitations ou naïves, ou ardentes,
ou fanatiques, ou même scandaleuses, et ayant par conséquent une certaine originalité qu'on ne peut nier, mais
imitations véritables. Il n'en a pas été de même de l'église
de France. Même aux pires époques et sous les influences
les plus violentes elle s'est maintenue indépendante,
et s'est réservé le droit de discuter et de rejeter les
doctrines qu'on cherchait à lui imposer. Elle s'est toujours attribué une autorité religieuse à côté de l'autorité
suprême. En un mot, elle n'a pas été seulement un ra-
meau de l'arbre gigantesque grandi sur les ruines de
l'ancien monde, elle a été elle-même un grand arbre, possé-
dant une vie particulière, tirant de la terre natale la sève
destinée à alimenter ses rameaux et son riche feuillage,
et cet arbre n'a cessé, pendant de longs siècles, de fleurir
et de reverdir à chaque génération nouvelle avec une
abondance surprenante qui témoignait des fertiles élé-

ments du sol généreux dans lequel il plongeait ses racines. Mais sa dernière floraison a été la plus étonnante de toutes. A la veille du jour où la hache devait le frapper mortellement, montrer à nu ses fibres desséchées par la vieillesse, sa carie intérieure et ses cavernes creusées par le temps, la nature sembla réunir toutes ses forces, fit un suprême effort pour résumer dans ce dernier reverdissement d'automne tout le charme et toute la majesté des saisons expirées. On eut ce miracle si inattendu du XVIIe siècle, cette renaissance inespérée du système catholique un siècle après la Réforme, et grâce à la France, on put croire un instant que l'antique religion allait comme autrefois gouverner le monde, et que le grand schisme du XVIe siècle allait passer comme un mauvais songe. Le protestantisme battit en retraite humblement et presque en baissant la tête, comme s'il eût craint d'affronter tant de majesté; le rationalisme, qui, sous le nom de système cartésien, venait de naître, fut rapidement absorbé dans les doctrines de l'Eglise et couvert d'un manteau d'orthodoxie; aucune puissance ennemie ne tint devant elle. Tel fut, résumé fidèle de tout son passé, le dernier grand jour de cette Eglise française, l'institution qui a laissé chez nous les traces les plus nombreuses et les plus indestructibles vestiges.

Dans aucun pays, le clergé n'a été autant mêlé qu'en France aux affaires politiques; dans aucun, il n'a plus gouverné. L'Eglise a été le principe de toutes nos institutions; elle a été ensuite leur inspiratrice et leur conseillère, elle les a teintes de ses couleurs et marquées de son blason. La seule grande institution de notre pays après l'Eglise est la Monarchie, mais elle ne vient qu'en seconde ligne, et on peut dire qu'elle a été formée sur un modèle ecclésiastique, tant son caractère diffère du caractère des autres monarchies. Le dernier grand esprit de l'Allemagne avait remarqué que la monarchie française avait une physionomie théocratique, et que nos rois avaient une certaine allure cléricale. Rien n'est plus juste; quand on parcourt notre histoire, on croit apercevoir, toujours étendue derrière le trône, la main de ces évêques qui fondèrent et bénirent la monarchie française. Nos rois ne remplissent pas des fonctions, ils exercent un sacerdoce politique. Un roi de France ressemble plus à un pontife

qu'à un chef d'état. Il se rapproche plus d'un pape que
d'un roi d'Angleterre ou d'un empereur d'Allemagne.
Ceux-ci sont bien de purs chefs temporels faits pour marcher à la tête de leurs armées ou pour dicter leurs vo-
lontés devant des conseils politiques; l'épée, la couronne,
la main de justice, sont les seuls insignes qui les distinguent. Ils ne veulent d'autre prestige que celui que
donnent la possession et l'exercice de la force. Bien différents sont les rois français. Dans leurs qualités comme
dans leurs défauts, ils trahissent un caractère formé par
l'éducation cléricale. A quelques exceptions près, ils
ne se soucient point de batailler et de combattre comme
les souverains germaniques. Bons généraux et mauvais
soldats, ils frappent par leur intelligence beaucoup plus
que par leur héroïsme. Les vaillantes prouesses, les beaux
faits d'armes, les exploits chevaleresques ne sont pas leur
affaire, et le grand Philippe-Auguste pourra paraître peu
brillant à côté d'un Richard au cœur de lion et d'un Frédéric Barberousse. Les rois chevaliers et hommes d'armes, les *héros* ne nous ont d'ailleurs jamais porté bonheur; nous en avons eu deux, le roi Jean et le roi
François Ier, et leurs grands coups d'épée ont failli avoir
pour résultat de tuer à jamais la France. Rusés, patients,
politiques, temporisateurs comme des prêtres, les rois français ont remplacé le prestige que donne la force par le
prestige que donne la majesté. Ils sont imposants et leur
plus grand souci est de travailler à l'être ou à le paraître.

Autre contraste, la monarchie française est la seule qui
ait eu la prétention d'être une monarchie à la façon biblique. Le roi s'attribue un pouvoir patriarcal, il n'est pas le
chef de ses sujets, il en est le père, et il réclame d'eux
l'obéissance et la docilité que le père réclame de ses enfants. Les théories de pouvoir paternel, protecteur, qui
partout ailleurs n'ont eu qu'un sens utopique, ont toujours eu en France une quasi-réalité. Les utopies de
Thomas Morus et d'Harrington n'expriment que des chimères individuelles, nées du dégoût de la réalité; mais
Salente exprime encore autre chose que les chimères de
Fénelon, elle exprime une des tendances les plus marquées de l'esprit français, la tendance à la tyrannie dé-
bonnaire, à l'autorité facile, à la justice indulgente, toutes
choses qui répondent à un idéal de gouvernement ecclé-

siastique, et qui ont été l'idéal du gouvernement de l'Église à toutes les époques, depuis les apôtres jusqu'aux modernes jésuites et à leur république du Paraguay. Partout ailleurs, enfin, les doctrines du droit divin ont été considérées comme des innovations scandaleuses et se sont produites fort tard. Lorsque le chimérique Jacques Ier mit en avant ses prétentions au pouvoir divin, la politique Angleterre recula d'épouvante devant ces théories bénignes ; mais moins de cinquante ans après lui, Bossuet les formulait en France, dans un livre majestueux qui ne blessa personne et qu'aujourd'hui encore, après les déclarations des droits de l'homme et cinq ou six constitutions déchirées, nous lisons sans étonnement et sans colère, tellement ces théories sont conformes à nos instincts secrets, sinon aux idées que nous avouons. Cette doctrine du droit divin, qui consacre l'alliance du pouvoir sacerdotal et du pouvoir politique, qui imprime à la royauté un caractère religieux, est pour ainsi dire une des traditions de l'esprit français, et s'y est toujours maintenue obscurément et d'une manière latente. Nous n'avons pas poussé la superstition jusqu'à faire du roi une émanation de Dieu, mais jamais nous n'avons consenti à voir en lui un pur chef d'État. Nous lui avons toujours attribué un pouvoir mystérieux, un certain don des miracles, et l'infaillibilité que nous avons refusée quelquefois au pouvoir religieux, nous l'avons accordée et nous l'accordons sans trop de peine au pouvoir politique. Telle apparaît la monarchie française, l'unique pouvoir sérieux que la France ait jamais eu en dehors de l'Église. Quoique séparée de l'Église, elle s'est formée à son ombre, elle en porte la marque, elle en parle la langue. Si quelque chose rappelle sous une forme moderne les antiques monarchies orientales, émanations des théocraties, c'est bien la monarchie française.

Cette influence théocratique a été bien plus forte encore sur la noblesse française. Notre aristocratie semble n'avoir jamais eu de libre arbitre. Si elle a songé à se rendre indépendante de la royauté, elle n'a jamais songé à se rendre indépendante de l'Église, et c'est en partie à cette raison qu'elle a dû la mauvaise fortune de ne jamais devenir une classe politique. Nos rois, malgré leur titre de fils aînés de l'Église, et quoique serrés de près par le subtil réseau de l'influence ecclésiastique, ont su résister à l'Eglise et maintenir leur pouvoir séparé du sien ; ils ont su vouloir malgré l'Eglise et contre l'Eglise ; notre noblesse n'a jamais voulu que ce que voulait l'Eglise. Elle a vécu, agi, combattu sous l'égide sacerdotale ; les actes les plus brillants de son existence et les taches les plus sanglantes de son histoire, elle les doit à l'inspiration du clergé. Elle a marché d'un élan sans égal aux croisades, elle s'est laissé mener sans répugnance au massacre des Albigeois. Nos nobles, si fiers, si brillants, si prompts à l'oppression, si détestés du peuple et des petits (ce que l'on ne rencontre dans aucun autre pays), n'ont été que les serviteurs et les exécuteurs des hautes œuvres du clergé. Vous rencontrez leur main et leur épée dans toutes les persécutions religieuses. Une fois ils ont eu l'occasion de se débarrasser de cette tutelle ; ils l'ont dédaigneusement laissée passer. Lorsque la Réforme éclata, ils pouvaient, en adoptant le protestantisme, cesser d'être ce qu'ils avaient toujours été, de purs soldats, inutiles partout ailleurs que sur des champs de bataille. Ils pouvaient devenir une classe politique. Tout le leur conseillait, et l'exemple des aristocraties du Nord, et leur propre turbulence, et leurs propres convoitises. Ils laissèrent passer cette occasion unique, qui ne pouvait plus se représenter ; un petit nombre adopta la Réforme, mais le grand nombre, après un moment d'hésitation, resta fidèle à la vieille cause. De même que leurs ancêtres n'avaient eu aucun scrupule de massacrer, pour plaire au clergé, leurs propres frères en chevalerie, les compagnons d'armes de Raymond de Toulouse et de Roger de Béziers, ils n'eurent alors aucun scrupule de massacrer les nobles protestants et d'aller se confondre dans les rangs de la Ligue avec la populace des sacristies et les bourgeois des confréries ; car la puissance du clergé sur la noblesse a été telle qu'elle a pu rompre le lien puissant qui réunit les aristocraties, la solidarité. Les destinées de la noblesse ont donc été enchaînées à l'Eglise par les nœuds les plus étroits ; nobles et prêtres ont partagé la même fortune bonne et mauvaise, comme le font les maîtres et les serviteurs d'une grande maison. Ils ont triomphé ensemble, périclité ensemble, et ont disparu le même jour. La dernière grande campagne du clergé, la guerre de Vendée, a été la dernière campagne de la noblesse française. Cette alliance, ou pour mieux dire cette servitude, a été tellement forte qu'elle dure encore.

C'est sur la noblesse française que cette influence sacerdotale a eu les conséquences les plus funestes, et cependant nous n'oserions prononcer un jugement trop sévère. De même qu'elle a imprimé à la monarchie un caractère quasi pontifical, elle a donné à la noblesse féodale un plus grand désintéressement des réalités politiques et un goût plus vif des choses du pur esprit. Chez les autres peuples, le féodal est un personnage dur, égoiste, anarchique, prompt à venger ses insultes ou à prendre les armes pour augmenter son bien du bien d'autrui, lent à se mettre en mouvement s'il s'agit d'une affaire d'intérêt général ou d'une entreprise qui ne le touche pas directement, brutal comme un soldat et processif comme un légiste, populaire cependant (et c'est par là qu'il se rachète de ses vices) en ce sens qu'il est aussi grossier que ses vassaux, qu'il les tyrannise avec cette familiarité toujours chère à la populace, et qu'il n'y a entre eux et lui d'autre différence que celle du commandement à l'obéissance. La noblesse féodale française a exactement les mêmes défauts, sauf la grossièreté et la familiarité populaires. De très-bonne heure elle a eu une éducation différente de celle de la nation, de très-bonne heure elle a eu une grande supériorité d'intelligence et de manières, et c'est, je crois, à ses rapports très-intimes avec le clergé et à son attachement pour lui qu'elle doit ce caractère. Le clergé lui a insufflé son esprit, qui peut être dangereux parfois, mais qui n'est jamais grossier; il l'a chargée de ses causes, qui peuvent être oppressives, mais qui ne sont jamais vulgaires. De là une certaine allure réellement noble, une véritable élévation d'âme qui charment et attirent au milieu de la rude société qu'elle tyrannise. Cette supériorité réelle de la noblesse sur le reste de la nation s'est maintenue longtemps, et lui a permis à plusieurs reprises d'exprimer, aussi complètement qu'il est possible de le faire dans les conditions de la terre, les chimères idéales de son époque. Les nobles français ont eu, au plus haut degré, le génie de l'*impraticable* et le goût des belles choses inutiles ; artistes en guerre, en amour, en politique, en mondanités, ils ont réalisé le

programme romantique : faire de l'art pour l'art. Jamais
un vulgaire but politique ne les préoccupe, jamais ils ne
cherchent un résultat banalement pratique ; ils sont héroïques pour le plaisir de l'être, et parce que l'héroïsme
est une vertu qui sied bien à un gentilhomme. Point de
passions amoureuses et politiques, cela est trop naturel
et trop populaire, mais une galanterie raffinée, exquise,
et dans l'intrigue une souplesse et une dextérité inexpri-
mables. Ils vivent et se meuvent avec aisance dans le
monde des superfluités élégantes, et tel est leur amour
pour elles, qu'ils jugent tout exclusivement au point de
vue de la grâce ; les vertus humaines ne les préoccupent
qu'autant qu'elles sont susceptibles d'avoir une tournure
élégante, et ce sont les seuls hommes qui aient eu le talent
d'élever certains vices à la hauteur de vertus véritables.

Si l'idéal constitue, ainsi que nous l'avons dit, le génie
français, notre noblesse représente bien certaines parties
de ce génie. Nous lui devons une chose très-noble, la
chevalerie, une chose charmante, la politesse. La Chevalerie, idéal poétique du moyen-âge, a été en France, et
en France seulement, une demi-réalité. Si nos rois brillent plus par la majesté et l'habileté politique que par
l'héroïsme militaire, nos nobles féodaux en revanche
éclipsent ceux de tous les autres pays par leur bravoure
et leur audace. Ils rendent au loin le nom de Franc syno-
nyme de Chrétien et d'Européen ; l'éclat qu'ils jettent est
tel que les peuples résument en eux toute une moitié du
monde, et la vie de vingt nations différentes. Normands
et Flamands, Languedociens et Provençaux, les chevaliers
d'origine française sont les seuls qui répondent à peu
près à cet idéal de vie aventureuse, de vaillance, de courage désintéressé ou de sainteté militaire que réveille en
nous le nom de Chevalerie. En tenant compte de la distance qui sépare toujours les actes accomplis de l'idée qui
leur donna naissance et le type réalisé du type idéal, on
peut avancer sans crainte que nos chevaliers se sont ap-
prochés, aussi près que le permettent les conditions humaines, de la perfection chevaleresque. Ce sont eux qui
ont décidé ce grand mouvement des croisades qui, pendant deux siècles, devait être la chimère idéale des nations, le rêve poursuivi par toutes les grandes âmes, et,
mieux que cela, le moyen de satisfaction de tous les

instincts élevés de l'humanité. Les autres peuples hési-
tèrent avant de se lancer à poursuivre cette grande
aventure ; Anglais, Allemands, Hongrois, Italiens, en-
trèrent successivement dans le mouvement comme en-
traînés par l'exemple ; mais l'exemple lui-même vint de
la France. Là, nulle hésitation, nulle lenteur, nulle prudence, mais un grand élan spontané, unanime, désintéressé. Jamais chevalier du Saint Graal ne s'est mis à la
poursuite du temple mystérieux l'âme plus enivrée d'espérances infinies, l'imagination plus éprise de dangers à
vaincre et de princesses captives à délivrer, que nos chevaliers de la première croisade marchant à la conquête
du Saint Sépulcre. Dans un instant unique, ils dépas-
sèrent tous les exploits imaginaires des poèmes chevaleresques, et éclipsèrent les noms des chevaliers fabuleux
de la fabuleuse Table-Ronde ou de la cour apocryphe du
Charlemagne légendaire. La piété sincère, la ferveur religieuse de Godefroid de Bouillon font paraître bien
froides les sentimentalités dévotieuses des chercheurs du
Saint Graal, et les exploits de Tancrède et de Bohémond
sont plus poétiques dans leur réalité que ceux de Lan-
celot ou de Tristan. Si la chevalerie réveille en votre
esprit plutôt des idées d'aventures, de surprises imprévues, de fortunes magiques, que des idées de piété religieuse ou d'héroïsme guerrier, la France du moyen-âge
vous offrira encore dans les personnes de Robert Guis-
card et de Roger, et des ducs de Trébizonde ou d'Athènes,
compagnons du comte-empereur Baudouin, des types
propres à satisfaire les exigences de votre imagination.
Sous quelque aspect qu'on envisage la chevalerie, c'est la
France qui en a fourni l'expression la plus complète, car
c'est sur son sol seulement qu'elle a été autre chose qu'un
beau rêve et une brillante chimère.

Il y a mieux, cet idéal lui-même appartient à la France,
qui en a fait don à l'Europe entière. Cette France si peu
féodale, c'est elle cependant qui a donné la première le
modèle le plus achevé des institutions féodales, et qui a
fait de la chevalerie leur couronnement. C'est par la
France que les autres peuples ont connu la chevalerie :
nos Normands français la transportèrent en Angleterre
au milieu des rudes Saxons, qui eussent été incapables
de la trouver dans leurs instincts farouches, et ils en

couvrirent, comme d'une guirlande de myrtes, les sauvages trophées de la conquête. La réalité sombre de leurs exactions et de leurs violences nous apparaît et fut en effet voilée sous les splendeurs de cet héroïsme brillant, inconnu jusqu'alors aux populations conquises. Tout ce que l'Angleterre eut de chevalerie depuis le Plantagenet au cœur de lion jusqu'au prince Noir, la France peut le revendiquer comme lui appartenant. Elle brilla aussi, cette chevalerie française, au milieu des rochers de la Sicile et sur les bords du golfe de Naples, et l'empire d'Orient la vit passer comme un éblouissant météore, comme un pittoresque tournoi. C'est en France que le code réel de la chevalerie a été écrit. La langue d'oil était la langue vulgaire de la plupart des chevaliers de l'Europe, et la France fournit encore à la chevalerie européenne tout entière sa langue littéraire. C'est dans la langue d'oc que tous, sans exception, exprimèrent les soucis de leur âme, leurs préoccupations amoureuses, la partie idéale de leur vie en un mot. La France enfin a donné à la chevalerie sa littérature et les éléments même de cette littérature. Les poèmes chevaleresques sont une des créations de l'esprit français; ils nous appartiennent en entier, et comme conception et comme composition. Nous avons fourni le modèle de cette littérature que l'Europe a imitée à l'envi pendant plusieurs siècles et les poètes de tous les pays ont chanté les exploits de héros étrangers et ennemis de leur race. Les deux sources légendaires auxquelles nos poètes nationaux ont puisé sont françaises. La légende de Roland et des pairs de Charlemagne est la poésie d'un passé historique exclusivement français, et la légende du roi Arthur et de la Table-Ronde n'est-elle pas comme un ressouvenir obscur de nos origines? Ainsi cette fleur idéale du moyen-âge, la chevalerie, est née et a grandi en France; c'est là qu'elle a répandu ses plus odorants parfums, c'est de là que sur l'aile des tempêtes féodales elle a transporté ses semences dans tous le pays, dans la brumeuse Angleterre, dans la barbare Allemagne, dans la mercantile Italie, jusque dans l'Espagne musulmane et dans le petit Portugal, création d'un chevalier français.

Cette chevalerie mourut rapidement dans tous les pays de l'Europe. Chaque peuple, arrivant tour à tour à la conscience et à la possession parfaite de son originalité, abandonna cette imitation étrangère ; mais elle était tellement un produit de notre génie national, qu'elle ne mourut chez nous qu'avec une lenteur étonnante, et qu'on en peut suivre la décrépitude maladive et les infirmités à travers les âges, jusqu'au siècle de Louis XIV. Elle râle dès la fin du xiiie siècle, mais elle a de merveilleux retours à la santé, et sa vitalité est tenace. Elle épuise toutes les formes possibles avant de quitter la vie ; après avoir été une religion, elle devient une dévotion, puis une mode, puis un doux regret. Après avoir été l'idéal des vaillants et des nobles, elle devient la chimère des sots et des fous. Enfin, lorsqu'elle est bien morte, et que son nom même est oublié, elle trouve dans sa mort un nouveau principe de vie. Elle prendra une nouvelle forme, et les hommes lui donneront un autre nom, mais ce sera toujours elle qui cachera sa résurrection sous de nouveaux déguisements. Le même élan spontané, le même esprit d'ardeur élevée, le même idéal exalté vont se retrouver par miracle, à la fin du xviiie siècle, chez des fils de bourgeois et de paysans. Que disais-je donc que la chevalerie était l'œuvre de la noblesse française ? Nos nobles en ont été les représentants uniques pendant de longs siècles, ils en ont été une des expressions matérielles et de *fait*, mais l'idéal lui-même de la chevalerie, dégagé de toute représentation extérieure n'appartient à aucune caste : il est profondément populaire, il est sorti de l'âme et des instincts de la nation. Rien ne fait mieux comprendre que certaines scènes de la Révolution combien la chevalerie est une création instinctive du génie national, et non l'apanage enviable d'une classe privilégiée. L'élan de la première croisade n'a rien de plus beau ni qui fasse plus d'honneur à la nature humaine que le mouvement des Fédérations, les enrôlements volontaires, la première victoire à Valmy, — scènes, dit admirablement un illustre étranger, que Dieu a pu contempler avec joie, et qui a pu lui donner une grande idée de son ouvrage. Un historien contemporain remarque que sur le déclin de la féodalité, au xive et au xve siècles, les bourgeois que le hasard ou la fortune élevait à la noblesse se transformaient avec une rapidité singulière ; mais plus étonnante encore est la facilité avec laquelle ces conscrits de 92, fils de cabaretiers, ménétriers, marchands de mules, se transformèrent en nobles et en rois. N'y a-t-il pas dans cette facilité de transformation quelque chose qui indique que *l'aptitude* chevaleresque n'est pas chez nous propre exclusivement à une classe, et qu'elle est une des aptitudes de la nation ? Nos mœurs et nos préjugés constatent ce don spécial. L'égalité que nous nous flattons d'avoir fondée n'est pas encore bien passée dans nos mœurs ; mais il est un point sur lequel elle est complète : nous ne reconnaissons ni supérieurs ni inférieurs devant une injure, et le droit de demander réparation des offenses est reconnu au plus humble individu. Ce détail de mœurs, auquel peu de personnes peut-être ont donné l'attention qu'il mérite, m'a toujours paru faire le plus grand honneur à notre nation ; il témoigne de la présence d'un élément chevaleresque dans l'esprit français, et indique que nous ne croyons pas aux âmes roturières et incapables de jouir des privilèges de la vaillance et de l'honneur.

La chevalerie, ai-je dit, est un des éléments indestructibles de l'âme française, et à travers mille transformations elle s'est continuée et se continue encore de nos jours. Où ne la retrouverait-on pas ? La politesse française, par exemple, que notre noblesse du XVIIe siècle a représentée avec un charme si puissant et si vrai qu'il nous saisit encore aujourd'hui, à deux cents ans de distance, et nous fait pardonner à cette noblesse tant de défauts trop réels, son inexcusable sécheresse de cœur, sa froide férocité, son manque absolu de pitié et de sympathie humaine, — cette politesse française est comme le dernier écho des âges chevaleresques. Les lois et les devoirs de courtoisie que les trouvères du moyen-âge assignaient au chevalier sont encore, à quelques nuances près, les lois et les devoirs de ce qu'on appelle au XVIIe siècle l'honnête homme et le galant homme. La politesse française a un caractère particulier qui la distingue de la politesse des autres pays : c'est la plus impersonnelle, la plus abstraite, la plus métaphysique de toutes ; elle ne tient pas à un charme individuel, elle n'est pas inséparable de telle ou telle personne ; elle est une chose en soi, une sorte de type idéal extérieur à la société, et sur lequel cette société se conforme. On la contemple comme une œuvre d'art, on l'étudie comme un système. Elle a été pour nos pères une des occupations les plus importantes de l'existence. Une émulation étrange de courtoisie, de galanterie, de raffinement d'esprit, tel est le spectacle piquant que donne la société du XVIIᵉ siècle. L'esprit français s'est porté un moment vers ces choses légères avec l'ardeur qui le distingue, les a comme usées en les perfectionnant, et les a rapidement élevées à la plus grande beauté qu'elles pussent atteindre. Dans cet idéal (c'en est un véritable) sont entrées bien des choses charmantes. La politesse française n'a pas été autant un dégrossissement laborieux de notre nature qu'une sorte d'ouvrage aimable, un peu artificiel, composé par des âmes éprises de délicatesse, une combinaison, un miel tiré des fleurs les plus rares. L'élément principal de cet amalgame est le vieil esprit chevaleresque, non pas dans ce qu'il a eu de passionné et d'ardent, mais dans ce qui lui restait, à son déclin, de douceur sénile et de noble enfantillage. A cet esprit, la Renaissance a ajouté ses chimères pastorales et mythologiques, ses mascarades de princesses-bergères et de princes-pasteurs, tout ce qui dans cette politesse enfin est la part de l'imagination. La galanterie a été fournie par l'Espagne; on lui a retiré tout ce qu'elle avait de trop violent, de trop excessif; on l'a faite bienséante, et on lui a assigné pour rôle d'être, non plus l'expression d'un cœur passionné, mais le délassement d'un honnête homme. L'esprit de conversation est venu de l'Italie, dont on a raffiné les *concetti* et revêtu les lazzis provoquants d'un costume décent. Ainsi s'est formée la politesse française comme une sorte de bouquet arrangé par des mains artistes : c'est la perfection dans l'artificiel, c'est l'idéal de la convention; mais c'est positivement une chose idéale, et qui méritait de tenir la place qu'elle a tenue dans la vie de nos pères.

Voilà les institutions qui ont reflété la vie de la vieille France jusqu'à une époque très-rapprochée de nous, car la jeune France est de date récente, et sur sa physionomie encore indécise on peut surprendre bien des traits de ressemblance avec l'antique portrait national. Je dis que ces institutions reflètent la vie de la France, et ces paroles doivent s'entendre dans un sens non métaphorique, mais strictement littéral. Mieux que les mœurs, elles expriment tous les grands instincts de l'âme française, et même elles les expriment seules. L'Eglise, la monarchie, la noblesse, tiennent une très-grande place dans l'histoire de la France ; la vie du peuple en tient une très-petite. Il n'y a rien de remarquable dans la manière de vivre du peuple en dehors de ces grandes manifestations de notre génie national. L'existence ordinaire ne dépasse pas, chez nous, une honnête moyenne de vulgarité, et ne laisse rien deviner des instincts brillants que nous avons essayé d'analyser. La vie pratique, obscure, de tous les jours, n'est jamais entrée, dirait-on, dans les préoccupations de l'esprit français, et ce dédain ou cette insouciance du terre à terre a empêché l'originalité populaire de se dégager aussi vivement que dans les autres pays. Nous ne savons pas, comme les Anglais, extraire de la réalité grossière et des objets à portée de notre main la poésie qu'ils contiennent ; notre vie de famille est terne, et n'a pas cette douceur intime qui prête tant de charme à la vie domestique allemande. Les objets familiers n'excitent pas notre intérêt ; une cabane reste pour ses hôtes une habitation peu confortable, le travail de chaque jour est une chaîne que la destinée nous condamne à porter. Il serait donc inutile de chercher dans nos mœurs de la vie ordinaire, comme nous le faisons pour les autres pays, une expression de notre génie. Si jamais mœurs populaires ont été plates et sans couleur, ce sont nos mœurs populaires ; mais ce fait est encore une confirmation de la thèse que nous soutenons. Le Français supporte, mais n'aime pas la réalité. Il subit la vie qui lui est faite, sans réagir contre elle pour l'embellir et la parer. Il se laisse emmaillotter par elle dans les liens de la routine, et sépare son imagination des choses qui l'entourent. Il fait deux parts de sa vie, une part pour l'habitude, une part pour ce que j'appellerai l'utopie, faute d'un meilleur mot. Il étouffe et s'étiole dans la vie calme ; pour qu'il se retrouve lui-même, il lui faut les émotions inattendues, les brillants spectacles, les fêtes nationales, l'agitation bruyante. Alors il respire là où les autres peuples étoufferaient, et dans cette vie d'un moment, factice, exceptionnelle, fiévreuse, il reconnaît l'image fugitive de la vie qu'il aurait voulu mener. De là l'amour du Français pour les pompes extérieures du pouvoir, pour les parades militaires, pour toutes les charges et voltiges politiques et guerrières, pour les bruyantes émeutes et les répressions non moins bruyantes de ces émeutes. La vie politique et civile n'a peut-être été si faible en France que parce qu'elle présente au premier aspect trop de ressemblance avec la vie ordinaire ; elle demande la même lenteur, la même patience, le même courage uniforme et ennuyeux. Ce dédain de la vie vulgaire, cet amour des spectacles et des pompes, nous ont fait juger avec une sévérité méritée, mais qui, je crois, frappe à côté du vice réel. On l'a appelé vanité française, gloriole militaire, légèreté, étourderie de caractère, je crois qu'il faudrait l'appeler plutôt dépravation du sentiment de l'idéal et impatience fiévreuse de la vie réelle.

Le peuple tient donc dans notre histoire beaucoup moins de place que les institutions, mais il a sa place cependant, une très-glorieuse et à tous égards très-surprenante. Nous avons dit que la vie vulgaire était maussade en France, et que la vie exceptionnelle, au contraire, y était très-brillante ; le même contraste se reproduit dans notre histoire politique. Le rôle politique du peuple n'a pas de marche régulière, ou du moins cette marche regulière n'a rien qui pique l'intérêt ; le peuple n'a qu'un rôle exceptionnel, mais celui-là enlève d'assaut l'admiration. Ne parlez pas au peuple français d'intérêts mesquins, de petites intrigues, de luttes restreintes dans d'étroites limites ; il ne se dérange pas pour si peu. Il reste inerte et muet devant ces querelles, comme s'il n'en était pas l'enjeu même. Le peuple semble ne comprendre que les grands intérêts et les grandes questions ; alors, s'il le faut, il se lève avec une spontanéité et une unanimité incomparables. Si la parole du précurseur : *vox populi, vox Dei,* a été réalisée quelque part, c'est en France. Le peuple remplit dans notre histoire une sorte de rôle providentiel, et vient mettre à néant toutes les combinaisons de ses ennemis et toutes les inductions de la sagesse humaine. Ce peuple, qui a toujours eu moins de moyens d'information que tous les autres peuples, moins de curiosité politique, qui n'a jamais eu le courage de défendre ses droits pied à pied, qui n'a jamais ressenti les salutaires terreurs que donnent à toute nation sage les empiétements sans importance immédiate, apparaît souverain irrésistible dès que sa cause semble désespérée, et sa ruine près de se consommer. Alors il répare en un instant les maux quelquefois séculaires que sa paresse et son indifférence ont laissé grandir outre mesure. Ses apparitions ont un élan, une unanimité, une spontanéité tels qu'elles peuvent à bon droit s'appeler miraculeuses et idéales. Il en est ainsi de son apparition à la fin des guerres anglaises, lorsqu'il s'incarna et se résuma tout entier dans la personne de Jeanne d'Arc ; il en est ainsi de son unanimité à la fin du XVIᵉ siècle, lorsqu'une opinion publique si longtemps partagée que les meilleurs esprits avaient peine à reconnaître de quel côté elle penchait réellement, se prononça nettement, de manière à ne laisser aucune ressource à l'esprit de faction ; il en est ainsi de ce frisson électrique qui parcourut toute la France en 1789, de cet élan avec lequel la nation s'engagea dans ses nouvelles destinées et mit fin à un passé longtemps aimé et longtemps méprisé. Jamais pareils souffles populaires n'ont passé sur aucun pays, et n'ont mieux déconcerté les projets des ambitieux et la vaine sagesse des sages. A chacun de ces mouvements, les politiques et les puissants ont dû courber la tête, et ont senti, comme le prophète, passer le souffle de l'esprit.

Voilà prise en masse la nation française, telle qu'elle a toujours été : patiente, résignée, supportant la réalité sans l'aimer et même sans songer à lui demander toutes les joies et toutes les consolations qu'elle peut offrir, paresseuse à défendre jour par jour ses droits, indifférente pour tous les intérêts mesquins, ignorante de cette maxime, qu'il n'y a pas de petit intérêt, peu curieuse des choses qui ne peuvent pas enflammer son imagination ou exciter son admiration, mais toujours heureuse d'être arrachée pour un moment à sa vie ordinaire, d'assister à un beau spectacle, de participer à un acte plein d'éclat, et se réveillant aux heures de crise suprême avec une énergie, une certitude d'elle-même, une confiance quasi religieuse en ses destinées, qui surpassent les vertus des autres peuples. Ces réveils de l'esprit français sont toujours redoutables, et se sont multipliés singulièrement de nos jours, tandis qu'autrefois ils n'éclataient que lorsque le danger ou le mal avait comblé toute mesure. Il ne faut point trop médire de la fréquence de ces mouvements, car ils indiquent que la France est plus en possession d'elle-même qu'elle ne l'était autrefois. La France n'a jamais eu d'éducation politique, son seul talent en cette matière a toujours été de se sauver elle-même et de réparer le mal que sa paresse avait laissé faire. Aujourd'hui elle est moins patiente, et on peut sans paradoxe regarder cette impatience comme une preuve du progrès de l'esprit public. La France, dans ces révolutions périodiques, dont quelques-unes ont été si malheureuses, se montre fidèle à son passé : n'ayant jamais témoigné de son existence politique que dans ses heures de surexcitation, elle continue à être ce qu'elle a toujours été. C'est une manière de faire son éducation, bizarre et dangereuse sans doute, mais tellement conforme à son génie et à son histoire passée, qu'on peut dire sans exagération que ce n'est qu'ainsi que la France prendra entière possession d'elle-même. Plus la fièvre se régularisera, moins elle sera intermittente, et plus cette éducation sera complète. Bien des années s'écouleront encore avant que cette surexcitation anormale se soit régularisée en une agitation incessante et salutaire ; mais si ce phénomène peut jamais s'accomplir, jamais vie politique n'aura été plus féconde, plus variée et plus émouvante que ne le sera celle de cette France future. En attendant, je conseille à tous les gouvernements de se méfier de ces réveils de l'esprit français, car ils sont plus fréquents que par le passé, et la force de l'habitude, qui fit la longue sécurité du pouvoir monarchique, s'est beaucoup usée depuis soixante ans.

Ainsi il ne faut chercher le génie de la France ni dans l'originalité de ses mœurs populaires, qui ont été de tout temps un peu effacées, ni dans sa vie politique, qui a toujours été intermittente et fiévreuse, et cependant là encore nous avons pu retrouver quelques traits de ce génie. Mais si les mœurs du peuple français manquent d'originalité, son esprit est des plus remarquables, et si son expérience politique a été petite, son activité intellectuelle a été immense. C'est par là qu'il doit être jugé. Le Français peut abdiquer ses droits et se tenir à l'écart des affaires qui touchent à ses intérêts, mais jamais il n'a renoncé et ne renoncera, je l'espère, à ses droits de citoyen du royaume de l'esprit. Le droit d'initiative auquel il renonce si facilement dans la vie pratique, il l'exerce avec audace dans les choses de l'intelligence. Toujours on l'a vu, passionné pour des théories et des systèmes, raffiner sur les idées qui lui étaient familières, chercher de nouvelles combinaisons intellectuelles, découvrir de nouveaux horizons

philosophiques. Les littératures de tous les autres peuples
offrent des lacunes; elles jettent un moment d'éclat, et
puis s'éteignent pour renaître quelques siècles plus tard,
ou même pour ne plus renaître du tout; elles subissent
en quelque façon le sort des êtres animés qui ont une
existence bornée, et dans cette existence deux ou trois
courtes périodes de rayonnement; elles sont le produit
de la vie nationale, qui, à un moment donné, rassemble
toutes ses forces pour donner une expression complète
d'elle-même. La littérature française n'offre aucun de ces
caractères; c'est un phénomène particulier dans l'histoire
générale des littératures. Elle n'a pas de lacunes, et depuis le XIIe siècle jusqu'à nos jours il n'y a pas eu chez
nous un instant d'interruption dans le mouvement des
esprits. Il n'y a pas non plus, quoi qu'on dise, d'époque
qui résume plutôt qu'une autre la vie intellectuelle de notre
nation. Toujours variée et toujours changeante dans ses
évolutions, notre littérature procède par métamorphoses,
par contrastes, et se donne à elle-même un continuel dé-
menti. A la littérature chevaleresque succède la littérature
des fabliaux, qui en est la contre-partie. La riche littérature du XVIe siècle, hardie et tumultueuse, ne laisse en
rien pressentir la littérature orthodoxe de l'époque de
Louis XIV, qui elle-même a eu pour héritière l'hétérodoxe
littérature du XVIIIe siècle, avec ses impiétés et sa philanthropie passionnée. Notre littérature, à toutes les époques,
a été plutôt un libre produit de l'activité des esprits qu'un
produit spontané et fatal des instincts nationaux, et elle
a participé ainsi des priviléges de l'intelligence, la liberté,
le mouvement, la durée, l'incessant rajeunissement. Elle
présente l'image d'une âme en travail sur elle-même,
croyante à certaines heures, sceptique à certaines autres,
s'épuisant en combinaisons ingénieuses qu'elle brise aussitôt qu'elle en a découvert le côté défectueux, tandis que
les autres littératures présentent plutôt l'image de l'alchimie de la nature, qui procède par amalgames, affinités
fatales, et qui épuise la matière et le temps pour former
une création qui ne durera qu'un jour. Il y a de l'analogie
entre le plaisir que font éprouver les œuvres littéraires
des autres pays et le plaisir que fait éprouver la vue d'un
beau paysage ou la contemplation d'un beau visage humain; mais la littérature française ne traîne après elle

aucune enveloppe de chair et de sang, et le plaisir qu'elle procure ne peut être senti que par l'intelligence. C'est la littérature du pur esprit, et sa grande préoccupation a toujours été la défense des droits de l'intelligence. De là vient qu'elle a été considérée à juste titre comme une des armes principales du progrès moderne.

C'est ici que le génie français prend sa revanche sur le génie des autres nations. Sa littérature a été un outil d'affranchissement spirituel plus puissant peut-être que ne l'aurait été l'initiative politique du citoyen. En restant dans la région des pures idées, elle n'a jamais été tenue à ces compromis auxquels oblige la vie politique. Libre dans le libre empire de l'abstraction, n'ayant aucune concession à faire, aucune réalisation immédiate à obtenir, se présentant avec innocence comme un pur délassement de l'intelligence, comme un noble amusement, elle a pu sans obstacle formuler les théories les plus hardies, énoncer les principes les plus absolus, se permettre tous les excès de la logique. Aucune difficulté ne l'a intimidée dans ce domaine des abstractions sans corps, si différent du domaine compliqué des réalités. Notre littérature passe pour pratique, parce qu'elle a toute l'activité du pur esprit, et surtout parce qu'elle n'est pas un produit passif de la vie nationale, un miroir aimable et poétique des mœurs populaires ; en réalité, elle est extrêmement abstraite, idéale et utopique. Elle est cependant pratique en ce sens qu'au lieu d'être, comme partout ailleurs, un résultat fatal des mœurs, elle a toujours été un principe des faits à venir ; elle est pratique encore en ce sens que les sujets favoris sur lesquels elle a aimé à s'exercer sont ceux des constitutions politiques, des principes du gouvernement, de la discipline religieuse, des pouvoirs respectifs des sociétés laïque et ecclésiastique, des droits primitifs et inaliénables de l'homme, du mécanisme des institutions, du mensonge social. Seulement dans ces sujets de polémique elle n'a pas porté la modération, la mesure et la circonspection qui distinguent l'esprit pratique. Les principes vrais ou faux qu'elle expose ont la rigueur géométrique. Pratique par les sujets qu'elle traite, notre littérature est essentiellement idéaliste par la manière dont elle les traite. Si la réalité ne peut s'accommoder de ses principes absolus, tant pis pour la réalité ! Périssent les colonies plutôt qu'un principe et le monde plutôt que la justice ! On pourrait reprocher sans doute à cet esprit bien des erreurs ; en somme, le bien l'emporte sur le mal. C'est par cette activité intellectuelle que la France a racheté cet abandon d'elle-même auquel elle s'est trop laissée aller dans la vie politique, c'est par là qu'elle s'est sauvée de la servitude. Sa littérature a tenu ferme et bon dans la citadelle inaccessible de l'esprit où elle s'est logée, et où elle n'a eu à craindre ni compromis, ni concessions ; elle a arboré d'une main sûre le drapeau des droits de la conscience, elle a élevé au-dessus du temps et de l'espace, au-dessus des tyrannies passagères avec lesquelles elle a refusé de traiter, et des ignorances populaires qu'elle n'a pas voulu reconnaître, les droits éternels du genre humain.

Ce génie abstrait et idéal, qui se refuse avec tant d'obstination aux compromis, qui ne veut point reconnaître les nécessités des faits existants, aurait été très-stérile dans tout autre pays, et n'aurait jamais enfanté que des utopies inutiles et inoffensives ; mais il n'en a pas été ainsi, grâce à deux qualités qui lui ont permis de réaliser ses chimères les plus ardentes et qui lui ont servi d'armes redoutables. Ces deux qualités sont l'ironie et la faculté de vulgarisation, que j'appellerai l'esprit prosaïque. Avec ces deux auxiliaires, le génie français a pu triompher de tous les obstacles, se rire de toutes les tyrannies ; et ces armes sont bien celles du pur esprit. L'ironie était, comme on sait, l'arme du spiritualiste Socrate ; elle a été l'arme des platoniciens de tous les temps ; elle est toujours l'arme de toutes les nobles intelligences contre les insultes du fort et les oppressions des populaces. Rien n'est blessant comme le sourire d'un homme bien élevé, rien n'est terrible comme le rire d'un grand esprit. Et en effet, qu'est-ce au fond que l'ironie ? Elle naît d'un sentiment profond de ce qu'il y a d'inharmonique, de discordant dans un caractère, dans un état social, dans une institution, d'une comparaison entre ce qui est et ce qui devrait être, entre la vérité et ce qui se donne pour la représentation de la vérité. L'ironie est de sa nature essentiellement idéaliste ; elle a le sens des réalités invisibles et ne se laisse pas abuser par les symboles. L'âne vêtu de la peau du lion peut passer aux yeux des populations épouvantées pour le lion lui-même ; mais l'ironie s'avance, et, par dessous la dépouille empruntée, montre le pelage du ridicule animal. Aucune fausse représentation des choses idéales, aucun mensonge sacré ne tiennent devant elle. Elle n'a point de préjugés ni de préférences partiales pour telle institution ou pour telle doctrine, car elle sait que toutes ont leur place dans le royaume de l'esprit; mais elle veut trouver une exacte conformité entre la chose représentée et la représentation extérieure. Elle n'est point, comme on l'a tant répété, un dissolvant, une ennemie de l'ordre social et des lois divines et humaines; mais elle est, il est vrai, une ennemie irréconciliable de toutes les fausses lois divines et de tous les droits usurpés. Elle dit à la tyrannie : « Tu n'es point la royauté. » Elle dit à la simonie et à la persécution : « Vous n'êtes point la religion. » Elle dit à la famille fondée sur le droit d'aînesse : « Tu n'es point la famille patriarcale. » Habile à reconnaître les masques, elle les arrache et montre à nu les vrais visages. Tel est l'esprit qui anime tous les grands écrivains français, Rabelais et Montaigne, Pascal et Molière, Montesquieu et Voltaire, et devant lequel aucun mensonge n'a pu longtemps tenir. L'ironie est une des qualités les plus caractéristiques du peuple français, qui a été souvent dupe, mais qui ne l'a jamais été à son insu; elle a été la consolation et la vengeance du serf contre l'oppression féodale, la défense du roturier contre l'insolence des privilégiés, l'apologie de la victime contre l'iniquité des juges. Grâce aux ressources qu'elle leur offrait, nos pères ont pu se passer de beaucoup de libertés. Qui pourrait dire la part qui revient dans notre histoire à l'influence de l'ironie, le bien qu'elle a produit, le mal qu'elle a empêché par la crainte salutaire qu'elle a répandue de tout temps? Cette ironie est d'ailleurs un don tellement noble et d'un tact si infaillible, qu'elle n'a jamais chez nous touché à rien de sacré, ni attaqué aucune institution lorsqu'elle était d'accord avec son type idéal. Jamais chez aucun peuple l'Eglise n'a reçu plus de quolibets; jamais chez aucun peuple elle n'a été autant respectée lorsqu'elle a été conforme à sa mission divine. Les railleries contre les rois n'ont pas empêché le peuple d'avoir la superstition monarchique la plus prononcée; attaquée aux XIVe et XVe siècles, la royauté a été respectée malgré toutes ses fautes dès qu'elle a repris quelque éclat, de Louis XI à la mort

de François premier ; méprisée sous les derniers Valois,
elle a été adorée au XVIIᵉ siècle ; honnie et détruite à la
fin du XVIIIᵉ, elle s'est relevée avec Napoléon et a vu la
nation entière à ses pieds. Jamais nos pères n'ont songé à
contester à notre noblesse, si détestée, ses qualités réelles,
le courage et la politesse ; au contraire on l'a tant admirée
pour ces qualités, qu'au XVIIIᵉ siècle toute la nation avait
fini par modeler ses manières sur les siennes. Nos iniques
parlements eux-mêmes, toujours bafoués et méprisés, ont
vu la popularité leur revenir dès qu'ils montraient une
velléité d'indépendance et de justice. Si l'ironie a été redoutable chez nous, jamais elle n'a été injuste, et elle n'a
attaqué avec fureur les anciennes institutions que lorsque
la dernière parcelle de bien qu'elles contenaient en avait
été enlevée, et qu'il n'en restait qu'un vain simulacre inutile à conserver plus longtemps.

Le second instrument d'action de cet esprit abstrait a été
la faculté de vulgarisation. Le peuple français n'est point
un peuple poétique et imaginatif ; c'est le peuple de la prose.
Au premier abord, il semble qu'il y ait là une contradiction avec son génie, et que le peuple idéaliste par excellence dût être le plus poétique ; mais la contradiction
n'est qu'apparente. Défiez-vous des peuples poétiques : ils
ne sont rien moins que spiritualistes. La poésie est bien
plus matérielle qu'on ne croit ; elle est bien plus une
preuve de la richesse du tempérament que de la grandeur de l'esprit. La poésie est le langage naturel des émotions charnelles élevées, des brillantes périodes sensuelles
de la vie, des peuples naïfs aux sens jeunes et ouverts à
toutes les impressions extérieures ; elle n'est pas le langage
des hautes vérités métaphysiques, des périodes intellectuelles de la vie, des peuples assez familiers avec les idées
pour se passer de ces fausses représentations appelées images et métaphores. La poésie s'allie très-bien avec toutes les
choses sensibles, avec les passions, avec la vie pratique,
avec la rêverie, la santé et le bonheur. Si vos croyances
sont chez vous à l'état d'instinct, assez mêlées à la chair et
au sang pour n'en pouvoir être séparées, vos croyances
sont loin d'être intellectuelles ; en revanche elles sont poétiques. Si les idées ne se présentent à vous que sous la
forme d'images, vous avez un tempérament poétique,
mais vous êtes l'esclave de vos sens. Enfin si la pensée se

résout chez vous en rêverie, et s'il vous est plus facile d'imaginer que de *contempler*, votre esprit manquera d'énergie, mais vous êtes sacré poète par la nature. Rien de tout cela ne se retrouve et ne peut se retrouver dans le génie français. Ce n'est point la poésie, c'est la prose qui est le langage des idées. Elle seule sait les présenter dépouillées, nues, sans aucun costume emprunté à la fantaisie individuelle ou au plaisir sensuel. Elle les présente comme elles doivent être présentées, comme des êtres purement métaphysiques, étrangers aux passions, inaccessibles aux accidents de la vie charnelle, dont la beauté ne peut être connue par les sens.

Le peuple français, à quelque point de vue qu'on le contemple, est métaphysique et abstrait. Il est idéaliste, non-seulement d'âme, mais de tempérament. Les choses sensibles ne paraissent pas avoir d'empire sur lui, et en tout cas ses œuvres ne les réflètent pas, ou n'en donnent qu'une incomplète impression. Notre sentiment de la nature est faible, et en dépit de nos modernes coloristes, le génie du pittoresque nous fait défaut. Notre poésie comme notre peinture frappe par une certaine beauté intellectuelle, quasi-abstraite, presque philosophique, plutôt que par l'éclat de l'imagination. Elle demande à être comprise plutôt qu'à être sentie. Elle crée des types généraux, parle un langage dépouillé et sévère, ne trahit l'influence d'aucun milieu ambiant et n'étonne par aucune singularité. Passions, personnages, sentiments, se meuvent dans un vide abstrait, en dehors de l'espace, en dehors du temps, séparés de la nature ; leur langage, à quelques nuances près, ne porte les couleurs d'aucune époque, et convient également aux hommes de tous les temps. Un écrivain subtil et profond, M. Sainte-Beuve, remarquait que jusqu'à la fin du XVIIIe siècle il était impossible de découvrir, à la lecture d'un auteur français, la nature de son tempérament. Cette marque abstraite se retrouve dans les caractères individuels : ils n'ont pas de saillie ni de relief, ils ne sont pas accusés, et même ils craignent de s'accuser et réfrènent autant qu'ils le peuvent leurs velléités d'indépendance. C'est en France seulement qu'un certain ridicule s'attache au mot d'original. On dirait que la nation entière a été coulée dans un moule unique. Nos passions elles-mêmes, c'est-à-dire ce qu'il y a dans l'homme de plus instinctif et de plus irrésistible, offrent la même physionomie ; elles doivent moins au tempérament que dans les autres pays ; ce sont des passions raffinées et métaphysiques, des passions de goût, de caprice, de tête, plutôt que des passions d'entraînement. Les vraies passions de la France sont des passions intellectuelles et morales, et c'est un spectacle instructif de voir l'ardeur, la fougue, la frénésie et la fureur que nous déployons alors. Jamais amant jaloux, dans ses noires rêveries et ses désespoirs, n'a commis plus d'actes de folie, n'a laissé briller plus de flamme sincère que le Français, lorsque quelqu'une de ses chimères abstraites a été attaquée. Les guerres civiles de France dépassent en horreur celles de tous les autres peuples. Les haines de partis sont les seules qui chez nous soient irréconciliables. Rien ne semble nous coûter, ni le mensonge, ni la trahison, ni l'assassinat, lorsque nous sentons que quelqu'une des idées qui nous sont chères va nous échapper ; mais ce n'est que dans les passions intellectuelles que nous portons cet entraînement.

Enfin, chose étrange, le peuple français est le seul qui n'ait pas d'instinct de race. Jamais ce sentiment n'a eu sur lui aucune influence, et le patriotisme, qui est si vif chez lui, en a toujours été distinct. Gaulois ou Romain, peu lui importe ; le Français est homme avant tout, et imagine volontiers qu'il est semblable à tous les hommes et que tous les hommes sont semblables à lui. Il n'a jamais attaché grande importance aux différences nationales, et la pensée de chercher parmi les instincts de race le principe de la grandeur ou de la faiblesse des peuples l'a toujours fait sourire. Il aime mieux croire à des influences empiriques, et invoquer le hasard ou la fatalité des circonstances. Il croit que l'homme est toujours l'homme sous toutes les latitudes, et que les mêmes principes lui sont applicables. De là le caractère général de ses théories et de ses principes, dont la source ne se trouve pas dans la tradition historique, mais dans la pure raison, dégagée de toute préoccupation d'érudition ; de là aussi la violence de sa propagande. Le despotisme avec lequel il cherche à imposer ses opinions, et qui a soulevé tant de fois contre lui la haine des autres peuples, n'a pas d'autre raison d'être que cette conviction, que les principes qui conviennent à une fraction de l'humanité conviennent à toute l'humanité, et qu'il n'y a d'autres différences entre les hommes que des différences d'ignorance, de mauvais vouloir, d'égoïsme ou de passions dont le temps et l'épée peuvent faire justice. Longtemps nous avons cru que l'Eglise catholique convenait également à tous les peuples : de là les massacres du midi, la Saint-Barthélemy et les fureurs de la Ligue. Sous Louis XIV, nous avions peine à comprendre que tous les peuples refusassent d'accepter le joug de notre monarchie ; de là l'injuste guerre de Hollande, le Palatinat deux fois brûlé. Sous la République et sous l'Empire, étonnés que tout le monde n'acceptât pas avec reconnaissance nos principes libérateurs, nous avons essayé de briser les résistances qu'on nous opposait. On sait quel résultat a eu cette tentative.

Oui, on a eu raison de dire que le catholicisme était la religion de la France, si l'on consent toutefois à ne pas interpréter ce mot dans un sens exclusif. La France est catholique, si l'on donne à ce mot son sens étymologique : universalité, car elle ne conçoit pas de différences entre les nations, et tous les peuples ne sont pour elle que des agglomérations d'hommes semblables, réservés aux mêmes destinées, sortis d'une même origine. Il n'y a pas pour elle de séparation fondamentale, et les barrières qui divisent le genre humain n'ont pas plus de réalité que les colorations bleues ou vertes qui sur une carte géographique indiquent les frontières respectives des états. La France a épuisé sous toutes ses formes cet idéal catholique. Intérieurement, chez elle-même, par la monarchie, la centralisation, l'autorité en matière religieuse, elle a poursuivi et réalisé son rêve d'unité. Extérieurement elle a cherché à l'imposer aux autres peuples par la conquête. Une Eglise universelle, un concile universel, une monarchie universelle, une sainte alliance universelle des peuples, une fraternité universelle, une humanité réconciliée, tels sont les mots d'ordre de la France aux différentes époques de son histoire. Cet esprit catholique, longtemps contenu dans des formules étroites, emprisonné dans des institutions monarchiques et ecclésiastiques qui lui donnaient une satisfaction relative, est allé se dégageant de siècle en siècle, corrodant ses liens, perçant les murs de sa prison, jusqu'à ce qu'un jour enfin, débarrassé de toute entrave, il se soit élancé, impatient d'une liberté longtemps désirée, à la conquête du monde. Il s'est présenté alors sans aucun des masques et des déguisements que lui avait imposés le passé, pur esprit sans corps et d'autant plus terrible, insaisissable à des mains humaines, incompréhensible à l'expérience et à la sagesse traditionnelle, insouciant lui-même de toute expérience et ne voulant relever que de la pure raison. La date à laquelle cet esprit fit sa tardive apparition est le XVIIIe siècle, et le nom qu'il prit alors et qu'il a gardé depuis est Révolution française. Les premières paroles de ce génie enfin libre furent semblables aux bégaiements qu'il avait articulés pendant tant de siècles. Il ne parla pas de droits antiques méconnus, de coutumes violées, de priviléges confirmés par le temps, de libertés locales, ni même de tradition nationale ; il parla de droits imprescriptibles, de charte du genre humain, de priviléges communs à tous les hommes. Il sembla renier son passé et se méconnaître lui-même ; mais au fond c'était bien toujours le même esprit catholique, amoureux de l'unité et de l'universalité, absolu, logique, intraitable, l'œil fixé sur des abstractions idéales et se détournant dédaigneusement des réalités imparfaites. Il proclama nettement ses principes abstraits comme supérieurs à toute histoire, antérieurs à la formation de toute société, comme la raison d'être et la fin de l'homme ; il déclara que tout le passé avait été un vain songe qui n'était même pas l'image prophétique de la vie véritable à laquelle l'homme était destiné, qu'il ne reconnaissait pas pour base des sociétés les faits violents sur lesquels elles étaient assises, et qu'elles devaient être fondées désormais sur son idéal de justice universelle. Mais tout en ruinant le passé de la France, la Révolution n'était pas en désaccord avec lui. Quoiqu'elle semble le contredire, elle l'éclaire et le confirme. Rien ne ressemble plus en apparence à une usurpation que ce mouvement hardi et anarchique qui emporta l'ancien régime ; rien ne semble plus en contradiction avec cette ancienne société où l'Église et la monarchie tiennent tant de place qu'il n'y en a pas pour d'autres institutions : rien cependant n'est plus conforme au génie national. La révolution, c'est la prise de possession de ce génie par lui-même ; elle marque la date de son émancipation définitive, l'heure à laquelle il a mis fin à ses manifestations incomplètes et partielles. La date récente de cet affranchissement éblouit et trouble notre jugement. Si la vieille Eglise et la vieille monarchie, au lieu d'expirer à la fin du siècle dernier, avaient péri il y a trois siècles par exemple, nous ne serions pas aussi embarrassés que nous le sommes pour expliquer notre histoire. Nous prendrions la monarchie et l'Eglise françaises pour ce qu'elles furent, de belles expressions de notre génie : nous renouerions sans peine la chaîne de la tradition entre ce passé lointain et un passé plus récent ; mais la longévité de ces institutions, dont nous sommes presque contemporains, gêne l'observateur : la liberté du jugement est comme écrasée sous la masse des faits historiques. L'histoire que nous lisons ne parle et ne peut parler que de la monarchie et de l'Eglise ; les livres qui forment notre littérature ont été écrits sous l'influence de la monarchie et de l'Eglise. De quelque côté que nous tournions nos regards, nous n'apercevons que vestiges et souvenirs de l'ancienne société. Nous sommes d'hier, à proprement parler, et soixante ans à peine nous séparent de cette longue période de la vie nationale, la plus longue qu'ait parcourue aucun peuple, et pendant laquelle le génie français a gardé, sous divers costumes, la même physionomie. Cette physionomie a changé : en conclurons-nous que ce n'est plus le même peuple, et qu'un usurpateur, se décorant d'un faux titre, est venu prendre la place du maître véritable ?

La révolution est la plus récente manifestation du génie *catholique* de la France, et sera peut-être la dernière de toutes, car ce génie est apparu avec elle sous la forme la plus absolue et la plus dégagée de toute entrave matérielle. Il s'est présenté à l'état d'idéal abstrait, n'ayant aucun souci des formes qu'il devrait revêtir, impatient de tout symbole trop étroit, immatériel comme un problème mathématique, et aussi imparfaitement exprimé par les divers gouvernements qu'il s'est donnés qu'une vérité algébrique par les signes conventionnels qui composent sa formule. Il va donc essayant tous les costumes, brisant tous les moules, et, leur trouvant trop de ressemblance avec ceux qu'il a détruits, ou se sentant gêné par eux dans ses mouvements, il les abandonne tour à tour. Notre moderne histoire se compose de ces essais successifs, de ces fiévreux tâtonnements de la Révolution à la recherche d'un corps, de cette lente élaboration des institutions qui devront être la nouvelle expression du génie français, comme la monarchie et l'Eglise en ont été l'expression dans le passé. Combien de combinaisons ingénieuses n'a-t-elle pas essayées déjà, combien de tentatives téméraires, audacieuses et violentes ! Un long temps encore s'écoulera avant que n'apparaisse cette expression concrète de l'idéal politique le plus abstrait qui ait jamais été conçu.

Mais la Révolution, avant d'être la dernière expression de notre génie national, en a été le principe, l'âme invisible. Avant de s'appeler de ce nom terrible, elle a joué son rôle humblement et d'une manière anonyme. Elle seule explique les contradictions si nombreuses de notre histoire. Elle explique pourquoi l'Eglise a été tant aimée, et pourquoi en même temps nos rois les plus populaires ont été ceux qui ont résisté à l'Eglise ; pourquoi la féodalité a été tant haïe, et pourquoi la chevalerie a été toujours chère à l'imagination populaire ; pourquoi nos pères ont eu la superstition de la monarchie, et puis le mépris le plus profond de cette même monarchie ; pourquoi la Réforme a été si vite adoptée et si vite abandonnée ; pourquoi notre littérature offre tant de contrastes, et se présente tantôt sous une forme noble et chevaleresque, tantôt sous une forme ironique et bouffonne, parfois sous une forme athée et irrévérencieuse. Tous ces contrastes s'expliquent dès qu'on connaît la nature de cet esprit français, qui se désillusionne aussi facilement qu'il s'abuse, qui poursuit toutes les apparences, mais n'est satisfait que par ce qui est absolu. Ces phénomènes indiquent la lutte de cet esprit contre son propre corps, la lutte d'un idéal abstrait, absolu, contre ses propres réalisations. Le génie français ne se reconnaît qu'imparfaitement dans ses propres créations ; il s'irrite contre elles après les avoir adorées, comme le sculpteur antique adora sa statue ; il les brise ou plutôt s'essaie à les briser, cherche une issue pour s'échapper, favorise tous les mouvements qu'il croit propres à le délivrer, suit un instant tous les guides qui se présentent, et puis revient, après ces échappées et ces aventures, sous la tutelle des institutions qu'il avait voulu fuir. C'est ainsi que le peuple français a été le plus traditionnel et le plus révolutionnaire des peuples. La lutte a

duré longtemps, et en vérité elle aurait duré plus longtemps encore, si les anciennes institutions n'avaient pas
subi le sort de toutes les choses mortelles. Elle s'est ter-
minée lorsque les vieilles ornières ont été effondrées et le
vieil édifice détruit. L'année 1715 marque la fin de cette
lutte. A partir de ce moment, l'esprit français, libre d'entraves, a dû chercher seul ses nouvelles destinées. Rete-
nons bien ce détail important de notre caractère : le génie
français, violent parce qu'il est absolu, est en même temps
extrêmement timide, parce qu'il est abstrait. Il a été mécontent de ses institutions les plus populaires dès le premier jour, mais il ne s'en est jamais affranchi par lui-
même ; c'est le temps qui s'est chargé de ce soin. On a
eu tort de dire que la Révolution avait hérité de l'ancienne
monarchie. La Révolution n'a rien trouvé devant elle.
L'ancienne société était morte avec Louis XIV, et la naissance de l'esprit nouveau date du jour même du décès de
cette société.

Résumons-nous en quelques mots. La civilisation française est une civilisation purement intellectuelle. Le génie
français est la représentation parfaite de l'esprit idéaliste
et métaphysique. La préoccupation d'un idéal supérieur
à toutes les réalités et à toutes les nécessités et fatalités
de la vie pratique remplit son histoire. Les vrais représentants de cette civilisation sont eux-mêmes les représentants des intérêts moraux de l'humanité, les prêtres
et les philosophes. C'est sous l'influence spiritualiste du
clergé que se sont formées nos institutions, et c'est à lui
qu'appartenait le gouvernement de l'ancienne France,
qu'il peut revendiquer à juste titre comme sa création.
La nouvelle France est l'œuvre de ce clergé laïque qui, à
toutes les époques, a prétendu représenter et a représenté
en effet l'esprit humain et ses ambitions éternelles. Voilà
toute notre histoire : sous une double forme, elle révèle
le même génie. Il a ses défauts, ce génie, tout glorieux
qu'il soit. Il est violent et peureux, ambitieux et sujet au
découragement, despotique sous couleur de philanthropie,
entêté malgré l'évidence ; mais son plus grand vice, c'est
une tendance fatale à exagérer ses propres qualités. Exagérant son grand sentiment de l'idéal, il a toujours considéré l'idéal comme étant en dehors de l'homme et devant
lui être imposé ; jamais il n'a cherché ni à le découvrir,

ni à le placer dans l'homme. Epris de l'unité, il n'a pas
voulu admettre de dissidences, ni reconnaître de différences dans le monde. Aussi la France n'a-t-elle jamais connu
l'individu. Sa brillante civilisation, si intellectuelle, si morale, a été frappée d'une demi-stérilité par cet oubli et ce
dédain. La société française, quoique fondée par les influences les plus pures, a eu en conséquence quelque
chose d'artificiel; elle a été toujours extérieure à l'homme,
distincte de lui, comme l'habitation l'est de l'habitant, au
lieu d'être intimement unie à lui, comme la chair l'est au
squelette humain et le corps à l'âme. Aussi cette société
n'a pas encore connu d'une manière durable les biens qui
sont l'apanage de l'individu, la liberté politique, la science
de la réalité, l'expérience pratique, la religion libre de
formes extérieures et ayant son temple dans des cœurs
vivants. Récriminer sur nos défauts ne nous apprendrait
rien de plus sur notre génie; nous apprendrions ce que nous
ne sommes pas, et non ce que nous sommes et ce que nous
avons été; cependant si à cette tendance invincible à l'idéal
le génie français eût joint la confiance dans l'individu, ce
génie serait le plus complet et le plus beau qu'aucun
peuple eût possédé. C'est à l'Angleterre qu'il appartenait
de faire cette découverte et de réaliser la civilisation fondée sur l'individu. Les deux nations ont eu ce privilége,
et seules elles l'ont eu parmi les peuples modernes, d'arriver à donner une expression complète de leur être
intime, et de réaliser en fait les deux tendances contraires
qui partagent l'humanité, et dont l'union serait la perfection même.

Un dernier scrupule nous arrête. La France n'a jamais,
disons-nous, connu l'individu; elle lui a préféré un idéal
universel de justice applicable à l'humanité. C'est à la fois
sa gloire et son malheur. Elle a proclamé des principes
libérateurs de l'humanité, et cependant ce n'est qu'à de
rares intervalles qu'elle a pu jouir chez elle-même de la
liberté politique. Nous ne voudrions pas qu'exagérant
notre pensée, on crut pouvoir en tirer cette conclusion
attristante, que la France est à jamais impropre à la liberté
politique. Il n'est permis que dans une certaine mesure
de chercher dans le passé de la France l'explication de
son avenir, car la France est le pays des métamorphoses
extraordinaires. Qui aurait jamais pu penser que le génie

français parviendrait à dégager son idéal de justice humaine des institutions si longtemps chéries de l'Eglise et de la monarchie, à substituer son catholicisme rationaliste à son catholicisme orthodoxe ? La métamorphose est si radicale, qu'on a de la peine à découvrir que sous ces deux formes si différentes est cachée la même idée. La France réserve au monde bien d'autres surprises. Et d'ailleurs ne possède-t-elle pas déjà la meilleure part de la liberté, la plus difficile à acquérir, la haine des préjugés, des conventions tyranniques, de l'injustice sociale ? Je ne sais si, comme le disent certaines personnes, la France est impropre à la liberté; mais ce que je sais bien, c'est qu'elle est encore moins propre à la servitude. Notre grande civilisation intellectuelle nous a préservés contre ce danger. C'est un phénomène remarquable que la grande liberté d'esprit qui a pu coexister en France avec la plus grande soumission politique, et rien n'est pourtant plus explicable. L'obéissance est d'autant plus facile qu'elle ne coûte aucun effort; il n'est dur de se soumettre que lorsqu'on reconnaît la supériorité de celui qui nous soumet. Telle est l'obéissance du Français. Il se soumet à la force, je défie qu'on le fasse croire à la force; il se soumet au préjugé et à la coutume, je défie qu'on les lui fasse trouver raisonnables ; il paie ce qu'il ne doit pas, je défie qu'on le persuade de la réalité de sa dette. Cette liberté a existé chez nous de tout temps, et elle est si bien une de nos conditions d'existence, que nos monarques les plus absolus n'ont pas songé un instant à la contester et à la réfréner. La liberté d'esprit de nos pères surprend quand on considère les moyens d'oppression que le pouvoir avait à sa disposition. Et cette liberté d'esprit est une demi-liberté politique. Elle sert d'abord à consoler de bien des choses, ensuite elle pose certaines bornes infranchissables que tout gouvernement doit respecter. Aucun gouvernement ne doit compter ni sur notre crédulité, ni sur notre cécité morale, car, grâce à cette liberté, nos gouvernements vivent comme dans une maison de verre. Nous voyons et nous entendons tout, et nous sommes en quelque sorte les surveillants de ce pouvoir qui se croit notre maître. Enfin, si nous ne sommes pas libres vis-à-vis de nos gouvernements, nous le sommes à un point extrême vis-à-vis de nos concitoyens, et notre liberté sociale dépasse celle de tous les autres pays. Cette liberté d'esprit, qui compense déjà l'absence de tant d'autres droits, finira-t-elle par engendrer une liberté politique continue, ininterrompue, qui ne soit plus bornée à de courtes et irrégulières périodes d'émancipation, suivies de longues et régulières périodes d'abdication ? C'est le problème que résoudra le temps; mais le résultat définitif de nos longues épreuves n'est pas douteux. Il serait par trop étrange que le peuple qui a conçu la pensée de l'affranchissement de l'humanité entière, qui a proposé à tous les autres peuples l'idéal de justice le plus élevé, ne pût accomplir une tâche beaucoup plus modeste, et arriver à jouir chez lui-même d'une liberté suffisante.

LA RENAISSANCE

ET

LA RÉFORMATION

(M. MICHELET ET SON *HISTOIRE DU XVIe SIÈCLE*)

I

Il n'est pas toujours aisé, même aux esprits les plus dé-
nués de préjugés, de rendre strictement justice à tout le
monde, et l'homme qui mérite le mieux nos éloges
n'en obtient pas toujours la meilleure part. Il est des intelligences qui ont des facultés embarrassantes, propres à
troubler le jugement ou à déconcerter les opinions reçues;
trop d'imagination, trop de subtilité, une passion excessive, de l'audace dans la pensée, de la témérité dans le
style. Ces esprits à outrance ont très-heureusement presque toujours un ou plusieurs côtés faibles qui nous permettent de retenir sur nos lèvres la louange prête à
s'échapper, et de répondre aux admirateurs avec un sourire à la fois indulgent et ironique. Oui, pouvons-nous
dire, c'est un talent original, passionné, coloré, mais
combien tourmenté, bizarre, heurté ! Oui, il trouve des
choses nouvelles, il est ingénieusement hardi, mais avec
quelle rapidité il passe du lyrisme le plus subtil au langage le plus trivial ! Il est plein d'élan, mais il n'a pas le

style soutenu; il nous amuse, il nous intéresse, il nous émeut, mais il fait tout cela par bonds, par éclairs, par accès. Ah! s'il avait l'art de nous ennuyer d'une manière sereine et uniforme, à la bonne heure! Parlez-nous de tel illustre rhéteur qui, pendant quatre cents pages, va semant d'une main toujours égale ses phrases et ses fleurs, de tel écrivain célèbre qui n'a qu'une note, il est vrai, mais si claire et si sonore, et qui, deux volumes durant, vous la fait résonner sans pitié comme un battant d'acier qui frapperait sur une surface de cuivre! Voilà ce que nous pouvons louer sans réserve!

M. Michelet a fait en partie cette expérience; ses qualités ne lui ont pas moins nui que ses nombreux défauts. Il n'est pas mis, selon nous, à son véritable rang. Bien des causes ont contribué à accomplir cette demi-injustice. Il a trouvé à ses débuts des gloires établies devant lesquelles il s'est prosterné comme un disciple devant un maître, qu'il n'a pas songé à détrôner, et qui, fières de recevoir un encens aussi parfumé, lancé par une main aussi délicate, l'auraient volontiers conservé comme thuriféraire officiel. Longtemps il a vécu dans la solitude, se mêlant peu au monde, vivant de sa vie intime et la répandant dans de lyriques soliloques : nouveau malheur qui lui valut la réputation de visionnaire. Le titre assez singulier de hiérophante de l'histoire lui avait été décerné; il s'en contentait trop modestement à notre avis, lorsque, dernière et irréparable infortune, il s'est compromis dans une des plus tristes querelles que les mauvais génies puissent envoyer à un homme. Une querelle avec un clergé quelconque, dans une époque aussi chancelante que la nôtre, et où tant de prudence est nécessaire, est pleine de périls et doit être évitée à tout prix. Si vous êtes attaqué, le mieux est de filer rapidement, ailes déployées, comme le cygne pacifique, au lieu de défier l'orage et de l'appeler par vos cris, comme un oiseau des tempêtes; sinon, vous serez sûr d'être isolé; les politiques vous abandonneront, et votre parti lui-même vous soutiendra de mauvaise grâce. C'est là ce que ne comprit pas ou ne voulut pas comprendre M. Michelet. Une fois réveillé de sa quiétude mystique et arraché à ses contemplations solitaires, sa nature nerveuse, impressionnable, imaginative, qui l'avait trop préservé jusque-là du contact du monde, le jeta dans

la polémique, où il s'engagea avec une ardeur fiévreuse.
Ses témérités eurent le résultat qu'il en pouvait attendre :
il ne fut pas soutenu, il se vit même délaissé, et cet abandon ne fit qu'augmenter encore son irascibilité. Il chercha
des appuis, et il en trouva dans les partis extrêmes. A sa
fougue anti-catholique vint donc se joindre bientôt la fougue démocratique, et dès-lors il ne trouva plus pour son
talent que des juges partiaux, et auxquels pesait la
louange. Ainsi à toutes les phases de son existence il a
rencontré un obstacle : d'abord les réputations établies,
puis la solitude, enfin une querelle malheureuse et des
passions politiques excessives.

A ces causes principales, qui donnent comme une sorte
d'excuse à l'animosité de certains critiques, viennent encore s'ajouter une foule de causes secondaires : l'inégalité
de ce talent, la multiplicité rapide des aperçus, qui laisse
dans l'imagination du lecteur une sorte d'éblouissement ;
le mélange et le contraste heurté de tous les tons et de
tous les styles, depuis le style lyrique le plus élevé jusqu'au langage le plus vulgaire et quelquefois le plus cynique (1), les sons de la trompette épique remplacés brusquement par les mélodies du cornet à bouquin, les
soudaines rencontres d'analogies et d'images qui vous
saisissent d'étonnement, la nécessité d'avoir recours à la
mémoire pour renouer le fil des évènements, à chaque
instant brisé et perdu dans un récit haletant, et la nécessité d'avoir recours à la réflexion pour pénétrer la pensée
réelle de l'auteur. Toute cette macédoine piquante et
excentrique de qualités qui deviennent facilement des défauts, et de défauts qui ont souvent tout le charme de

(1) Les expressions vulgaires et cyniques abondent dans les derniers
écrits de l'auteur, qui semble même les rechercher avec une avidité
tout à fait inexcusable. Ainsi on lit, en toutes lettres, cette phrase incroyable sur Marie Stuart : « Cette fille publique traînée par des soldats
dans les rues d'Edimbourg. » Il parle des *yeux provoquants de catin* de
la reine Marguerite, la première femme à Henri IV. Dans un des nombreux portraits qu'il a tracés de Catherine de Médicis, il insiste parti-
culièrement sur le *mufle* traditionnel des Médicis, sur leur forte face
intelligente et *bestiale*. Ailleurs, pour expliquer par une raison physique
l'horreur qu'Henri II ressentait pour sa femme, il écrit cette phrase
cruelle et insultante : « Il en avait horreur comme d'un ver né du tombeau de l'Italie. »

qualités véritables, justifie également les opinions les plus contradictoires. On peut admirer, on peut blâmer, mais la nature même de ce talent est plus facile à critiquer qu'à admirer. Pour l'admirer, il faut l'expliquer et le sentir, faculté réservée aux très-rares tempéraments qui ont quelque rapport avec le sien. Pour le condamner au contraire, vous n'avez qu'à lire, et si vos nerfs sont plus énergiques que délicats, si votre tempérament est un peu sanguin et grossier, si vous avez plus de goût pour les lieux communs du bon sens ordinaire que pour les raffinements de la pensée, les motifs de sévérité ne vous manqueront point. Puéril, affecté, tourmenté, toutes ces épithètes malveillantes viendront d'elles-mêmes se présenter à votre esprit, et chacune de ces expressions sera méritée. Si vous avez l'intention d'être injuste, sachez qu'il n'est pas d'écrivain avec lequel il soit moins périlleux d'employer la mauvaise foi, car ses défauts sont de ceux qui frappent tous les yeux, et ses qualités sont de celles qui ont besoin d'être dégagées et mises en lumière.

Il est donc très-facile au critique malveillant d'employer à l'égard de M. Michelet les restrictions mentales, de ne le louer qu'avec une réserve proche parente de l'injustice, de tempérer l'éloge par la raillerie. Telle est d'ailleurs la nature embarrassante de ce rare talent, que les malveillants peuvent être injustes à plaisir, tandis que les admirateurs ne peuvent accorder leurs louanges que sous conditions. Un panégyrique sans réserve des écrits de M. Michelet serait une insulte pire que la plus malicieuse critique, et rendrait un triste témoignage des facultés de celui qui l'aurait conçu. Je n'ai jamais lu une page de ses adversaires qui exprimât un jugement véritablement équitable sur cet écrivain, mais je n'ai jamais lu non plus un éloge de ses admirateurs qui eût une valeur bien sérieuse et qui fût autre chose qu'un compliment banal. Ses amis lui sont presque aussi nuisibles que ses détracteurs. — M. Michelet, disent ces derniers, est avide de louanges et n'épargne aucun moyen pour les obtenir. — S'il en est ainsi, il joue de malheur ; il n'y a pas de réputation qui doive moins de remerciements à la presse ; il n'y a pas d'écrivain que ses panégyristes ou ses adversaires donnent moins envie de connaître. Heureusement ses livres sont là, ses livres qui parlent mieux pour ou contre lui qu'amis et ennemis; on les ouvre, on lit, et on sort de cette lecture troublé, ébloui, indigné, ravi.

Indigné et ravi! oui, les deux choses à la fois. Ce mot d'indignation a besoin d'être expliqué, et notre commentaire ne sera pas inutile, car il nous donnera la dernière raison du demi-silence qui depuis dix ans surtout accueille les productions du célèbre historien. M. Michelet a l'art de mettre en colère un grand nombre de personnes. Il exaspère ses lecteurs, non pas tant par le fond de sa pensée que par mille petits détails, mille nuances insaisissables, et par le ton léger et dégagé avec lequel il s'exprime. M. Michelet possède un triste don, privilége funeste des natures très-nerveuses, don qui consiste à trouver l'insulte qui va le mieux au cœur d'un homme, d'un parti, d'une caste sociale, et à exprimer cette insulte avec le ton le plus blessant. L'insulte qui nous va le plus au cœur n'est pas celle qui s'attaque à notre nature apparente, mais celle qui s'attaque à notre nature cachée, ou bien celle qui s'empare d'un détail imperceptible, qui le grossit de manière à rendre ridicule l'homme le mieux doué, et à faire que, pour un instant au moins, on ne lui tiendra compte d'aucune de ses qualités. Autre détail à observer : plus l'insulte est inattendue, imprévue, paradoxale, et plus elle est blessante. Reprochez, par exemple, à un honnête bourgeois d'être honnête, ou à un duc et pair de ne pas représenter personnellement son titre, l'un et l'autre se riront de vous ; mais insinuez à votre bourgeois qu'il a raison d'être sévèrement honnête, parce que la qualité de son âme le condamne aux vertus maussades, ou à votre duc et pair qu'un aristocrate doit être un objet de luxe sous peine de ne pas exister et d'être moins que le plus vulgaire roturier : vous êtes sûr de blesser un point sensible inconnu même à votre victime avant la minute où vous aurez lancé votre injure. Vous lui découvrez une infériorité qu'il ignorait, malice que les hommes ne pardonnent jamais. Or toutes les publications de M. Michelet depuis dix ans sont écrites avec cet esprit et de ce ton acerbe et blessant. Son pamphlet du *Prêtre, de la Femme et de la Famille*, la moitié de son livre du *Peuple*, bon nombre de chapitres de son *Histoire de la Révolution* sont faits pour exaspérer les partis contre lesquels ils sont dirigés. L'attaque est d'autant plus désagréable, que, ne portant jamais sur un ensemble de faits ou sur des questions de principe, mais sur des détails personnels, la réfutation est presque impossible. En outre, grâce à sa vive imagination, M. Michelet ne s'en tient pas aux faits réels ; il invente des faits possibles, tout psychologiques, que l'on ne peut cependant pas affirmer faux, car on sent qu'ils peuvent exister avec un concours particulier de circonstances. Pour avoir une idée de cette satire psychologique, on n'a qu'à comparer ses chapitres sur la confession, par exemple, au pamphlet de Paul-Louis Courier. Paul-Louis expose brutalement les faits connus et qui peuvent se produire naturellement. M. Michelet va plus loin ; il décrit les émotions probables, les ruses problématiques, les égarements hypothétiques. L'auteur sort du terrain des faits et poursuit ses adversaires jusque sur le domaine mystérieux du possible.

Ses écrits sur le xvie siècle ont ces mêmes dangereuses qualités. L'historien ne se contente pas de reprocher aux personnages qu'il n'aime pas leurs défauts et leurs crimes connus, il s'attaque à leur nature même et renchérit encore sur leurs vices. Catherine est plus basse et plus intrigante encore que ne la représente la tradition historique. Marie Stuart est bien toujours la dangereuse sirène que nous connaissons, mais elle a cessé d'être touchante ; sous ses dons brillants l'historien nous montre une âme presque abjecte, perfide et menteuse comme le vice galant, intrigante comme une aventurière, adonnée à des galanteries où le choix même ne préside pas. La draperie royale a été enlevée, et la nature montrée nue : c'est bien toujours Marie Stuart ; cependant il manque un détail qui enlève au portrait sa ressemblance, précisément cette draperie royale qui faisait aussi partie de sa personne, et sans laquelle nous ne pouvons voir la nièce des Guise telle qu'elle fut réellement. Le duc François de Guise est peint sous son aspect le plus sombre et le plus révoltant ; tous les côtés violents de cette âme cruelle et ferme sont impitoyablement accusés ; nous reconnaissons bien le fourbe superbe qui, au contraire du gai cardinal de Lorraine, savait si bien cacher ses mensonges sous une apparence de colérique franchise et sous des dehors impérieux : où est cependant ce fier homme d'épée qui commandait à Metz et qui gagna Calais à la France ? Henri le Balafré est peint relativement avec plus de justice ; néan-

moins les défauts déplaisants de son héroïque et coupable
famille y mettent trop dans l'ombre ses dons aimables et
séduisants. Voilà pour les grands acteurs. Avec les acteurs
secondaires, M. Michelet y met encore moins de façons;
il les traite avec un mépris familier et des épithètes gro-
tesques dont le pamphlet pourrait seul s'accommoder.
Ce ne sont pas seulement ses ennemis qu'il cherche à
ridiculiser ou dont il montre avec passion les défauts secrets; les personnages même qu'il respecte le plus
n'échappent pas à sa verve maligne. Qui n'a deviné, par
exemple, sur le visage du chancelier de L'Hôpital tout un
monde de douleurs, la tristesse qu'inspire la vue du mal,
l'impuissance de la bonne volonté, la lassitude, conséquence inévitable d'une vie d'épreuves et de chagrins?
Cette impression que fait éprouver la vue des portraits de
L'Hôpital, M. Michelet l'a ressentie, seulement il la tra-
duit ainsi : « Le malheur et l'exil l'avaient fort *aplati*,
au dehors seulement, car le cœur était admirable. » C'est
se montrer bien rigoureux pour quelques actes d'une trop
grande circonspection, et pour une certaine timidité de caractère que n'expliquent que trop d'ailleurs les violences
du temps. Dans un autre passage, parlant des ducs d'Epernon et de Joyeuse, qui, à un moment donné, furent les
uniques soutiens de la monarchie contre les factions,
M. Michelet s'exprime ainsi : « Nous voilà donc venu à ce
point de défendre Epernon, Joyeuse. Dans la faiblesse
actuelle du petit roi de Navarre, en attendant qu'il gros-
sisse et soit Henri IV, ces deux *drôles*, contre les Lorrains
et le parti espagnol, se trouvent les gardiens de la nationalité. Confessons cet avilissement et cette extrême misère. »
Le langage est un peu vif appliqué à des hommes que
M. Michelet déclare les meilleures épées de leur temps, et
qu'il justifie lui-même de certaines infamies que la tradition leur a toujours libéralement prêtées. D'un bout à
l'autre de ses quatre volumes, ces boutades de langage,
ces caprices de passion, ces outrages de pamphlétaire
surabondent; plaisanteries, bouffonneries, quolibets pleu-
vent sur tous les partis à la fois : catholiques, monarchiques, tiers-parti, politiques, protestants même; c'est une
Saint-Barthélemy générale de toute la France du XVIe siècle. Si M. Michelet a eu, comme nous l'avons reconnu, à
se plaindre quelquefois de l'injustice des partis et de la

critique (et il s'en plaint surtout dans une note très-acerbe contre les doctrinaires), il doit reconnaître qu'en manquant lui-même de justice, il a dû provoquer bien des ressentiments.

Pour nous, qui n'avons aucune loi du talion à appliquer, et qui préférons insister sur les mérites d'un écrivain qui nous est sympathique, nous allons bien vite nous débarrasser des derniers reproches que nous ayons à lui adresser. A la fin de son quatrième volume sur le xvie siècle, M. Michelet dit hardiment : « Cette histoire n'est pas impartiale » Soit, si l'auteur veut dire par là que son histoire est écrite en faveur de l'un des grands partis qui se disputèrent à cette époque le gouvernement du monde. Malheureusement ce n'est pas la seule partialité qu'on ait à lui reprocher. M. Michelet n'est pas seulement injuste de parti pris, il l'est encore par légèreté. Il se met maintes fois en contradiction avec lui-même, et lance des accusations qu'il se charge de réfuter cent pages plus loin. Ainsi, dans le portrait très-nouveau et très-original qu'il a tracé de Charles IX, il fait ressortir la pureté relative des mœurs de ce malheureux roi. « Il n'eut rien, dit-il, des infâmes amours des Valois, des *égouts* de son frère. » Les *égouts* de Henri III, ce mot doit avoir un sens; M. Michelet pense donc que les commérages du temps n'ont point menti. Dans le volume suivant, l'historien, après avoir analysé avec une finesse psychologique admirable le caractère de Henri III et expliqué très-judicieusement ses goûts féminins, le lave complètement des infamies dont on l'accuse. Pourquoi donc alors se presser autant de prononcer ce vilain mot d'*égouts ?* D'autres fois la force de la vérité l'emporte malgré lui sur ses passions et l'oblige à se démentir lui-même. Ainsi il n'a pas assez d'expressions méprisantes pour Louis XII, ce roi des bourgeois, cette dupe, ce Cassandre, ce triste mari, cet allié des Borgia, et cependant, lorsque vient le moment de résumer son règne, il est obligé de convenir qu'il fut pour la France « une halte heureuse entre les gaspillages de Charles VIII et les prodigieuses dépenses de François Ier. » Sous l'administration de ce roi, peu brillant, il est vrai, mais sage et prudent, la France fut prospère, le trésor public toujours bien garni, les dettes de l'état rigoureusement payées, les impôts réduits. La justice fut réformée, les coutumes fixées en loi, et les petits eurent dès-lors un recours contre les grands. Pour trouver une administration comparable à celle de Louis XII et de Georges d'Amboise, il faudra passer par bien des années de famine, de banqueroute, de misère, et aller jusqu'à Henri IV et à Sully. N'est-ce donc rien que tout cela, et le roi à qui la France dut et cette prospérité temporaire et ces réformes durables n'a-t-il pas droit à une autre récompense que des épithètes bouffonnes ?

Souvent encore, M. Michelet, ne tenant aucun compte de la difficulté des situations, juge les personnages politiques non d'après ce qu'ils ont fait, mais d'après ce qu'ils auraient dû faire, il les juge avec le *criterium* politique du XIXe siècle, et les condamne ou les absout en vertu d'idées philosophiques qu'aucun d'eux ne soupçonnait. Il les mesure d'après l'idéal de 1789, et contemple le XVIe siècle du point de vue de la Révolution française. Sous sa plume, le grand Coligny, dont il parle du reste en termes touchants et avec une émotion grave et morale, dont aucune dissonance ne vient cette fois troubler l'accent digne et pieux, deviendrait presque un précurseur de la Révolution ! Quand il doit juger Calvin, le bûcher de Servet et les persécutions des libertins l'épouvantent; dans ce terrible chrétien, il hésite justement à voir un ancêtre des conventionnels, et il se fait un peu prier avant de dire brusquement : « N'importe, ce fut un des nôtres. » Les protestants choisissent pour chef un prince du sang, Condé ; M. Michelet, au nom de ses idées démocratiques de 1856, s'en indigne : « Foule idiote qui brisait les mortes idoles, adorait les vivantes ! guerre absurde de *la liberté au nom d'un prince du sang*, au nom d'un roi captif des Guise ! » Cette préoccupation du temps présent dans le récit des choses du passé l'entraîne dans des jugements précipités qu'il est ensuite obligé de réviser lui-même et de casser. Il a beau faire, son érudition historique l'emporte sur ses passions, et l'amène malgré lui à formuler un jugement impartial. A chaque instant il déclare que la France a touché le fond de l'abîme, et cependant il est obligé, quelques pages plus loin, de regretter ce qu'il avait condamné. L'administration de Henri III le rend juste pour l'administration de Charles IX ; les intrigues des Guise et du parti espagnol l'obligent, quoi qu'il en ait, à être indulgent pour Henri III. Après avoir conspué la cour corrompue des derniers Valois, il est contraint de chercher un abri même dans cette cour contre la tyrannie des factions, et, malgré ses préférences démocratiques, de se raccrocher à la monarchie comme à la dernière planche de salut au milieu de la tempête où la France faillit sombrer. La première fois qu'il rencontre Henri IV, il le juge défavorablement, et s'empresse bien vite de déclarer qu'il ne sera jamais son héros; mais, chemin faisant, le cours des évènements l'entraîne à juger moins sévèrement et l'amène à voir, tel qu'il fut, cet homme ferme et fin qui mit un terme à l'anarchie, et fonda la France sur les bases qu'elle devait occuper deux siècles.

Est-ce à dire cependant qu'il faille pousser ce reproche de partialité aussi loin que le font certains critiques, et condamner l'historien parce qu'il a des préférences de partis et d'opinions? Nous avons inventé de nos jours une doctrine d'impartialité historique qui serait immorale, si elle pouvait être mise en pratique, mais dont nos dernières révolutions se sont heureusement chargées de nous corriger. Les évènements de février, en faisant détourner notre histoire de sa ligne directe et en changeant sa logique apparente, nous ont amenés insensiblement à réviser nos jugements sur le passé. Les faits les plus lointains, ceux qui semblaient avoir le moins de rapports avec notre vie moderne, ont été soumis à un nouvel interrogatoire. Les chefs de parti, les souverains, les grands ministres ont été attaqués et défendus avec un entrain, une vigueur, une passion et quelquefois une injustice tout actuelles. Charles-Quint, Richelieu, Mazarin, Louis XIV, sont devenus nos contemporains; nous les accusons de nos malheurs, nous trouvons en eux la cause première de nos désastres. Si l'esprit politique manque à notre nation, la faute en est à Richelieu. Si nous avons trop de penchant à être gouvernés à tout prix, la faute en est à Louis XIV. De même qu'autrefois, grâce à notre système d'impartialité, nous ne nous sentions avec le passé qu'une solidarité de bienfaits, nous commençons aujourd'hui à ne voir en lui que les germes des maux dont nous souffrons. Nous pensions volontiers que l'histoire avait eu pour mission de nous mettre au monde en accumulant pour nous à travers les siècles une riche moisson de bienfaits et de libertés; au-

jourd'hui nous penserions presque qu'elle n'a eu d'autre
mission que de grossir pour nous, avec chaque génération nouvelle, les fatales conséquences du péché originel.
Nous faisons un peu subir à l'histoire, pour le quart
d'heure, le traitement que les Italiens, au xe siècle, firent
subir au cadavre du pape Formose, lequel fut exhumé,
jugé et condamné pour les crimes et trahisons qu'il avait
commis alors que l'étincelle de la vie l'animait. Cette disposition actuelle à la partialité historique n'est pas particulière seulement à M. Michelet, elle est propre à tous les
écrivains de tous les partis, depuis le parti ultramontain
jusqu'au parti ultra-radical.

Nous pouvons donc excuser M. Michelet du reproche
de partialité : il ne fait que suivre en cela le courant
qui nous entraîne tous ; tout ce qu'on doit lui demander,
c'est que ses préférences ne le rendent pas volontairement aveugle, ne l'amènent pas sciemment à cacher
la vérité. Or la passion peut bien l'emporter souvent
au-delà de la vérité, jamais la perfidie froide et prémé-
ditée de l'esprit de parti. Sauf certains détails dans le
genre de ceux que nous avons relevés, sa partialité
n'a d'ailleurs rien qui ne se puisse avouer. Ses conclusions sont celles qu'ont adoptées bien des esprits qui
peuvent passer pour modérés et équitables. Il prend hardiment parti pour les réformés et regrette que le protestantisme n'ait pas triomphé au xvie siècle. C'est une
conclusion contestable si l'on veut, mais c'est la conclusion de bien d'autres. Il avoue sa préférence pour la
Renaissance sur la Réformation : c'est une préférence qui
a été celle de bien des hommes illustres depuis Erasme
jusqu'à Voltaire. L'évènement contre lequel il a déployé
le plus de passion, c'est la Ligue. Il a pris le contre-pied
des paradoxes contemporains par lesquels a été réhabilitée
cette machine meurtrière et de dangereux exemple, il a
flétri comme elle le méritait cette première apparition de
la *canaillocratie* sur la scène de l'histoire. C'est un service dont nous lui sommes reconnaissants et dont tous les
gens de bien doivent lui savoir gré. Il n'y a qu'un point
sur lequel nous ne puissions être d'accord avec lui dans
cette déclaration de guerre à la Ligue, c'est la différence
qu'il essaie d'établir entre les *ligueurs* du xvie siècle et les
sans-culottes du xviiie. Ici les théoriciens qu'il combat

reprennent tout leur avantage; oui, les uns sont bien les
ancêtres des autres; oui, les uns et les autres ont été
formés à la même école, ont reçu les mêmes leçons, et
sont sortis de la même putréfaction. Seulement nous nous
empressons de reconnaître que tout l'avantage reste aux
ancêtres, qui avaient eu des maîtres bien plus retors et
bien mieux exercés.

Ainsi cette partialité tant reprochée à M. Michelet n'a
rien en définitive qui puisse effaroucher beaucoup nos
consciences. Il n'est pas plus partial que tout autre écrivain qui démolit ingénieusement le système de la vieille
monarchie, et qui trouve moyen de se faire applaudir
même des partisans de l'ancien régime. Ses conclusions
sont parfaitement avouables, ses préférences légitimes.
D'où vient donc cette accusation de partialité en vertu de
laquelle on le condamne? Nous l'avons déjà dit, des détails malicieux dans lesquels il se complaît et du ton blessant et injurieux avec calcul qu'il affectionne. Ce sont là
de très-graves défauts, pas assez graves cependant pour
qu'on se refuse à voir ce qu'il y a de talent sérieux, de
fines pensées, de qualités éminentes, chez cet écrivain.
C'est pour remplir ce devoir en toute conscience que nous
avons si longuement insisté sur ses défauts.

Les dons que M. Michelet a reçus sont des plus heureux
que la nature puisse accorder à un homme, car ce sont
les dons qui rendent aimables les labeurs les plus fatigants,
attrayantes les plus lourdes tâches, et qui seuls sont capables de transformer une vie de travail en une vie de
volupté. Certains écrivains, on le voit trop en les lisant,
sentent surtout ce qu'il y a de pénible et d'austère dans
la science; lui, au contraire, ressent surtout ce qu'elle
peut donner de charme et de bonheur. D'autres font taire
volontairement leur cœur, et se refusent le plaisir de
comprendre et d'expliquer les faits et les doctrines qui
n'ont pas un rapport direct avec le but qu'ils se sont marqué; lui, au contraire, est avide de pénétrer les secrets
et d'extraire la poésie de toute chose. Pour comprendre
et saisir, il fait appel à son imagination, une des plus
fortes de l'époque actuelle; pour juger, il fait appel à sa
sympathie, qui est singulièrement éveillée, et qui, en
dépit de ses passions politiques et religieuses, est bien
une des plus tolérantes que nous connaissions. La curio-

sité, l'imagination, la sympathie, voilà ses trois grands moyens d'étude et de travail, les trois clefs magiques avec lesquelles il ouvre les arcanes de l'histoire et nous en décrit les trésors. Que d'autres se servent d'instruments plus précis et se vantent de leur talent d'analyse, M. Michelet fait appel à l'intuition, et l'intuition le sert mieux que l'instrument d'analyse le plus fin et le mieux aiguisé. Quand il décrit un personnage, il s'efforce de pénétrer dans les secrets de cet organisme vivant, de surprendre s'il le peut le jeu caché des passions, les pensées enveloppées de l'âme, en un mot tout le monde mystérieux que recouvrent l'apparence trompeuse des actes extérieurs et le masque dissimulé du visage humain. Il porte dans la science historique des allures de magicien ou de magnétiseur et la seconde vue d'un illuminé. A la suite de cette muse tout instinctive, primesautière et passionnée qui s'appelle l'imagination, il arrive à d'étranges aberrations, mais aussi à des profondeurs que ne lui auraient jamais montrées les microscopes les plus grossissants. Quoiqu'il n'use pas des procédés les mieux connus et les plus certains de l'analyse, ses aperçus et ses explications des caractères humains sont pour la plupart d'une finesse psychologique surprenante, ils étonnent par leur subtilité et en même temps par leur précision.

Si nous voulions définir M. Michelet et le distinguer nettement de tous les autres écrivains de notre époque, nous dirions, malgré tout ce que ce mot a de matérialiste, qu'il est par excellence une *organisation*. C'est une nature toute spontanée, toute personnelle, qui ne doit rien aux choses du dehors. L'originalité de la plupart des hommes se forme avec la vie et l'étude. Ni l'expérience ni l'étude ne semblent lui avoir donné une faculté de plus, ou une méthode de diriger ses facultés. Il n'y a rien d'acquis en lui. L'étude n'a fait qu'assembler une plus grande quantité de matériaux pour fournir à son imagination de nouveaux prétextes de répandre ses couleurs ; l'expérience n'a pas modifié, mais développé ses facultés préexistantes. L'imagination était déjà très-forte à l'origine ; l'étude, qui d'ordinaire lui donne pour contrepoids la circonspection et la timidité, l'a au contraire doublée. La fibre sympathique était très-vive : l'expérience, qui d'ordinaire la rend moins sensible, l'a surexcitée au contraire, et lui a

3.

donné une susceptibilité inouïe. La réflexion, la comparaison, le jugement, toutes ces mécaniques spirituelles que l'âme se construit pour elle-même semblent lui avoir été toujours inconnus. Il ne rend que ce qu'il sent, et s'il semble faire quelquefois effort sur lui-même, ce n'est que par la difficulté de rendre son impression exacte. Il pense avec sa nature tout entière, avec son âme, avec son imagination, avec ses nerfs ; son style devient haletant ou lâché selon que les mouvements du cœur chassent et reçoivent le sang avec rapidité ou lenteur. Il n'est pas de ces écrivains dont la pensée domine tellement la vie, qu'on ne sent en les lisant ni leur tempérament, ni leur bonheur, ni leurs infortunes. Dans la trame de son style et dans les couleurs de sa pensée sont entrées toutes les émotions de la journée, tous les caprices de l'heure présente, les mille rapides impressions fugitives, les petites influences de la nature ambiante. On pourrait presque noter page par page, ou plutôt deviner ces influences et ces émotions. Cette page acerbe et violente a été écrite un soir où la mauvaise humeur politique l'emportait sur la réflexion ; cette page mélancolique témoigne d'une journée grise et nuageuse ; cette autre, tout illuminée comme un visage reluisant d'une douce fièvre, a été le résultat de vives impressions musicales. Bref M. Michelet est une individualité avant d'être un historien ou un publiciste ; on sent en le lisant une nature particulière, avec ses goûts, ses singularités, ses humeurs. C'est là son grand charme, et c'est là aussi sa faiblesse : quand il nous blesse et qu'il nous ravit, il nous blesse et nous ravit *personnellement*, absolument comme le font chaque jour les personnes vivantes que nous rencontrons, et pour lesquelles nous éprouvons, selon les lois des affinités mytérieuses, une sympathie ou une antipathie invincible.

Cette personnalité si accusée facilite singulièrement et entrave néanmoins la tâche de M. Michelet. Elle rend facile la tâche du narrateur et de l'artiste, presque impossible celle du juge. M. Michelet est incapable de dominer sa nature et de se placer en dehors de lui-même. Le défaut principal de son talent apparaît surtout lorsqu'il s'engage dans les idées abstraites. Dès qu'une idée cesse de se manifester à lui sous une forme sensible, elle lui

échappe, et il s'épuise en efforts inutiles pour la conquérir.
En vain il l'appelle dans des phrases pleines d'une émotion quasi mystique, en vain il la poursuit de ses désirs
ardents et l'interpelle presque avec des larmes, elle refuse
de se laisser saisir. Aussitôt qu'il pose le pied sur le domaine des idées générales, tout devient confusion, désordre et chaos. Quand on vient de lire ses quatre volumes
sur le XVIᵉ siècle, on est rempli d'impressions laissées par
le spectacle des évènements. On a assisté à la représentation en quelque sorte de l'époque, on en revient comme
d'un voyage, d'une longue excursion, plein de souvenirs,
d'éblouissements, d'anecdotes curieuses. On a vu les fêtes
des Borgia, le martyre de Savonarole, la cour de Fontai-
nebleau, le sombre intérieur de l'Escurial, les voûtes de
la chapelle Sixtine et l'atelier d'Albert Dürer, et cependant on n'a aucune idée générale et bien précise du
XVIᵉ siècle. La Renaissance et la Réformation nous ont en
grande partie livré le spectacle de leurs tumultueux mouvements, mais ne nous ont pas dit leur secret. Qu'est-ce
que la Renaissance? Qu'est-ce que la Réformation? En
mille passages de son livre, on croit saisir l'explication
désirée, une boutade vient à la traverse et nous en éloigne.
Ces deux grands faits ne nous apparaissent jamais en eux-
mêmes, mais à travers les personnages illustres qui ont
rempli cette époque, à travers Michel-Ange, Luther,
Albert Dürer, Marguerite de Navarre, Coligny. Leur lumière n'est pas réfléchie dans une glace unie qui puisse
en assembler les rayons et nous en renvoyer une image
nette et fidèle, mais comme dans un miroir à facettes qui
décolore, brise et multiplie les rayons. Nous avons là en
un mot les *avatars* et les métempsycoses successives de la
Renaissance et de la Réforme, nullement l'âme elle-même
et la personnalité abstraite de ces deux faits. Nous voyons
bien, si nous pouvons parler ainsi, les incidents et les
aventures, les orages successifs de leur vie; nulle part
nous n'embrassons cette vie elle-même, et nous ne la
contemplons dans son unité et en dehors de ses vicissitudes.

Mais comme ce talent prend sa revanche aussitôt qu'il
s'agit de peindre, et comme cette nature impressionnable,
qui le rend impropre à lutter avec les idées abstraites, le
sert bien lorsqu'il s'agit d'introduire un personnage,

d'éclairer un paysage, de rendre le charme moral d'une
œuvre d'art ! Alors il trouve en lui des ressources inattendues et une surabondance luxueuse d'images, de compa-
raisons, d'analogies. Il prodigue à pleines mains ces
images et ces analogies ; mais, avec le sentiment instinctif
du véritable artiste, il se trompe rarement sur celles qu'il
doit employer. Il y en a trop, et il fallait choisir ; toutes
néanmoins expriment bien sincèrement l'impression reçue : il y en a de bizarres et d'étranges, jamais aucune
qui soit choquante et vulgaire. De même, pour les couleurs qu'il jette avec profusion : elles peuvent être parfois
trop *voyantes*, trop éclatantes, elles ne sont jamais fausses.
Les dernières ressources du langage ont été mises parfois
à contribution pour exprimer telle impression qui par sa
nature échappe à l'art de l'écrivain. Cette organisation
d'artiste semblerait lui interdire les facultés d'observation, mais son imagination l'entraîne plus loin que là où
ces facultés pourraient le conduire. Grâce à la rêverie, il
découvre accidentellement certains traits de moraliste que
les maîtres eux-mêmes ne désavoueraient pas. Quant à
ses portraits, on peut dire hardiment que, lorsqu'ils sont
parfaits, personne depuis Saint-Simon n'en a peint d'aussi
vivement colorés et d'aussi francs. Il y en a de toute
sorte dans ses livres : grands portraits en pied, officiels
et d'apparat, portraits en buste de la même personne aux
différents âges de la vie, esquisses, légers pastels, croquis
à la plume, simples profils tracés en deux traits rapides,
et d'une main hardie, tous d'une ressemblance frappante,
car le trait caractéristique de la physionomie a été cherché avec curiosité et saisi avec bonheur.

Je ne sais pourquoi les portraits tracés par la plupart
des historiens me semblent presque toujours de convention. Rarement ils me donnent du personnage l'impression
que me laisse la lecture des témoignages contemporains.
À force de vouloir être majestueux et noblement classi-
ques, de viser au grand art et de vouloir s'en tenir aux
grandes lignes, la plupart des historiens oublient de nous
donner la physionomie véritable du personnage qu'ils
veulent représenter. Il me semble souvent que le portrait
de tel personnage pourrait être celui de tel autre et pourrait servir plusieurs fois. En effet, les traits généraux
d'une physionomie ne sont point ceux qui la caractéri-

sent. Ce qui caractérise l'individu extérieurement, c'est un trait, le plus souvent délicat et fin, une nuance insaisissable, un pli, une ride, et moralement, c'est une combinaison naturelle et unique de vertus et de vices qui ne s'est rencontrée qu'une fois et qui ne se rencontrera plus. Si vous voulez me faire comprendre telle individualité, ne me dites pas qu'elle avait tel vice et telle vertu, faites-moi comprendre à quelle dose ce vice et cette vertu existaient en elle. Faites-moi assister à la formation de ce mélange, dites-moi comment et sous l'empire de quelle nécessité cette alliance des contraires a pu se produire ; dites-moi l'allure particulière de tel personnage, sa démarche, son attitude lourde ou gracieuse, ses gestes, que sais-je ? sa manière de saluer. Ne craignez pas d'être trivial ; le cure-dents que Coligny mâchait avec une fureur concentrée aux heures de péril m'éclaire plus sur la nature de cet homme que toutes les phrases générales. Ne cédez pas non plus à la crainte trop commune aux esprits scolastiques d'insister sur la personne physique ; la mâchoire inférieure de Charles-Quint m'en dit plus sur son ambition que de longues dissertations sur ses plans et ses conquêtes. Enfin ne craignez même pas d'être puéril, et si vous me parlez de Cromwell, n'oubliez pas sa ceinture de cuir et ses bottes à genouillères ; elles font partie de sa physionomie robuste, bourgeoise et militaire.

C'est ainsi que fait M. Michelet ; il excelle à nous peindre ses personnages, à les replacer dans le milieu où ils vécurent, avec tous les détails accessoires qui firent partie de leur vie, et il sait trouver pour chacun le procédé qui peut le mieux le faire saisir et comprendre. Il varie à l'infini ses procédés, il emploie tour à tour le trait sec et minutieux d'Albert Dürer ou le crayon savant d'un maître italien, et passe d'un portrait étudié à la Van-Dyck à une esquisse légère et rapide à la Callot. Voici Maximilien par exemple : le trait principal de son caractère, c'est d'être chimérique ; mais de quelle manière l'était-il et dans quelle mesure ? Comment et pourquoi ? L'était-il à la manière de son beau-père, le sombre Téméraire, ou l'était-il avec âpreté et gravité comme le sera tel illustre Espagnol dans le siècle qui va s'ouvrir ? Écoutons M. Michelet : « Le profond Albert Dürer, dans son portrait de Maximilien, l'a buriné pour l'avenir au complet, et l'histoire n'ajoute pas deux mots au portrait du maître. Cette grande figure osseuse, fort militaire, d'un nez monumental, est un Don Quichotte sans naïveté. Le front est pauvre, comme l'âpre rocher du Tyrol que l'on voit dans le fond ; aux corniches des précipices errent les chamois que Max mettait toute sa gloire à atteindre. Il était chasseur avant tout, et secondairement empereur ; il eut la jambe du cerf et la cervelle aussi. Toute sa vie fut une course, un *hallali* perpétuel. On le voyait, mystérieux, courir d'un bout de l'Europe à l'autre, gardant d'autant mieux son secret qu'il ne le savait pas lui-même. Du reste, les coudes percés, toujours nécessiteux autant que prodigue, jetant le peu qui lui venait, puis mendiant sans honte au nom de l'empire. On le vit à la fin, gagnant sa vie comme *condottiere* dans le camp des Anglais, empereur à cent écus par jour. » Voilà un portrait minutieux, détaillé à la manière des maîtres allemands de la renaissance. Les portraits des deux premiers Guise, au contraire, semblent peints avec le pinceau d'un Flamand de l'école d'Anvers. « Ce qui alarme en tous les deux, dans François et son frère, le cardinal de Lorraine, c'est la mobilité nerveuse de la face, qu'on ne retrouve à ce degré nulle part. Le cardinal, d'un teint infiniment délicat, transparent, tout à fait grand seigneur, évidemment spirituel, éloquent, d'un joli œil de chat gris-pâle, étonne par la pression colérique du coin de la bouche, qu'on démêle sous sa barbe blonde : elle pince, elle grince, elle écrase... François d'un teint grisâtre, plutôt maigre, d'un poil blond-gris, d'une mine réfléchie, mais basse, malgré sa nature fine et sa décision vigoureuse, n'a rien d'un prince : figure d'aventurier, de parvenu, qui voudra parvenir toujours. Plus on le regarde longtemps, plus il a l'air sinistre. Sa sœur, Marie de Guise, l'accusait de tirer tout à lui. Son frère, Aumale, ne recevait rien du roi, que François n'en fût triste, ne l'en chicanât. Son visage dit tout cela. » D'autres fois le personnage est caractérisé d'un trait rapide et net. « Le duc d'Albe, dit M. Michelet, emportera tout. Il suffit de le voir dans les portraits et dans les documents pour comprendre son ascendant. C'est un génie médiocre, mais fort par la netteté du parti pris, par la simplicité des vues et par la passion. » Pour quiconque connaît le duc d'Albe, ce jugement est admirable ; il n'a dû de rester le modèle

des persécuteurs qu'à la précision de sa haine, qui lui
tint lieu d'intelligence, à cette effrayante intensité de colère qui lui tint lieu de caractère, et lui donna la faculté
rare d'être à toute heure et en toute occasion déterminé
à tout.

Artiste lui-même, M. Michelet sent excellemment les
œuvres d'art, et réussit souvent à nous en faire saisir les
plus délicates beautés. Un livre, un tableau, une statue,
décrits par sa plume, se présentent à nous avec leur physionomie propre, et nous révèlent les rêves secrets auxquels ils ont dû le jour. L'historien poursuit le sens des
œuvres d'art avec une subtilité enfantine souvent, mais
ingénieuse et rusée. Ses explications sont trop détaillées
ou trop fantasques, mais l'impression qu'il cherche à
rendre est généralement forte et profonde. M. Michelet
n'est pas un critique grammairien capable de vous démontrer comment telle œuvre pèche contre les lois
techniques du métier, ni un esthéticien soucieux de comparer l'œuvre qu'il analyse aux lois abstraites du beau :
non ; il nous fait goûter le charme particulier de cette
œuvre, il nous fait saisir le sentiment qui inspira l'artiste, le
rêve intérieur qui guida sa main. La beauté intime et secrète des œuvres d'art s'évapore pour ainsi dire dans ses
pages et court comme un frisson de lumière ou comme une
ondulation musicale. Dans les pages qu'il consacre aux arts
ou à la littérature, il ne faut pas s'arrêter à tel détail évidemment fantasque. Le chapitre sur Michel-Ange, malgré ce qu'il y a d'arbitraire dans le développement logique de son explication, est étincelant de beauté, et le
sentiment général en est de la plus grande vérité. Ceux qui
liront ce chapitre sans prévention y retrouveront bien des
impressions senties confusément ; ils ne se feront pas
prier pour reconnaître que dans les œuvres de ce grand
homme il y a une préoccupation visible de l'idée de justice, et que le sentiment religieux qui les a inspirées ne
ressemble pas précisément à celui qui s'exhale avec une
délicatesse si exquise des pages du Nouveau-Testament.
Je n'oserais soutenir que M. Michelet interprète exactement la *Melancolia* d'Albert Dürer ; cependant on est
forcé d'accepter quelque chose de cette interprétation, si
l'on veut avoir une explication raisonnable du sentiment
qui inspira cette œuvre incompréhensible pour l'époque

où elle parut. J'en dirai autant de ses ingénieuses fantaisies sur la *Diane* de Jean Goujon et sur le *tombeau de Valentine Balbiani* de Germain Pilon. Le mystère de cette belle nymphe nue et pourtant parée nous est ingénieusement expliqué. Quant au monument de Pilon, il marque bien une date en effet, le moment de transition affligeant où le grand art se transforme et fait place à l'art grimacier et coquet. Le charme magnétique des tableaux du Vinci est peint en quelques mots pénétrants ; mais le triomphe de M. Michelet en ce genre d'aperçus, c'est l'explication qu'il nous donne du génie de Corrège. «C'était le moment d'une grande révélation pour l'Italie. Aux pures madones florentines que déjà Raphaël anime, l'étincelle pourtant manque encore ; mais voici une race nouvelle, avivée de souffrance, qui grandit dans les larmes ! Un trait nouveau éclate, délicat et charmant, le sourire maladif de la douleur timide qui sourit pour ne pas pleurer. Qui saisira ce trait ? Celui qui l'eut lui-même et qui en meurt ; le paysan lombard du village de Correggio, l'artiste famélique qui ne peut nourrir sa famille. Il saisit ce qu'il voit, cette Italie nouvelle, toute jeune, mais souffrante et nerveuse. C'est la petite sainte Catherine du mariage mystique, pauvre petite personne qui ne vivra pas ou restera petite. Plus que maladive est celle-ci ; on le voit aux attaches irrégulières des bras qu'il a strictement copiées. Et avec tout cela, il y a là une grâce douloureuse, un perçant aiguillon de cœur qui entre à fond, fait *tressaillir de pitié, de tendresse, d'un contagieux frémissement*. Telle était l'Italie à ce moment, amoindrie et pâlie, et Corrège n'eut qu'à copier. Il puise à la source nouvelle, à ce *sourire étrange entre la souffrance et la grâce*. » L'exquise finesse de cet aperçu échappera peut-être à bien des gens prévenus ; mais ceux très-nombreux, j'aime à l'espérer, qui ont souvent rêvé devant le *Mariage de sainte Catherine*, retrouveront là leur impression et le *contagieux frémissement* qu'ils ont sans aucun doute éprouvé.

Ce talent d'artiste et de peintre, ces échappées perpétuelles sur l'art et la littérature composent en grande partie l'originalité de M. Michelet. C'est assez pour qu'il ait une place très-élevée parmi les individualités les plus fines et les plus fortes de ce temps. L'homme de talent est incon-

testable, ses adversaires l'admettent eux-mêmes ; mais ils
prennent leur revanche sur l'historien. Quel est donc le
mérite de M. Michelet comme historien ? A-t-il innové en
histoire, ou bien ses livres ne contiennent-ils autre chose
qu'une série infinie d'ombres chinoises vivement décou-
pées et de figurines vivement peintes ? Oui, il a innové,
à notre sens, et même d'une manière originale et heureuse. S'il ne sait pas, comme M. Guizot, faire l'analyse
d'une institution politique et démonter pièce à pièce tous
les ressorts compliqués d'un état social donné, s'il n'a pas
au même degré que M. Augustin Thierry le sentiment du
génie des races, s'il n'a pas cette faculté de généralisation
qui permet à l'historien d'embrasser la destinée de tout
un peuple d'un point de vue fixe et ferme sans se laisser
troubler par les différences transitoires des époques, et
de surprendre l'unité cachée de la vie d'une nation, —
personne en revanche ne sait mieux saisir l'aspect des
temps, l'esprit, l'allure, la physionomie de chaque génération successive, la *chimère* des époques, ce ressort secret, profondément caché dans l'âme de chacun de nous
et qui nous dirige à notre insu. Désirs, vagues tourments
d'imagination, regards tournés vers un idéal obscur et
mal défini, appétits sensuels pour les belles choses terrestres, espérances et regrets, toutes ces vaines ombres
poursuivies avec une agitation si acharnée à travers les
batailles, les massacres, les fêtes populaires, M. Michelet
sait les atteindre et les fixer sur sa toile historique avec
leurs plus fugitives nuances. Ce n'est pas là un simple
mérite d'artiste, comme on pourrait le croire ; c'est aussi
un mérite de philosophe. Ceux qui aiment à rêver sur la
nature humaine ont pu mille fois faire cette remarque,
qu'une bonne partie de nos actions sont l'œuvre d'agents
obscurs et indéfinissables que la psychologie n'a pas clas-
sés et ne classera jamais dans son catalogue des facultés
de l'âme, agents qui semblent se confondre avec le principe même de notre vie et être unis aux formes essentielles
de notre organisme. Il en est de l'histoire comme de la
vie individuelle ; la moitié au moins des évènements
découlent d'autres sources que celles que nous pouvons
tous nommer : liberté, religion, droit et devoir, doctrines
philosophiques. Si nous ne comprenons pas les chimères
qui faisaient le tourment des âmes à telle époque, nous

ne connaissons pas ces agents insaisissables dont j'ai parlé, qui varient avec chaque génération, et qui non-seulement engendrent une grande partie des faits historiques, mais encore leur donnent à tous leur forme et leur couleur originale. C'est là vraiment l'innovation historique de M. Michelet, innovation qu'il doit d'ailleurs en partie à sa nature imaginative, qui lui permet de toucher, avec un tact de femme, à mille choses délicates qu'une raison plus mâle n'apercevrait jamais. Qui n'a lu son tableau du moyen-âge, où le récit participe en quelque sorte du génie visionnaire de cette étrange époque? C'est le chapitre des *Guerres religieuses*, consacré à l'Espagne, qui donne surtout une idée nette et précise de cet art de pénétrer ce que nous appelons la *chimère* des époques : sauf quelques injustices dans l'expression, jamais le génie de l'Espagne n'a été pénétré avec une telle finesse et une telle profondeur. Qu'on lise aussi le chapitre consacré à Genève, ce *séminaire héroïque*, si l'on veut saisir le caractère véritable de cette Rome du calvinisme. M. Michelet, si souvant hors de la raison lorsqu'il s'agit de juger une idée abstraite, fait preuve au contraire d'un bon sens plein de fermeté lorsqu'il s'agit de juger la valeur relative de tous ces occultes mobiles d'action qui entraînent les peuples à leur insu. Ainsi il ne se laisse pas éblouir par l'éclat menteur de l'Espagne du XVIe siècle, et il n'hésite pas à décerner à son génie le nom de romanesque. En regard de cet esprit romanesque, qui passe aux yeux de tous pour poétique, il place hardiment comme représentant de la poésie le protestantisme, que je ne sais quels honteux préjugés regardent comme un triomphe de la prose. Ces aperçus profonds, abondants et rapides, où palpite l'âme de toute une génération, en disent plus long sur le sens des évènements que bien des savantes considérations historiques.

Cependant ce talent a ses défauts, défauts très-accusés, très-sensibles, et qui frappent tellement les yeux, que nous nous dispenserons d'insister. Le plus considérable, c'est le dilettantisme. M. Michelet semble prendre plaisir à l'histoire comme on prend plaisir à la représentation d'un opéra. Il n'a pas toujours pour les idées et pour les faits le respect sévère et calme que tout penseur doit porter en lui. Contemplateur par nature, il n'a pas ce-

pendant cette impassibilité sérieuse et humble qui est
l'apanage des organisations mystiques; il jouit du spectacle des choses, il assiste avec une volupté frémissante à
cette représentation du drame passionné de l'histoire; il
s'enivre de sa pensée ou plutôt de ses impressions, qu'il
double par l'effet de son imagination. Il cherche, dirait-
on, parfois dans l'histoire et dans la nature un breuvage
qui puisse lui donner les plus riches visions. Sa nature
nerveuse vibre comme un clavier qu'une main invisible a
touché; il s'écoute vibrer avec ravissement, et prolonge
à plaisir l'émotion qu'il tire de lui-même. Quand on lit
certaines de ses pages, il vous semble entendre une musique d'autant plus séduisante que la mélodie n'est pas
dans la phrase et dans le style, ni même dans la pensée,
mais dans le mouvement imprimé à l'âme de l'écrivain.
On écoute enchanté, et la page finie, lorsqu'on retombe
dans le terre-à-terre des faits, on se frotte les yeux comme
si l'on sortait d'un rêve, et alors l'enchantement n'aidant
plus, on se demande parfois si c'est bien ainsi qu'on doit
approcher des choses qui touchent de si près à la vérité
elle-même.

II

L'histoire que racontent les derniers volumes de
M. Michelet est celle du XVIe siècle, la plus belle que
contiennent les annales humaines. En bien, en mal, le
XVIe siècle reste grand entre tous; rien n'y est mesquin,
même la bassesse; rien n'y est futile, même le caprice.
Les hommes de cette époque étonnent par leur surabondance de force, par la hardiesse et l'originalité de leurs
conceptions, par la fermeté de leur caractère. Jamais
aussi, il faut le dire, siècle ne fut mieux placé pour être
facilement grand. La nature humaine s'était pour ainsi
dire reposée comme une terre en friche pendant de longues
générations, sauf le grand moment du XIIIe siècle, qui
fut plutôt un produit forcé des institutions et de l'état
social qu'un produit spontané des forces intimes de l'âme.
N'ayant jamais essayé de marcher seul, l'esprit humain

avait pour ainsi dire la naïveté de l'ignorance; n'ayant rien enfanté encore, il ignorait les miévreries et les petitesses que le besoin de la nouveauté fait inventer aux peuples vieillis. Dans de telles conditions, également loin de la présomption et de la corruption, il devait facilement trouver le grand, et dès ses premières tentatives il le trouva.

Le premier coup d'œil jeté sur la nature est toujours le plus vif, celui qui, dans le moment le plus rapide, embrasse le plus d'objets; la première impression est la plus large, celle qui trouve l'expression la plus forte et la mieux appropriée, sans vaine délicatesse, sans vaine subtilité. C'est le phénomène qui s'est produit au xvie siècle. Le premier regard jeté par la raison sur la nature et sur le monde fut aussi le plus large et le plus vif. Les hommes d'alors n'eurent pas besoin de faire effort sur eux-mêmes pour inventer : le premier lieu commun venu leur suffisait pour être éloquents et élevés. Rien non plus n'ayant encore été débrouillé, classé, rien n'étant connu en un mot, l'esprit n'était pas surchargé du fardeau des découvertes antérieures, et l'imagination, n'ayant pas dû céder, comme de notre temps, la place à la mémoire (véritable maîtresse de toutes nos facultés, et qui nous défend de rien faire sans elle), pouvait se donner libre carrière dans le vaste domaine des conjectures et des hypothèses. La curiosité n'était pas encore émoussée, et, au lieu de s'attaquer aux petites choses, elle s'attaquait au contraire aux grandes. D'un autre côté, sous l'empire des fortes émotions que faisait naître cette soudaine révélation du monde, sous le chaud rayon des premières lueurs de la civilisation nouvelle, les âmes s'éveillaient et s'ouvraient aiguillonnées d'une insatiable avidité de vivre et de sentir : de là les débordantes passions, les grandes vertus et les crimes gigantesques de cette époque. Il y avait encore assez de barbarie pour que les caractères n'eussent rien perdu de leur force primitive, il y avait assez de civilisation déjà pour que ces caractères pussent s'attacher à un but politique ou religieux digne d'être poursuivi. La grandeur du xvie siècle apparaît surtout quand on le compare aux siècles suivants : dès qu'on entre dans le majestueux xviie siècle, on sent que la nature humaine s'est rapetissée, on respire moins librement. Les conceptions sont moins profondes et moins larges, les sciences ont déjà subi une classification et sont désormais séparées de l'homme, l'art s'éteint et l'artifice apparaît; les conventions sociales tiennnent plus de place que les passions naturelles, et le règne de l'abstraction envahit le domaine de l'esprit. Adieu aux œuvres naïves, adieu aussi aux caractères ardents ! Voici venir les œuvres savantes et les caractères diplomatiques, dont la sécheresse et la froideur sont les vertus principales et estimées.

Mais le XVIe siècle n'est pas grand seulement parce qu'il a produit tant de glorieuses individualités et tant de hautes conceptions; il est grand parce qu'il a lancé les deux mouvements qui maintenant, jusqu'à la fin des temps, dirigeront sous des formes diverses les destinées humaines, et parce qu'on lui doit les deux découvertes les plus importantes que l'homme puisse faire : la découverte du genre humain et la découverte de l'individu. L'une de ces découvertes s'appelle Renaissance, l'autre Réformation. Nous ne pouvons essayer en quelques pages de déterminer la portée de ces deux mouvements; tout ce que nous voudrions faire, c'est de rechercher pourquoi l'un a si malheureusement avorté, l'autre si bien réussi, et ce qu'ils représentent aujourd'hui pour nous, hommes du XIXe siècle.

Quelle est la signifiation précise du mot Renaissance, et quel est le sens de ce grand mouvement? Rien n'est plus difficile à définir exactement. C'est en apparence un mouvement sans unité, qui a revêtu une variété de formes infinies et qui a compté dans ses rangs des hommes de tous les partis. Sa complexité embarrasse le logicien, qui ne peut la résumer à son gré dans une formule satisfaisante. Légère, aimable, grave, studieuse, passionnée, frivole, novatrice jusqu'au cynisme et conservatrice jusqu'à la persécution, la Renaissance a pris tous les masques et a servi toutes les causes. Elle a compté dans ses rangs des ministres de l'église établie, des laïques lettrés, des hommes d'épée, des magistrats, des aventuriers. Elle a servi la Réforme, et elle l'a abandonnée; elle a été protégée par la vieille église, et elle l'a bafouée. A proprement parler, il n'y a pas une Renaissance, il y en a vingt. C'est un homme de la Renaissance, ce Rabelais, ce protégé des grands et des cardinaux, qui secoue d'une main si hardie la vieille société; c'est un homme de la Renaissance, ce Montaigne, qui traverse cette même société d'un pas prudent et léger, comme s'il avait peur d'être écrasé par quelque colonne chancelante. Ce sont des hommes de la Renaissance, ces Estienne, si dévoués à la science; ce sont aussi des hommes de la Renaissance, ces Arétin, ces Panormita, ces Castiglione, bouffons et entremetteurs des princes, ingénieux fabricants de priapées. Le spirituel, le savant, le sceptique Cornélius Agrippa, d'équivoque mémoire, désireux avant tout de faire fortune et d'être en faveur auprès des puissants, peut-il bien être placé dans les mêmes rangs que le bon Bernard Palissy, tout absorbé dans son humble travail, insouciant de la fortune et de la protection des grands? Ulrich de Hutten, l'ennemi des moines et l'ami de Luther, Erasme, si timide, mais si humain, comptent parmi les promoteurs de ce grand mouvement. Cependant, parmi leurs successeurs, nous allons rencontrer des suppôts de tyrannie et des panégyristes de l'assassinat : par exemple, ce protégé d'Erasme, ce président Viglius, l'instrument docile du cardinal Granvelle, et cet élégant latiniste Muret, qui célébra en phrases cicéroniennes le guet-apens de la Saint-Barthélemy. Je vois la Renaissance brûlée à Genève par Calvin dans la personne de Michel Servet; je la vois massacrée à Paris dans la personne de Ramus, comme suspecte de protestantisme. Où donc est réellement le parti de la Renaissance? Y en a-t-il un, ou bien sommes-nous dupes d'une mystification? Et son génie, où le trouverons-nous? Ses œuvres ne sont pas moins nombreuses que ses représentants; quelle est celle qui pourrait exprimer ce génie avec exactitude, les pamphlets de Hutten et les colloques d'Erasme contre les moines, ou les conceptions semi-catholiques, semi-païennes des artistes italiens? La Renaissance sera-t-elle un joyeux enterrement du passé qui s'éteint, célébré par la poésie fantasque et gaie de l'*Orlando* et par la prose du *Don Quichotte?* Si c'est au contraire une préparation de l'avenir, où la chercherons-nous? Dans les utopies bouffonnes du novateur Rabelais, ou dans les graves utopies du conservateur Thomas Morus? Quant à son idéal de sagesse, où le trouver? Dans l'indulgent Montaigne, ou dans son jeune et austère ami, La Boëtie? Plus nous multiplie-

rions les noms propres, plus nous rencontrerions de
contrastes, de différences, d'anarchie. Jamais armée n'a
été plus indisciplinée, moins commandée que cette foule
confuse d'hommes de toutes couleurs et de tous partis qui
compose ce qu'on peut appeler l'armée de la Renaissance.

Telle est donc la Renaissance, — une énigme inexpli-
cable si on essaie de la dégager du tumultueux tourbillon
de la vie qui fut propre au XVIe siecle, si on essaie de la
voir d'une manière abstraite, en dehors du milieu où elle
se produisit. Aussi toutes les explications qui ont été
données de ce mouvement sont-elles singulièrement incomplètes; pour les uns, c'est une révolte de l'esprit
laïque contre l'esprit ecclésiastique; pour les autres,
c'est l'avènement de la raison sur la scène de l'histoire;
pour le plus grand nombre, ce n'est rien que l'antiquité
retrouvée et la substitution du latin de Cicéron au
latin scolastique. Quelques personnes enfin ont de nos
jours anathématisé la Renaissance comme un retour
au paganisme. Ces explications insuffisantes, la Renaissance les contient toutes et les dépasse encore, car
la Renaissance, ce n'est pas une doctrine, c'est un phénomène; ce n'est pas un parti, c'est une époque tout entière,
avec ses contrastes et les accidents de sa vie. Si l'on veut
lui donner un sens précis, il est impossible de trouver un
mot plus profond et plus heureux que son nom même,
Renaissance, nouvel enfantement de la nature, nouveau
printemps de l'âme. La Renaissance, prise dans son
ensemble, c'est donc le point de départ, le recommence-
ment de la vie après une civilisation épuisée. Dès lors
s'expliquent tous ses contrastes et tous ses tâtonnements.
Les vieilles institutions tombent en poussière et les nouvelles n'existent pas encore; chacun va donc pour son
propre compte en avant, un peu à l'aventure, interrogeant
tous les faits, se mêlant à tous les partis.

M. Michelet déplore l'avortement de la Renaissance,
triste avortement en effet, mais très-explicable. Il note la
décadence rapide de ce grand mouvement, et gémit sur
la mort des espérances qu'il avait fait naître. La distance
est grande il est vrai entre le commencement du siècle et sa
fin, mais il ne pouvait en être autrement. La Renaissance,
n'étant pas un système, un enchaînement logique d'opinions, ne put jamais songer à se transformer en parti

politique, et se contenta de se mêler au tourbillon de la vie
générale. Plus ce tourbillon est fort et rapide, et plus la
Renaissance est animée et puissante ; mais à mesure qu'il
diminue, elle baisse aussi ; chaque fois qu'un parti est
vaincu, une portion d'elle-même est pour ainsi dire mise
au tombeau. Lorsque le parti protestant, qui l'avait
maintes fois repoussée comme suspecte d'hérésie, décline
en France, l'esprit humain, tout à l'heure si hardi et si
puissant, va retomber sous un joug traditionnel et étroit,
dont il ne se sauvera qu'en acceptant l'appui des demi-
mesures et des compromis prudents. Lorsque le catholicisme monte avec Thomas Morus sur les échafauds de
l'Angleterre, l'esprit de tolérance et d'humanité que la
Renaissance avait mis au monde périt en même temps.
La victoire ou la défaite de n'importe quel parti lui sont
également funestes ; elle est frappée au siége de Rome,
elle reçoit le coup mortel à la Saint-Barthélemy. Dépas-
sant tous les partis et ayant par conséquent besoin de
tous, elle se partage et s'affaiblit par ses alliances. En
outre, ainsi que nous l'avons dit, elle fut un *renouveau*,
une explosion de l'esprit humain, au moment où une civilisation en train de disparaître n'avait pas encore été rem-
placée. A mesure que les institutions se forment, à mesure
que les évènements se précisent, l'explosion se calme et
le métal en fusion se refroidit ; la hardiesse, l'esprit de
conjecture, les systèmes arbitraires deviennent plus difficiles, la vie politique et sociale a déjà trouvé des règles
extérieures qui la dirigent ou la tyrannisent. Plus on
avance dans le siècle et plus on s'éloigne de ce printemps
de la Renaissance, de même que chaque pas dans la vie
nous éloigne de la jeunesse. C'est la marche fatale de la
nature et de la vie humaine, et ce dut être la marche de
la Renaissance, ce phénomène vague, multiple, ondoyant,
insaisissable comme la nature qu'elle aima tant, comme
la vie dont elle fut non pas une des manifestations, mais
la manifestation elle-même.

Il y a encore une autre raison qui a paralysé le génie
de la Renaissance et l'a empêché de tenir toutes ses promesses. La Renaissance est un mouvement à la fois très-
large et très-restreint : très-large parce qu'il n'est pas
borné à un ou plusieurs peuples, mais qu'il embrasse tout
le monde chrétien ; très-restreint, si l'on considère les

classes auxquelles il s'adressait et sur lesquelles il eut
action. Au contraire de la Réforme, la Renaissance ne fut
jamais populaire et ne chercha jamais à s'établir sur un
terrain populaire ; elle s'adressa exclusivement au petit
nombre, c'est-à-dire aux privilégiés de la richesse et de la
lumière, aux dignitaires de l'église, aux laïques éclairés ou
ayant le loisir et les moyens de le devenir. L'esprit de la Renaissance, quoique très-humain, fut donc toujours très-aris-
tocratique, et, quoique très-cosmopolite, fut toujours très-
individuel. Bien quelle eût pour but suprême et lointain le
bonheur du genre humain, cette rénovation fut faite à
l'origine par des individus et pour des individus, nullement à l'aide des masses et pour les masses. Les classes
éclairées de l'Europe en profitèrent seules ; de là principalement cette impuissance absolue de la Renaissance à
former un parti, que M. Michelet déplore et que nous dé-
plorons avec lui. Ce ne furent ni les principes, ni le souffle
inspirateur, ni l'art et les ouvriers qui manquèrent, ce fut
la matière première, autrement dit les masses populaires.
Le peuple, qui comprit si vite et si bien les docteurs protestants, vit passer devant lui sans les comprendre, et la
plupart du temps ignora même ces grands publicistes, ces
artistes, ces philosophes et ces savants. Leurs enseignements étaient pour lui et trop individuels et trop abstraits ;
il n'y avait là rien de traditionnel et de familier. Aussi
dès les premiers jours se tint-il fermement attaché au
passé, et se partagea-t-il dans toute l'Europe entre les dépositaires antiques de la tradition, c'est-à-dire le clergé
catholique, et les interprètes nouveaux de la tradition,
c'est-à-dire les docteurs protestants. La victoire du protestantisme en Allemagne et en Angleterre, sa défaite en
France sont des faits contradictoires en apparence seulement ; dans l'un et l'autre cas, c'est le même phénomène
qui se produit, le triomphe de la tradition au moyen des
classes populaires.

Voilà la grande et véritable cause de la décadence
prématurée de la Renaissance. D'autre part, son génie,
tout cosmopolite à l'origine et tout européen, dut se
scinder à mesure que les années s'écoulèrent. Bien
qu'elle doive peu de chose à la tradition, bien qu'elle soit
surtout l'œuvre des individus, la Renaissance, lorsqu'elle
éclata à la fin du XVᵉ siècle, fut en un certain sens cepen-

dant le produit du passé. Elle hérita de cette unité de mœurs et d'esprit que la communauté de religion et d'institutions avait imprimé au moyen âge à toutes les nations de l'Europe ; elle fut la république des esprits, comme l'Europe du moyen-âge avait été la république chrétienne. Mais lorsque les derniers liens de cette antique confédération furent brisés, l'idée de patrie dût dominer pour un temps celle de chrétienté, et par conséquent le génie de chaque peuple s'accusa plus vivement, d'une manière plus exclusive et plus égoïste. Au lieu d'un esprit européen, il y eut désormais un esprit italien, un esprit français, un esprit anglais, un esprit allemand ; l'ère des évolutions successives et partielles de la pensée humaine remplaça ce grand mouvement du xvie siècle, si spontané, si universel, et le génie de la Renaissance diminua en se scindant.

L'histoire de la Renaissance peut se résumer d'un seul mot : ses conséquences intellectuelles, abstraites, scientifiques, furent immenses, son action politique fut à peu près nulle. M. Michelet constate le fait avec raison, et cependant nous devons faire ici une petite restriction. Nous ne pouvons constater exactement le rôle que la Renaissance joua dans le combat du xvie siècle, parce que ce rôle fut tout moral et indirect, parce qu'il n'y a pas de statistique qui puisse nous apprendre le nombre des bons conseils qu'elle donna, des inspirations humaines qu'elle souffla à l'oreille des puissants, parce qu'en un mot elle n'eut pas de moyens matériels de lutte, c'est-à-dire une armée, un budget, une administration régulière, une hiérarchie ; mais son influence, pour être latente, n'en fut pas moins sensible : si la Renaissance n'a pas beaucoup agi, elle a sans doute beaucoup empêché. La mêlée sanglante du xvie siècle aurait été sans elle beaucoup plus horrible et plus longue. Son esprit ayant pénétré partout, quoique irrégulièrement et capricieusement, dans les cours, dans les camps, chez les gens d'église et les gens de justice, il se forma un petit groupe d'hommes bien faible sans doute pour la résistance, quand on songe au débordement furieux des passions à cette époque, qu'on peut appeler le parti des hommes éclairés. Le combat s'engagea malgré eux et sans eux ; mais leur neutralité ne fut pas inutile, et l'humanité de ce petit nombre suffit pour donner de la prudence aux plus ardents et de la circonspection aux plus féroces. Ils eurent aussi un autre avantage : ils furent tous à peu près des hommes choisis et d'élite, des publicistes comme Erasme, des politiques comme L'Hôpital, des magistrats comme Séguier, Harlay et De Thou. Après tout, ce sont eux, au moins en France, qui ont fini par triompher; ce sont les parlementaires, les hommes du tiers-parti, les monarchistes de la *Ménippée,* qui l'ont emporté avec Henri IV et l'édit de Nantes. Cette conclusion très modérée, trop modérée peut-être de la grande lutte du XVIe siècle n'est pas sans doute du goût de tout le monde ; elle n'est pas surtout du goût de M. Michelet, qui n'a pas assez de dédain pour ce triomphe de l'esprit bourgeois sur l'esprit héroïque. Nous aurions pu avoir mieux sans doute, mais nous aurions pu avoir pire, et puisque la Renaissance n'a pu nous donner ni la république de La Boëtie, ni la monarchie du bon Pantagruel, il faut lui savoir gré d'avoir contribué pour sa part à nous donner la monarchie de Henri IV et à nous débarrasser de la république des ligueurs.

Mais la Renaissance eut une signification bien plus élevée que toutes celles que nous lui avons données, un sens prophétique qui dépasse le XVIe siècle, et que nous commençons à apercevoir seulement aujourd'hui. La Renaissance ne se présente plus à nous avec la forme sous laquelle elle se présentait à nos pères, comme la rénovation des lettres et la substitution des bonnes méthodes naturelles aux méthodes artificielles de la scolastique. Elle fut un mouvement *catholique* dans tous les sens. Quoiqu'elle ait servi la Réforme par ses pamphlets, par son érudition, par ses traductions des Ecritures, elle ne s'allia jamais étroitement avec le protestantisme, et resta toujours à son égard dans une stricte neutralité ; dans la lutte des deux religions, elle ne vit guère dès les premiers jours qu'un moyen de faire triompher un de ses principes, la liberté pour chacun d'adorer Dieu selon sa raison et son inspiration intime. Impartiale et éclairée, elle dépassait la Réforme, et était plus capable qu'elle de comprendre la tradition chrétienne dans son intégrité ; de là, malgré ses attaques et ses invectives, sa modération relative en matière d'orthodoxie. Tout en sapant bien plus que la Réforme les bases du christianisme, elle n'avait pas les mêmes haines opiniâtres et aveugles contre l'église romaine; elle pouvait l'attaquer pour ses abus, la dédaigner même pour sa doctrine : elle la respectait jusqu'à un certain point comme institution politique, nécessaire en raison des temps, et comme forme traditionnelle de religion. Catholique par cet esprit d'impartialité un peu froide et hypocrite, la Renaissance le fut aussi par les nations chez lesquelles elle exerça principalement son empire, la France et l'Italie. Là son influence fut surtout sensible ; là, patronée par le clergé lui-même, qui cherchait dans ses rangs des apologistes et des défenseurs, elle *infecta*, si l'on peut se servir de cette expression, l'église de son esprit. Par une sorte de franc-maçonnerie entre tous les esprits cultivés, les classes privilégiées ou éclairées s'arrogèrent le droit de penser d'une manière indépendante, et arrachèrent à l'église la première charte de la liberté de penser, charte tacite, mais qui a eu des effets réels et durables. Elle n'eut pas d'action sur les masses, il est vrai, comme la Réformation, et ne transforma pas le sentiment populaire, mais elle eut action sur les individus, et forma ce qu'on a nommé depuis la société des honnêtes gens. On eut ainsi dès le XVIe siècle l'esprit du XVIIIe, qui n'est, bien considéré, que la continuation de ce mouvement, restreint aux individus, et la sanction bruyante de cette charte tacite et silencieusement octroyée. De bonne heure donc, les grandes nations catholiques, la France et l'Italie, tout en restant soumises à la lettre des institutions, s'arrogèrent grâce à la Renaissance, le droit que réclama plus tard Voltaire, le droit aristocratique de penser autrement que son tailleur ou sa blanchisseuse. Catholique enfin est la Renaissance dans le sens le plus élevé et le plus philosophique du mot, dans le sens d'universel. L'unité matérielle du monde rêvée par Rome, la réconciliation des gentils et des juifs réalisée par le christianisme, sont dépassées par la Renaissance, sinon en fait, au moins en espérance. L'idée de l'unité spirituelle du genre humain, à laquelle n'avait songé ni l'antiquité grecque et romaine dans son horreur des barbares, ni le moyen-âge dans sa haine des païens, apparaît pour la première fois au XVIe siècle, confuse et vague encore, il est vrai, plongée dans les limbes de l'érudition, souvent enveloppée de pédantisme. La découverte et la publication des manuscrits de l'antiquité reconstituèrent pour ainsi dire la tradition humaine, et renouèrent la chaîne des temps que la barbarie avait brisée. Grâce aux efforts des savants, il n'y eut plus de lacune dans l'histoire, et le genre humain put reconnaître son identité. Est-ce là, comme on l'a dit de nos jours, un retour au paganisme ? C'est bien plutôt, j'ose le croire, le présage d'une nouvelle évolution de la pensée, et, pour tout dire, une préparation d'un catholicisme plus compréhensif, d'une église moins exclusive que celle du passé ; c'est la promesse d'une église catholique qui n'exista pas dans le passé même pour les meilleurs esprits, mais que nous commençons à pressentir de nos jours, et qui est destinée à renfermer dans sa vaste enceinte les hommes bons et sages de tous les pays et de tous les temps. Dans cette réconciliation de toutes les sagesses se trouve le dernier mot des destinées humaines et l'accomplissement de toutes les promesses et de toutes les prophéties. Or la Renaissance a été la première promotrice de cette église universelle et vivante qui durera jusqu'à la fin des temps et qui dira le dernier mot de l'histoire ; elle ira donc, elle aussi, jusqu'à la fin des temps et durera autant que l'histoire. Ses destinées sont certaines comme celles du genre humain, que pour la première fois elle eut la gloire de découvrir.

L'ambition de la Réforme fut moins éclatante, mais son but fut plus pratique et plus direct, et ses résultats furent immédiats. Elle s'adressa à l'individu au nom du sentiment chrétien traditionnel, et l'individu répondit ; les masses populaires comprirent son appel menaçant et sonore : il n'y avait en lui rien qui fût étranger à leurs instincts, à leur éducation, à leurs habitudes. La Réforme réussit par les moyens qui avaient manqué précisément à la Renaissance. Si elle n'avait compté que sur la force spirituelle des idées, si elle avait dû s'en tenir à la prédication, à la controverse, si elle n'avait pu employer d'autre glaive que le glaive de la parole, nul doute qu'elle n'eût péri. Elle n'eût été qu'une simple opinion philosophique et religieuse, soumise au caprice des générations successives ; elle n'aurait jamais formé une civilisation. Elle eût péri, parce qu'elle se fût trouvée désarmée en face d'un pouvoir qui avait à son service tous les moyens matériels de compression. Elle vécut au contraire parce qu'elle put former, ce que la Renaissance ne put former, un parti, qui trouva pour complices des peuples entiers chez lesquels elle eut le bonheur de remuer de vieilles animosités, de vieilles rancunes traditionnelles, et des intérêts de race endormis mais non éteints. Elle put trouver des princes pour protéger ses docteurs, des magistrats pour punir ses adversaires du glaive séculier, des rois pour la proclamer, du haut des trônes, religion de l'état. Elle put contracter des emprunts, fondre des canons, solder des cavaliers. Le plus grand homme de la Renaissance n'aurait pu soulever une paille; le dernier docteur protestant put compter sur les intrigues des princes et sur la sédition des peuples. Par ce moyen, la Réforme devint, presque à son apparition, non-seulement une doctrine religieuse, mais une institution politique. L'église réformée obtint rapidement ce grand avantage que l'église romaine avait mis des siècles à conquérir, et qu'elle avait conquis par des apparitions historiques extraordinaires, par la conversion d'un Constantin, par l'épée d'un Charlemagne, par les foudres d'un Grégoire VII. Ce fut là le triomphe véritable de la Réforme sur la Renaissance; c'est par là qu'elle put durer d'une vie matérielle; c'est par là aussi, si l'on y regardait de près, qu'elle est inférieure à la Renaissance et plus limitée qu'elle.

M. Michelet inclinerait volontiers à ne voir dans la Réforme qu'un grand mouvement philosophique sous une forme chrétienne. Il salue en elle l'apparition non-seulement des libertés de l'âme, mais des garanties politiques, en un mot, des principes de 89. Nous croyons qu'il y a là une erreur : l'historien juge plutôt ce mouvement par ses conséquences que par son principe. La Réforme ne fut ni un mouvement libéral ni un mouvement philosophique, ce fut un mouvement chrétien. Elle se souciait surtout de Dieu, et sa seule haine politique, celle de la cour de Rome, est encore à demi religieuse. Les protestants demandaient le christianisme de l'Évangile et non pas celui de la cour de Rome; voilà, au fond, à quoi se bornaient primitivement toutes leurs réclamations. Parce qu'elle a engendré ou plutôt rejoint, par une suite d'évolutions singulières, les principes politiques les plus hardis, parce que partout où elle s'est établie, la liberté civile s'est établie avec elle, ce n'est point une raison pour ne pas la voir telle qu'elle fut à l'origine, dans la pensée de ses fondateurs et dans les instincts de ses fidèles. Telles sont les singularités de la logique secrète qui régit les destinées humaines, que les doctrines produisent les résultats les plus opposés à la pensée de leurs auteurs. L'histoire offre mille exemples de ce phénomène ; Locke était un excellent protestant, il suffit de lire la préface de son fameux livre pour voir qu'il croyait sincèrement travailler à la plus grande gloire de l'Évangile, et pourtant il écrit le traité métaphysique d'où est sorti le XVIIIe siècle tout entier. La révolution française a débuté par faire appel à la liberté, et s'est attaquée avec violence à la monarchie : son résultat le plus clair jusqu'à ce jour a été de transformer précisément ce principe monarchique et de donner à l'autorité plus de moyens d'action qu'elle n'en eut jamais sous l'ancien régime. C'est pour la même raison que les disciples de Luther et de Calvin, lesquels étaient loin d'être tolérants et libéraux comme nous l'entendons aujourd'hui, et qui auraient fait de grand cœur rouer et brûler leurs petits-fils, sont arrivés, sous l'empire des nécessités de cette logique secrète, a établir la liberté et la tolérance. Oui, la Réforme fut un grand mouvement chrétien, et pour s'en convaincre il suffit de jeter les yeux sur ses origines et sur la doctrine particulière d'où elle sortit.

Quelle est cette doctrine ? La doctrine de la grâce. M. Michelet, qui depuis quelques années poursuit l'idée chrétienne de la grâce comme antipathique à l'idée de justice, et qui aime à opposer le christianisme à la Révolution, rencontre cette doctrine sur son passage, et la rejette avec légèreté. « Ce ne fut pas, dit-il, un verset de saint Paul, un vieux texte si souvent reproduit sans action, qui renouvela le monde. » J'en demande pardon à l'éloquent historien, mais c'est précisément ce vieux texte interprété d'une manière nouvelle et profonde qui contient le secret des destinées de la Réforme, et qui explique toute son histoire. Au fond, que signifie le verset *la foi suffit sans les œuvres*, sinon que les actes matériels comptent moins et doivent moins compter pour le salut de l'homme que la libre impulsion de l'âme et sa véritable nature ? Mais qui nous tiendra compte de notre nature cachée, si nous n'avons pas les œuvres apparentes ? Ce ne seront point les hommes, ce sera Dieu seul. Qu'est-ce donc que l'idée de la grâce divine, même sous sa forme la plus terrible, celle de la prédestination, si ce n'est un triomphe de la liberté? L'homme soumis directement à l'action de la grâce divine n'a plus à compter sur le secours ou sur les entraves que peuvent lui apporter les hommes ; il n'a plus à espérer ni à redouter d'intermédiaire entre lui et Dieu, il est absolument libre du côté de la terre, et, débarrassé de tous les esclavages mondains, il ne sent plus d'autre esclavage que celui de la volonté divine. Bien loin d'être *illibérale* (qu'on nous permette ce triste mot moderne), l'idée de la grâce est dans ses conséquences extrêmement favorable à la liberté, comme dans son principe elle est favorable à toutes les grandeurs de l'âme, à la résignation, à la patience, à l'héroïsme, à la constance du martyre. Si Luther, comme M. Michelet le remarque fort bien, eut cette belle joie héroïque qui brille dans ses paroles et dans sa vie, il la devait, croyez-le bien, surtout à son texte chéri : sa forte nature n'eût pas suffi à elle seule à lui donner cette assurance joyeuse. L'idée de la grâce fut le roc inaccessible contre lequel tous les accidents de sa vie vinrent se briser ; elle donna à son imagination violente et à son tempérament inquiet la sérénité qu'il n'aurait sans cela jamais connue ; elle lui donna enfin une confiance inaltérable dans son œuvre qu'aucun autre homme n'a jamais eue à ce degré. Vous étonnez-vous maintenant de ces conséquences de liberté civile et politique engendrées par la Réforme? Elles sont toutes contenues dans ce principe de l'action directe de la grâce divine dans l'homme sans le secours d'aucun intermédiaire, et dans la force de volonté et de constance qu'engendre le sentiment incessant de cette action sur nous.

Oui, ce fut bien ce vieux texte qui fit la fortune de la Réforme, car ce fut lui qui brisa le pouvoir du clergé catholique partout où le protestantisme réussit à vaincre. Par lui, le pouvoir religieux passa du prêtre au laïque ; par lui, la Réforme fut la seconde étape historique du christianisme ; par lui fut continuée la tradition chrétienne, et furent accomplies en partie les promesses de l'église. Qu'est-ce que la réforme en effet? Est-ce une révolte contre la tradition établie, un retour à l'église primitive, une rupture violente avec un passé récent pour arriver à la conquête d'un passé plus lointain ? Luther le pensait lorsqu'il s'imaginait revenir à l'église primitive, et qu'il croyait restaurer et non innover. Au fond, il ne restaurait et n'innovait rien ; il continuait sans en avoir conscience et d'instinct la tradition véritable, depuis des siècles arrêtée et immobilisée. Qu'était l'église catholique en effet au temps de Luther, si l'on fait abstraction de son développemnt extérieur, de sa puissante hiérarchie, de ses collèges de cardinaux, de ses légions monastiques ? Il semble qu'elle était bien loin du point de départ du christianisme ; mais au fond, ce grand développement était tout extérieur, et la doctrine chrétienne, avec toutes les espérances qu'elle renferme, en était restée à sa première forme et à sa première étape. Comme au temps des catacombes et des premiers docteurs, l'Église représentait essentiellement le christianisme de la prédication. Quinze cents ans d'enseignement n'avaient pas suffi, paraissait-il, pour faire passer la religion dans les âmes. Le prêtre, comme au temps des apôtres, possédait seul tout le pouvoir divin. Dépositaire de la grâce, il la répandait ou la retenait selon ses inspirations propres ; l'homme n'avait de relations directes avec Dieu que par un intermédiaire. La parole de Luther mit fin à l'immobilisation de ce premier état du christianisme, et rouvrit la tradition. « Sommes-nous donc encore des païens et des gentils non convertis ? s'écria-t-il, est-ce pour la première fois que nous entendons la parole divine ? Le Christ est-il mort pour nous tous, ou seulement pour les prêtres ? Et s'il est mort pour nous tous, de qui devons-nous espérer notre salut, si ce n'est de lui seul ? C'est donc lui qu'il nous faut entendre, c'est de sa parole directe qu'il faut nous abreuver, c'est lui qui est le seul maître de l'Eglise. » C'est ainsi que Luther fit passer à l'individu le don de la grâce conservé jusque-là au prêtre. Par là il transporta le christianisme dans la vie humaine, au foyer domestique ; il le tira du temple et le mêla à tous les actes de l'homme. Les conséquences de cette évolution religieuse étaient faciles à prévoir : si l'homme ne doit plus attendre son salut que du Christ et de lui-même, il doit croire au Christ, et pour cela il faut nécessairement qu'il ait en main le moyen de croire. De là la lecture de la Bible, et par suite la libre interprétation des Ecritures et le triomphe de la liberté de l'esprit. Si l'individu ne peut être sauvé que par la croyance et qu'il n'ait pas les moyens de croire, quelle responsabilité ne pèse pas sur les chrétiens qui ne viennent pas au secours de son ignorance ! De là les écoles populaires, l'enseignement protestant, le zèle et l'activité des associations laïques dans tous les pays réformés. Ainsi cette doctrine de la grâce qui paraît si tyrannique à M. Michelet contient non-seulement dans son principe la plus complète liberté individuelle, mais devient un stimulant de liberté sociale singulièrement actif dans ses conséquences.

Nous ne pouvons tout dire sur ces deux grands mouvements et sur leur histoire. Résumons en quelques mots les deux points essentiels que nous avons voulu mettre en lumière. Le XVI° siècle, qui a engendré ces deux grands mouvements, la Renaissance et la Réforme, contient en germe toute l'histoire moderne et toute l'histoire future. Rien n'a pu arrêter, rien n'arrêtera jamais plus l'impulsion qu'il a donnée. Loué, anathématisé, ce qu'il a fait ne peut désormais être remis en question sans nous remettre en question nous-mêmes, nous, nos intérêts, nos mœurs, nos idées. Ce sont divertissement frivole et vain dilettantisme de parole que de rechercher si la Réforme est une révolte ou la Renaissance un retour au paganisme. A la distance où nous sommes du XVI° siècle, nous n'apercevons plus aucune de ses imperfections, et nous ne ressentons plus aucun de ses maux. Où sont maintenant les guerres de religion, les massacres sanglants, les guet-apens ? Que nous importent les orgies anabaptistes et les persécutions de Calvin ? Nous ne souffrons point de toutes ces misères (nous avons assez des nôtres), mais nous jouissons des bienfaits que la Réforme a conquis pour nous, de la liberté de conscience, de la tolérance, de tous les sentiments de responsabilité et de toutes les émotions élevées et nobles qu'une religion librement interprétée a fait passer en nous. Nous n'avons plus à rougir des orgies de l'Italie, des mascarades pédantesques de l'érudition, des priapées renouvelées de l'antique, des bouffonneries et des platitudes grossières des savants du XVI° siècle ; il ne nous reste de la Renaissance qu'une grande idée d'humanité et le pressentiment sublime de la réconciliation des tribus humaines. Le XVI° siècle vit donc épuré en nous, et il vivra jusqu'à la fin des temps. Berceau éternel de l'avenir, fut-il la tombe du passé ? Non ; nous l'avons trouvé deux fois d'accord avec la tradition elle-même, d'accord par la Renaisssance avec la tradition du genre humain renouée par elle, d'accord par la Réforme avec la tradition chrétienne et les promesses de l'Evangile. Il n'a rien détruit ; il a rouvert les sources obstruées et recommencé la vie, une vie qui ne s'éteindra plus !

DES CONTROVERSES

SUR LE XVIIIE SIÈCLE [1]

—

Nous entrons lentement, et à notre insu, dans un nouveau XVIe siècle, qui promet, si l'on n'y prend garde,
d'être aussi orageux et aussi meurtrier que son aïeul.
Les idées répandues depuis trois siècles se sont transfor-
mées, comme les dents du dragon de Cadmus, en armées
de guerriers ennemis rangés en présence et prêts au
combat. Les faits sortent de la poussière du passé, et les
morts ressuscitent pour conserver l'œuvre qu'ils ont fondée ou gagner la victoire qu'ils n'ont pu remporter de leur
vivant. Personne ne s'avoue vaincu, personne ne peut
s'attribuer le triomphe. Nous avons des ligueurs fanatiques qui se croient encore sous le pontificat de Sixte-
Quint, et qui rongent leur frein en attendant que la mort
de sa majesté Henri IV leur permette de prendre une
tardive revanche, et des huguenots courroucés tout prêts
à prendre les armes contre Louis XIV. Entre eux s'inter-
posent inutilement des universitaires jansénistes, l'âme
encore émue du sort de Port-Royal-des-Champs, et des
évêques gallicans qui reviennent de signer la déclaration
de Bossuet. Des voltairiens, ivres des acclamations qu'ils
ont fait éclater au triomphe du vieillard de Ferney, écrivent dans toute la chaleur de l'enthousiasme une apologie
du grand polémiste. Que pensez-vous de l'affaire de Calas
et de l'affaire du chevalier Labarre ? Êtes-vous, oui ou
non, pour la révocation de l'édit de Nantes ? Voilà quel-

---

[1] Cet essai a été composé à propos de deux publications récentes,
l'*Église et les Philosophes au XVIIIe siècle* de M. Lanfrey et *Ménage et
finances de Voltaire* de M. Nicolardot.

ques-unes des conversations pleines d'*actualité* que l'on peut entendre en l'année 1855, dans le Paris du XIXe siècle. Phénomène bizarre ! dans un temps où l'on croyait avoir scellé le passé dans sa tombe, il se trouve qu'aucune de ses passions n'est éteinte. On dirait, à contempler l'état intellectuel de la France et du continent européen, une de ces forêts enchantées que décrivent l'Arioste et le Tasse. Aux branches des arbres sont suspendues des armures et des faisceaux d'armes de toutes les nations d'autrefois ; les guerriers qui les portèrent ont disparu, les guerriers qui les porteront de nouveau ne sont pas encore venus ; mais parfois ces glaives s'agitent d'eux-mêmes, comme impatients d'attendre et pressés de frapper ; et le vent de la destruction, qui ne cesse de souffler même alors qu'on croit au beau fixe, secoue ces armures et leur fait rendre, en s'entrechoquant, un cliquetis sinistre. De temps à autre, le public, secoué de sa torpeur et de son lourd sommeil par ce bruit inattendu, se réveille en sursaut, se frotte les yeux, et se demande si l'on est à la veille des guerres civiles ou des guerres de religion, si l'on va recommencer la Saint-Barthélemy, si M. de Robespierre va reprendre le pouvoir, ou si ce sont par hasard les armées de la sainte-alliance que l'on entend dans le lointain. Dormons en paix, nous ne sommes encore qu'aux jours des mauvais rêves.

Parfois, lorsqu'ils nous arrive de contempler ces noirs nuages qui s'amoncèlent à l'horizon comme des avalanches, et qui préparent la tempête menaçante que l'Europe voit d'année en année se grossir sur sa tête, la tristesse s'empare de nous, et nous nous reportons vers ces jours paisibles du dernier gouvernement constitutionnel, où l'on se passionnait pour l'indemnité Pritchard et le droit de visite, où l'on bataillait sur des nuances, où la France apprenait chaque matin que tout aurait été perdu, si l'amendement subversif de tel dynastique mécontent avait été adopté, ou si la motion de tel conservateur révolté avait été soutenue. Jamais il n'y eut époque où il fut plus facile et plus agréable de vivre ; ce fut une ère charmante de dilettantisme. A-t-on assez commodément déliré à froid sur l'avenir du genre humain ? s'est-on assez leurré de doux mensonges ? a-t-on fait assez de sentimentalité et de politique platonique ? Mais la révolution de février vint brutalement balayer de sa main grossière nos subtiles toiles d'araignée philosophiques, elle vint briser les frêles images des charmants petits dieux inoffensifs que nous adorions. Alors se produisit le plus curieux et le plus important des phénomènes du temps présent, si curieux et si important qu'il mérite bien qu'on s'y arrête et qu'on le décrive avec détails.

La révolution de février, en renversant l'édifice de 1830, porta un coup mortel aux doctrines du XVIIIe siècle, qu'elle n'avait cependant pas l'intention d'attaquer. Le régime de juillet 1830 fut une représentation sage, avouable, modérée, acceptable, des idées du XVIIIe siècle. De doctes esprits et de fins critiques avaient travaillé trente ans à cette œuvre ; ils avaient fait pour ainsi dire la toilette et l'éducation du XVIIIe siècle, ils l'avaient débarrassé de son bagage de blasphèmes, d'impiété, d'athéisme et d'utopies. On avait beaucoup ébranché, élagué, échenillé, et au terme de ce travail le XVIIIe siècle avait présenté un aspect décent et convenable comme les allées de Versailles et le jardin des Tuileries. On avait fait mieux encore, on avait créé des traditions à ce siècle, qui les brisa toutes, et on lui avait donné une généalogie. On parla peu de Diderot, peu de l'*Encyclopédie*, peu de Rousseau, peu de Voltaire lui-même, beaucoup de Montesquieu, non de l'auteur des *Lettres Persanes*, mais de l'auteur de l'*Esprit des Lois*, des doctrines anglaises et de leur influence sur la France, des cahiers de 89 et des constituants modérés ; puis on présenta ce XVIIIe siècle à l'admiration du monde sous la forme visible de la révolution de juillet. Certes, si les principes du XVIIIe siècle étaient acceptables comme principes de gouvernement, c'était bien sous la forme du gouvernement constitutionnel modéré alors établi en France. Aussi, sans remuer, sans faire passer la frontière à un seul soldat, sans distribuer aux sujets des états despotiques des pamphlets de propagande révolutionnaire, ce gouvernement gagnait-il de jour en jour en influence sur l'esprit public de l'Europe. Du fond de la tombe, Voltaire put se frotter les mains de joie, et Rousseau lui-même put en rechignant s'avouer à demi satisfait. La révolution de février arriva et renversa ce régime si soigneusement élaboré. L'Europe, étourdie de ce coup inattendu, se replia sur elle-même, et s'écria comme le pro-

phète : Comment est donc tombé ce cèdre magnifique qui
semblait appuyé sur les fondements de la terre ! Ah ! oui,
comment ? L'Europe ne chercha pas longtemps à pénétrer
ce mystère, car les loisirs lui manquaient pour cela. Elle
avait alors ses inquiétudes et cherchait à se débarrasser
des dangers créés par la Révolution, révoltes des nationa-
lités, nouveautés démocratiques, émeutes, réclamations à
main armée des droits de l'homme et du citoyen, bizarres
exigences des prolétaires. Elle se débarrassa de tous ces
dangers en maugréant, grognant et pestant contre la
France et les doctrines françaises qui lui avaient donné
de tels embarras, et jurant dans son incroyable stupeur
qu'on ne l'y prendrait plus. De son côté, la France con-
templa avec terreur l'abîme ou plutôt les milliers d'abîmes
ouverts sous ses pas. Elle fit comme l'Europe, elle fit
mieux ou pis encore : elle se désavoua elle-même haute-
ment, désaveu qui a eu et qui aura des conséquences
nombreuses. Les hommes les plus considérables de la
France vinrent faire publiquement leur confession générale, se frappèrent la poitrine et demandèrent pardon à
Dieu de leurs péchés passés. A leur suite, le public se
couvrit la tête de cendres et se mit à déplorer ses erreurs
anciennes. On poussa les choses à l'extrême, ainsi qu'il
est d'habitude en France, et on appela l'autorité avec autant de force qu'on avait naguère appelé la liberté.

Le xviiie siècle était donc abandonné ; mais si les doctrines révolutionnaires étaient désavouées, quelles seraient
désormais les doctrines qui guideraient les destinées de
la France ? Le catholicisme, qui, comme doctrine, n'avait
eu pendant les vingt années précédentes qu'une faible influence, se redressa naturellement et prit possession du
terrain abandonné par la révolution. Il ne pouvait en être
autrement. La France, comme tous les pays latins, est
condamnée, à ce qu'il semble, à être longtemps ballottée
entre le xviiie siècle et le catholicisme, ou, pour employer
l'expression très-énergique de Diderot à propos de Rousseau, à aller de l'athéisme au baptême des cloches et ré-
ciproquement. Quel chaos moral, quelles faussetés et
quelles perversités de jugement, quel scepticisme, quelle
lassitude, quel dégoût de toute croyance, et finalement
quelle impuissance politique, philosophique, religieuse,
peuvent produire les violentes oscillations de ces deux

doctrines, ennemies absolument irréconciliables ! — c'est ce que nous savons trop. Il faut à une nation, pour résister à ces secousses périodiques, la souplesse, l'élasticité, le subtil bon sens de la France. Grâce à ces qualités, notre nation fait encore assez bonne figure dans le monde ; mais chez les autres peuples latins, quelle confusion, quel délire ! La tête n'y est plus. Voyez l'Italie moderne, où le culte de la madone et de saint Janvier se mêle aux idées de Dupuis et de Volney, où l'athéisme vit à côté de la superstition ! Voyez l'Espagne violemment révolutionnaire et non moins violemment catholique, où les représentants de la nation passent, dans une même séance des cortès, des idées de Rousseau à la doctrine de la religion d'état (1) !

Ainsi remis par la révolution de février en possession de tout ce qu'il avait perdu, le catholicisme s'offrit à nous non-seulement comme doctrine religieuse, mais comme principe politique, et malheureusement sous sa forme la moins française, l'ultramontanisme. Ce dernier système, objet de l'antipathie traditionnelle de la France, contre lequel elle avait toujours protesté, contre lequel elle s'était donné des garanties, se présentait donc pour la gouverner. Le public s'émut de nouveau. Alors commença une lutte d'articles de journaux et de pamphlets. L'ultramontanisme avait été imprudent : il avait déclaré hardiment la guerre à l'humanité des trois derniers siècles, il avait demandé l'extermination de la Réforme, de la Renaissance et de la Révolution. Il avait soulevé les questions les plus étranges et les plus menaçantes. L'étude de l'antiquité devait-elle, oui ou non, être supprimée ? La révocation de l'édit de Nantes avait-elle été une mesure politique légitime ? L'esprit du XVIIIe siècle se réveilla et reprit peu à peu faveur. En sept années seulement se sont accomplis ces revirements de l'opinion publique. La situation est aujourd'hui celle-ci : l'ultramontanisme ne veut rien perdre du terrain qu'il a conquis ; le XVIIIe siècle veut reconquérir le terrain qu'il a perdu. Nous ne savons quel sera le dénoûment de la crise ; nous nous bornons, en historiens impartiaux et désintéressés, à constater fidèlement l'état de choses actuel.

(1) Ceci était écrit à l'époque du gouvernement *bicéphale* d'O'Donnell et d'Espartero.

D'innombrables écrits, — pamphlets, philippiques de toute espèce, — sont déjà nés de ce débat, que sont venus ranimer en dernier lieu deux livres de valeur fort inégale, — *Ménage et finances de Voltaire*, de M. Nicolardot, et *L'Église et les philosophes au dix-huitième siècle*, de M. Lanfrey. L'un brûle tout ce que l'autre adore. Le premier maudit tout ce que le second bénit. M. Nicolardot fait passer le XVIII° siècle tout entier devant la cour d'assises et démontre que tous les personnages de cette époque ont été voleurs, assassins, faussaires, faux monnayeurs, libertins. Il a renouvelé à l'égard du XVIII° siècle le procédé de Voltaire envers ses ennemis. Toutes les fois que le célèbre écrivain avait à se plaindre de quelqu'un, il accusait invariablement ce quelqu'un de crimes honteux et contre nature. Les diatribes de M. Nicolardot, à demi fondées, à demi calomnieuses, reposent sur cette vérité incontestable, que la société du XVIII° siècle était très-corrompue. De son côté, M. Lanfrey démontre que le clergé du XVIII° siècle présenta le plus odieux spectacle, celui de l'intolérance unie à la corruption. M. Lanfrey déclare qu'il n'a pas voulu exposer les défauts du XVIII° siècle, parce qu'assez d'autres sans lui se chargeront du crime de Cham et profaneront la nudité paternelle. Très-bien ; mais la société laïque valait-elle beaucoup mieux que la société ecclésiastique ? Non ; dans ce siècle, immoral entre tous les siècles, les salons et les cours sont au niveau des sacristies. Les philosophes et les écrivains, quelque mal qu'on puisse en dire, composent en effet la partie la plus éclairée, la plus élevée, la plus morale de l'humanité de cette époque, et Voltaire est certainement, malgré ses fautes et ses étourderies, le plus honnête homme de son temps. Cependant ils ne sont pas pour cela des modèles de vertu, de grandeur et de noblesse dignes d'être offerts à la vénération de l'humanité. Ils peuvent être jugés d'un mot, ils appellent souvent la sympathie, rarement le respect. Ils ont plus d'esprit que d'âme, et chez eux l'intelligence domine au détriment du caractère. Comparez les écrivains du XVIII° siècle à leurs prédécesseurs du XVII°, à Pascal, à Bossuet, à Fénelon, à Bayle lui-même, et dites si l'on ne pourrait pas répéter à leur sujet la parole de Jésus lorsque la Cananéenne a touché ses vêtements : Je sens qu'une vertu est sortie de moi. Ils ont perdu une vertu en effet, le monde les a

touchés, et ils participent plus ou moins de la corruption
de leur temps. Et maintenant comparez-les à leurs aïeux
du XVIᵉ siècle, et dites s'ils ont gagné en foi, en conviction, en résolution, en force de caractère. Décidément le
XVIIIᵉ siècle ne veut être jugé ni par des adversaires, ni
par des enthousiastes ; il veut être jugé avec calme et impartialité, et il attend encore un historien désintéressé.

Cependant, corrompu ou non, le XVIIIᵉ siècle a existé,
c'est là un fait irrévocable et désormais impérissable ;
toutes les colères de M. Nicolardot n'y feront rien. Il a
accompli sa tâche, bonne ou mauvaise, et a laissé pour
l'éternité des vérités et des erreurs qui maintenant, sous
mille formes diverses et successives, vivront jusqu'à la
fin des temps ; il en faut donc prendre son parti. Maudire
un fait ou le glorifier n'est guère profitable, il vaut mieux
chercher à le comprendre. Comme nous sommes fort
désintéressé dans la question qu'agitent et M. Nicolardot
et M. Lanfrey, nous allons essayer à notre tour de dire
comment le XVIIIᵉ siècle a été nécessairement inévitable,
et comment il a été à la fois bienfaisant et fatal.

Un des sujets d'étonnement de bon nombre d'honnêtes
publicistes est la docilité avec laquelle les rois et les aristocraties de l'Europe acceptèrent les doctrines philosophiques qui devaient amener la plus violente révolution
qu'ait vue le monde. Toutefois cette docilité s'explique
dès qu'on sait que la pensée des philosophes était exactement la même que celle des rois. Avant la révolution
française, il y en avait eu une autre, ou pour mieux dire
le XVIIIᵉ siècle n'est qu'une longue révolution, impitoyable,
pleine d'âpreté et de violence. Chez tous les peuples, le
pouvoir laïque se montre jaloux jusqu'à l'excès de son autorité, ombrageux et exclusif. Partout le pouvoir sacerdotal est frappé à mort par les rois. On brûle, on spolie,
on emprisonne, on exile au nom du despotisme. L'antique
pouvoir de l'Eglise croule, et personne ne s'émeut : au
contraire, les peuples applaudissent à ce pouvoir usurpateur, qui partout se présente sous la forme de la force
armée et de l'arbitraire. De Saint-Pétersbourg à Lisbonne,
l'Europe présente un même spectacle. Pierre le Grand ins-
talle hardiment son pouvoir au-dessus du pouvoir de
l'Eglise ; Frédéric le Grand contient son clergé et lui impose silence ; Pombal brûle des moines, Charles III

expulse les jésuites, et Choiseul, aidé de l'Espagne, amène le représentant de l'Église à affaiblir l'Église de ses propres mains. Il n'est pas jusqu'à l'Angleterre où la populaire église anglicane ne voie diminuer son importance sous la longue administration des whigs. Sur les ruines du pouvoir sacerdotal, ce n'est point la liberté qui s'établit, c'est le despotisme monarchique, lequel semble devoir être la loi des nations modernes. C'est là le fait dominant, important du XVIIIᵉ siècle, et il se produit également chez les nations appartenant aux trois formes du christianisme, chez les nations catholiques, chez les nations protestantes, chez les nations du rite grec. Ce fait si général n'eut point cependant partout les mêmes conséquences ; il devait en avoir et il en eut de funestes chez les nations catholiques.

J'ai toujours pensé que le XVIIIᵉ siècle n'aurait pas eu la même violence, si la Réforme eût été universellement acceptée au XVIᵉ siècle. Des maux innombrables résultèrent de la séparation de l'Europe en deux camps ennemis ; mais il en est deux surtout dont nous souffrons encore : le premier, c'est que les sources de la vie morale ne furent pas ou furent incomplètement renouvelées ; l'autre, c'est que le pouvoir monarchique gagna en influence tout ce que perdit le pouvoir sacerdotal sans grand profit pour la liberté humaine. C'était au pouvoir monarchique seul en effet qu'il appartenait de mettre un peu d'ordre au milieu de la confusion où les troubles de l'Église avaient jeté l'Europe ; seul il pouvait maintenir en paix une province protestante qui, voisine d'une province catholique, brûlait de mettre cette dernière à feu et à sang ; seul il était capable de protéger avec quelque efficacité les familles et les propriétés de citoyens toujours prêts à s'exterminer et à se dépouiller mutuellement. Aussi partout fut-il salué comme un libérateur. Il créa des armées permanentes, les peuples applaudirent ; il confisqua les vieilles libertés nationales, on laissa faire ; il décima les aristocraties turbulentes et factieuses, elles regimbèrent un instant, puis, avec cette servilité que l'impuissance donne très-vite à l'homme, elles consentirent à se transformer en noblesses de cour et en aristocraties de plaisir. Comme on était encore très-près du moyen-âge, les princes catholiques, instruments du clergé romain, et qui se proclamaient tels

eux-mêmes, conservèrent à l'autorité sacerdotale son prestige, son influence politique, ses richesses dans l'état ;
mais avant qu'un siècle se fût passé, ils commencèrent à
se sentir gênés dans ce partage de l'autorité : à chaque
instant, ils étaient harcelés, importunés, contrariés par
ce pouvoir qu'ils avaient sauvé, qui n'existait que par
eux, qui ne possédait aucune armée, qui, en un mot,
n'était plus qu'un serviteur, et prétendait parfois à être un
maître. Alors s'engagea une lutte odieuse, repoussante,
entre la force et la ruse. Certes, dans la plupart des que-
relles qui s'élevèrent au xviie et au xviiie siècles, le faible,
c'est le clergé, et l'oppresseur, c'est le pouvoir politique.
Le clergé est désarmé relativement à la royauté ; eh bien !
il est néanmoins impossible de prendre la plupart du
temps parti pour lui. On n'a pas d'armées permanentes,
il est vrai, mais on ruse, on intrigue, on cabale, on im-
portune jusqu'à ce qu'enfin le pouvoir politique exaspéré
appelle brutalement quatre hommes et un caporal, et
termine ces conflits incessants en posant les scellés sur
l'Eglise.

La force brutale, voilà en effet le pouvoir nouveau qui
finit par s'établir au xviiie siècle. Je regrette que M. Lanfrey, qui a si habilement raconté les luttes du pouvoir
civil contre l'Eglise, n'ait pas fait ressortir la marche parallèle de ces deux faits : l'élévation graduelle du despotisme, la décroissance graduelle de l'Eglise. L'un monte
à mesure que l'autre descend, et lorsque l'Eglise est entièrement détruite, le despotisme ne rencontre plus aucun
obstacle. La révolution qui se déchaînera à la fin du siècle,
et qui déclarera la guerre aux tyrans, ne connaîtra d'autre
moyen de gouvernement que le despotisme du comité de
salut public, et ne se reposera que lorsqu'elle se sera
couronnée elle-même dans la personne d'un chef d'armée.
Il est donc injuste, comme on l'a fait souvent, d'attribuer
aux doctrines du xviiie siècle les progrès du despotisme.
Elles n'y ont pas nui sans doute, mais dans leur lutte
contre le pouvoir sacerdotal les philosophes n'ont fait que
suivre le mouvement commencé par les rois, sans imaginer qu'en attaquant l'Eglise ils travaillaient au profit du
despotisme.

Cette sécularisation universelle de l'humanité était-elle
nécessaire ? Oui, car les peuples étaient arrivés à cet état

de positivisme et de croyance raisonnée qui rendait désormais impossible le gouvernement du clergé. La foi elle-même avait perdu sa naïveté, les doctrines françaises du XVIIe siècle le prouvent assez. Dans les livres des grands écrivains de cette époque, les doctrines catholiques touchent déjà au rationalisme. Que sont devenus, entre les mains de ces docteurs illustres, le catholicisme du moyen-âge, les passions de la Ligue, l'enthousiasme naïf de l'Espagne du XVIe siècle ? Les considérations politiques commencent déjà à l'emporter. Avec l'église gallicane s'introduit dans le catholicisme un commencement de sécularisation ; l'Eglise devient nationale ; son chef immédiat n'est plus le pape, c'est le roi. On met en pratique la théorie de la séparation des pouvoirs. Le roi Louis XIV, dévot catholique jusqu'à la persécution inclusivement, prélude sans le savoir au XVIIIe siècle. Si dans un tel état de choses le clergé veut conserver un pouvoir politique, il s'expose à devenir gênant. Le rôle de protection qu'il a rempli au moyen-âge est fini depuis longtemps en effet ; les peuples ne sont plus timides, faibles et naïfs comme autrefois, ils sentent maintenant leur force, et sont très-capables de résister aux barons féodaux, si par hasard il en reste encore. Les gouvernants n'ont plus la grossière violence des maîtres d'autrefois. Certes Condé, Louvois et Louis XIV ne sont pas précisément des types d'humanité, et le doux Turenne peut bien encore ordonner la dévastation du Palatinat ; mais leurs violences ne sont plus arbitrairement capricieuses comme celles des gouvernants du moyen-âge. Si la protection du clergé n'est plus nécessaire, à quoi donc se réduit son rôle ? Probablement à la prédication, à l'enseignement du dogme et de la morale chrétienne ; mais s'il s'obstine à conserver un pouvoir politique, le clergé s'exposera à commettre des injustices révoltantes, car il se heurtera contre des intérêts nouveaux qui lui sont étrangers, et dont il ne peut avoir qu'une connaissance imparfaite. Je ne veux point dire par là que les principes du clergé ne fussent pas préférables aux principes du despotisme : l'important en politique n'est pas d'avoir les meilleurs principes ; l'important, c'est bien plutôt d'avoir les moyens de mieux faire la besogne du jour, de pouvoir mieux gouverner que tel autre à un moment donné. L'Eglise s'obstina cependant et eut le

double malheur de blesser à la fois les peuples et les rois,
les rois par ses taquineries et ses exigences, les peuples
par ses persécutions.

Si cette sécularisation universelle fut nécessaire, fut-il
également nécessaire qu'elle s'accomplît au moyen du
despotisme? Hélas! il n'y avait pas d'autre moyen de
l'accomplir. Cette sécularisation était exigée par l'état
même du monde, par l'état des esprits, par les intérêts
nouveaux qui se faisaient jour de tous côtés et les classes
nouvelles qui s'élevaient de toutes parts. Il fallait que le
pouvoir politique dominât, et il n'y avait plus en Europe
qu'un pouvoir politique debout (l'Angleterre exceptée), la
monarchie, que les luttes du XVIᵉ siècle avaient démesu-
rément grandie. Cette sécularisation dut donc se faire sous
forme despotique. C'est ici que nous pouvons exprimer
de nouveau l'opinion que nous avons émise, c'est que le
demi-succès de la Réforme a eu des conséquences désas-
treuses. Si la Réforme eût été universellement acceptée,
cette sécularisation se serait également accomplie, puisqu'elle était inévitable, mais sous forme libérale et républicaine. La féodalité n'aurait pas été aussi rapidement
détruite, il est vrai, mais en revanche la tradition n'aurait
pas été brisée, car c'est un fait éminemment révolutionnaire, que cette usurpation de tous les pouvoirs par la
monarchie, qui s'est accomplie dans les trois derniers
siècles. Les aristocraties féodales auraient conservé leur
influence, et, grâce à elles, le moyen-âge se serait continué en se transformant, les classes moyennes auraient
grandi en importance, et auraient fait lentement et sage-
ment leur éducation politique, éducation qui leur a toujours fait défaut. Un abîme ne se serait pas creusé entre
les diverses classes de la société, et nous n'aurions jamais
connu les castes et le régime des castes. La foi chrétienne,
en pénétrant dans les classes inférieures, les eût morali-
sées et en eût fait un peuple solide, à la fois modeste dans
ses prétentions et intraitable sur ses droits. Nous aurions
eu en un mot un *peuple*, et non plus ce que nous avons
encore, surtout dans les pays latins, une *populace* insolente, tour à tour violente et lâche. Cette sécularisation
eût été, je le sais, essentiellement oligarchique; mais
l'oligarchie est et sera toujours préférable au despotisme.
Les œuvres de l'oligarchie, pour être moins gigantesques

que celles du despotisme, sont plus réellement grandes, ainsi que le prouve l'exemple de Rome républicaine, de Venise et de l'Angleterre.

Après l'établissement universel du despotisme, le fait dominant au XVIIIᵉ siècle, c'est le règne de l'athéisme; l'un était la conséquence de l'autre. Nous n'entendons pas par athéisme la simple négation d'un Dieu personnel et dont la Providence régit le monde; nous donnons à ce mot une plus grande extension; nous entendons par athéisme toute doctrine qui repose sur un fondement purement humain, qui prend sa source dans l'homme même et qui n'a que lui en vue. Nous entendons par état athée tout état où la loi politique est la loi suprême et n'est pas une conséquence de la foi nationale. Cet athéisme fut celui que prêcha le XVIIIᵉ siècle. Ses doctrines n'eurent en vue que la terre. Elles grandirent et devaient naturellement grandir chez des peuples où l'édifice ecclésiastique avait toujours été intimement uni aux croyances religieuses, mieux encore, identifié avec elles. L'Eglise extérieure était la religion, et la religion était l'Eglise extérieure. Lorsque l'une déclina, l'autre déclina en même temps, et la décadence d'une institution visible, matérielle, fut le signal de la décadence de la religion. A chaque pierre qui tombait de l'édifice ecclésiastique en dissolution, une croyance se détachait de l'âme du peuple. Une fois que le prêtre n'eut plus aucun pouvoir, le peuple n'eut plus de Dieu. C'est là, dans cet athéisme plus encore que dans les violences du pouvoir laïque, que le clergé trouva sa punition. Il avait voulu être tout à la fois la loi et les prophètes; il avait identifié la religion avec son existence, il avait habitué les peuples à ne pas séparer la religion de la personne du prêtre, il s'était posé comme l'intermédiaire nécessaire entre Dieu et le peuple. Lorsqu'il disparut, Dieu disparut également. Le peuple n'eut plus aucune idée morale. La réforme de la France dut donc s'accomplir tout au rebours de la réforme du XVIᵉ siècle, par l'athéisme; mais il est encore curieux d'observer combien la révolution du XVIIIᵉ siècle, qui s'attaque si violemment au catholicisme, emploie ses méthodes et ses procédés. Comme lui, elle procède volontiers par formules générales et abstraites, et ne tient aucun compte de la vie et de ses manifestations infinies. Comme lui, elle ignore ou

veut ignorer la puissance de l'âme individuelle, et elle
aura, au besoin, la prétention d'étouffer les protestations de l'individu, au nom, soit du témoignage universel, soit du salut de l'état. Comme lui, elle voudrait
façonner le monde entier sur un moule unique et ne tient
aucun compte de ce qui la gêne et la contredit. Comme
lui, elle ne voit que le côté extérieur des choses et voudrait tout transformer en institutions. Elle diffère de lui
toutefois par son inhabileté absolue à trouver des expédients ingénieux, des moyens termes et des compromis,
et aussi par son emportement, son étourderie et son irré-
flexion. Une telle révolution ne pouvait s'accomplir que
chez un peuple qui n'avait point passé par la Réforme,
et elle ne pouvait s'accomplir autrement. Supposez un
pays où la foi religieuse n'existe qu'à la condition de
l'obéissance absolue au prêtre ; que le prêtre y disparaisse
ou y devienne , par telle ou telle raison, odieux ou impopulaire , qu'arrivera-t-il ? Ce qui est malheureusement arrivé. Tel qu'il a été, le xviiie siècle était inévitable du
jour où le xvie siècle échoua.

Nous ne voudrions pas qu'on se méprît sur notre pensée. Nous ne discutons pas, nous exposons ; nous essayons
de dire quels furent les caractères du xviiie siècle, et
pourquoi il fut ce qu'il a été. Selon nous, il était inévitable sous sa forme athée du jour où la Réforme avait
échoué. Lorsque les temps furent venus où la vieille société dut périr et où la réforme sociale fut nécessaire,
l'athéisme se présenta donc comme la seule arme de
combat. Ce fait singulier a eu deux conséquences :
grâce a cette arme terrible, la révolution française a pu
opérer la destruction la plus radicale dont l'histoire fasse
mention, et en même temps elle a été privée d'un élément
de rénovation morale. Le xviiie siècle, n'ayant pas de
croyances, les remplaça comme il put, par des principes
légaux et des opinions. Et ici s'élève une question à laquelle M. Lanfrey n'a pas songé. Des principes abstraits,
adoptés par l'intelligence, peuvent-ils remplacer des
croyances vivantes, qui se mêlent à tous les actes de
l'existence et sont le principe même de la vie de l'âme ?
En d'autres termes, est-il vrai que les croyances religieuses sont absolument nécessaires à l'homme, comme
la lumière l'est à la nature ? La question vaut bien la

peine d'être examinée. Il y a là dans cette question un des mystères insondables de l'ordre universel : le mystère n'a pu être pénétré et l'analyse philosophique n'a pu l'atteindre, pas plus qu'elle ne peut atteindre l'élément constitutif de la vie ; mais il existe. Si philosophe que soit un peuple, il y a toujours un moment où la morale purement humaine ne lui suffit pas ; les faits parlent assez haut d'eux-mêmes. Il s'ensuit que faute de cet élément religieux, la Révolution est condamnée pour toujours peut-être à n'avoir qu'un développement très-restreint. Dès que l'homme sent s'agiter en lui ce tourment de la croyance religieuse, la Révolution se voit abandonnée, et le XVIIIe siècle recule. Aussi le catholicisme, contre lequel cette révolution fut dirigée en grande partie, conserve-t-il encore son ancien empire, et se dresse-t-il en face du XVIIIe siècle comme un adversaire obstiné et patient. Les péripéties de cette lutte, de ces actions et réactions successives ont été nombreuses, et il serait impossible de dire quelle en sera l'issue. La France, et à sa suite les nations du midi, semblent condamnées à flotter longtemps de l'un à l'autre sans parvenir à se fixer et à se décider entre les deux. Et dans le fait se décider est presque impossible ; accepter franchement et sans restrictions le XVIIIe siècle serait une décision réellement terrible, et l'esprit se trouble à la seule pensée d'une action aussi audacieuse. On a vu ce fait se produire en France sous la Révolution, et le monde a frémi d'horreur. Renoncer au XVIIIe siècle est tout aussi difficile que l'accepter, car y renoncer, c'est renoncer pour les nations du midi à toutes leurs garanties, à toute leur vie politique. C'est un nœud gordien qu'on ne peut rompre en le coupant ; il ne peut être dénoué que par la méthode ordinaire, et pour cela il faut une main patiente, qui n'ait pas de mouvements brusques et nerveux, la main du temps.

Ainsi, et pour nous résumer sur les deux points examinés précédemment, on peut dire que le XVIIIe siècle est le bouc émissaire de l'histoire, chargé d'expier les péchés et les erreurs de l'humanité antérieure. Il porte la peine des fautes commises au XVIe et au XVIIe siècle. Il porte la peine des superstitions de nos ancêtres, de leurs préjugés, de leur trop grande timidité. Les révolutions nécessaires à l'existence de la société moderne s'y accomplis-

sent, mais d'une manière désastreuse et au moyen des
instruments les plus funestes, le despotisme et l'athéisme.
L'homme paie de sa liberté l'indépendance du pouvoir
politique, et paie de sa conscience morale la destruction
du pouvoir sacerdotal, si bien que le jugement hésite en
présence de l'histoire de ce siècle, et qu'on peut se demander s'il n'eût peut-être pas été préférable que cette
révolution ne fût pas accomplie? Certes la maladie était
grave, mais le remède employé était d'une violence ef-
froyable, et devait être une source de nouvelles maladies
dont quelques-unes sont même plus hideuses que toutes
celles de l'ancienne société.

Après le despotisme politique et l'athéisme, produits
désastreux des antécédents historiques de l'Europe non
moins que de la France, un troisième fait, exclusivement
français et résultat des erreurs de la monarchie, remplit
tout le XVIIIe siècle : le règne et l'agonie de l'ancien régime.

Qu'est-ce que l'ancien régime? On entend généralement sous ce nom un régime d'erreurs ou d'abus, de
superstition et d'arbitraire. L'ancien régime fut tel en
effet. Quoi donc! n'y avait-il en France ni droit, ni justice, ni légalité, et doit-on ces bienfaits à la révolution
française? Le XVIIIe siècle, comme beaucoup l'en ont
félicité, a-t-il donc inventé la justice? Non, certes; mais
pendant toute la durée de ce qu'on peut appeler l'ancien
régime, la France ignora complétement ce qu'étaient la
légalité, les garanties politiques, la tolérance, la piété
éclairée, et eut en revanche à supporter ce qui lui a
toujours paru odieux à juste titre, l'intolérance, le bigo-
tisme, l'hypocrisie, les caprices arbitraires des rois, l'injustice sociale, les préjugés de caste. Ne vous laissez pas
prendre à ce mot d'*ancien régime,* il est trompeur : l'ancien régime est de date très-récente, et nous en devons
l'invention à Louis XIV. Rien n'est frappant, dans l'histoire du XVIIe siècle, comme la différence radicale qui
sépare les règnes de Henri IV et de Louis XIII du règne
de Louis XIV, et même le commencement de ce règne de
sa fin. Henri IV, Sully, Richelieu, Mazarin, sont tous des
hommes profondément modernes, pénétrés des nécessités
de leur temps et des besoins de leur époque, très éclairés
surtout relativement au génie propre de la France et au

caractère social du peuple français. Aucun d'entre eux ne fut certes un modèle de vertus et d'humanité, car la séche-resse était le fond de leur nature. Henri IV fut souvent égoïste et ingrat, Richelieu sec et froidement cruel, Maza-rin sec et accessible aux plus vulgaires corruptions ; mais cette sécheresse de cœur était amplement rachetée chez eux par l'intelligence et les lumières. Ils n'ont pas de préjugés et de superstitions, ils n'ont pas ces dédains et ces inso-lences de caste qui furent tant à la mode plus tard, ils sont exempts de fanatisme religieux. Henri IV eut la gloire de fonder la société moderne française ; Richelieu celle de la consolider. Qu'était-ce que cette société fran-çaise ? C'était un régime singulièrement humain et tolé-rant, un régime de conciliation et de compromis. La conduite de la France au XVIᵉ siècle avait été très-caracté-ristique de l'esprit national singulièrement attaché à la tradition et en même temps plein de goût pour les inno-vations. La France était restée attachée à l'église catho-lique, et loin de repousser la Réforme, comme la logique aurait semblé le lui commander, elle l'avait aidée en plus d'un sens. Les deux religions, ainsi mises en présence, se livrèrent une guerre acharnée qui semblait ne devoir finir que par l'extermination de l'une des deux ; mais la France, malgré ses souffrances, ne désirait la mort d'au-cune. La majorité désirait garder sa religion et laisser la sienne à la minorité. Le sentiment qui dominait surtout dans le public, c'était la haine du fanatisme religieux, de quelque côté qu'il vînt, et le souvenir amer du rôle que les pouvoirs étrangers avaient joué dans nos guerres in-testines. Ce qu'on voulait, c'est qu'il n'y eût plus de Ligue possible, plus d'intrigues d'un Sixte-Quint, et qu'à l'avenir on se prémunît contre Rome et contre l'odieuse Espagne, qui fut alors, un moment, pour la France, ce que l'Angle-terre avait été auparavant, ce qu'elle devait être encore plus tard. La France demandait à rester catholique, mais indé-pendante et libre ; en d'autres termes, elle voulait les con-séquences politiques de la Réforme sans en accepter les principes religieux. Ce fut Henri IV qui se chargea d'éta-blir ce semi-protestantisme, singulièrement en harmonie avec le caractère français, qui a survécu à toutes nos vicissitudes politiques, et qui, un moment éclipsé, reparut lorsque la révolution française eût modéré ses ardeurs athées et ses persécutions. Alors ce fut le catholicisme qui, à son tour, eut besoin d'être toléré, et il eut à subir son Edit de Nantes, qui est connu dans l'histoire sous le nom de Concordat.

Ce régime, si véritablement français, vécut un peu moins d'un siècle, succomba sous Louis XIV, et fut remplacé par cette chose honteuse connue sous le nom d'ancien régime. Peu de règnes ont été plus funestes peut-être à la France que celui du Grand Roi. C'est Louis XIV le premier qui, par ses guerres injustes, a donné à l'Europe cette bizarre croyance dans laquelle beaucoup de gens persistent encore, que la France n'a eu d'autre but que l'asservissement des peuples. Louis XIV, ainsi que nous l'avons dit, trouva une France moderne fondée par Henri IV, consolidée par Richelieu, composée d'un peuple intelligent, industrieux, docile, zélé partisan de la monarchie, d'un clergé pieux, modéré, plein de science et de lumières, d'une noblesse brave, vaillante et polie qui avait cessé d'être oppressive et avait accepté définitivement l'autorité royale. Il laissa une France surannée, remplie d'abus de toute sorte, composée d'un peuple las, fatigué, hébété, déjà anarchiste et ennemi de la monarchie, d'un clergé intrigant, intolérant, mondain, d'une noblesse pleine de préjugés de caste, insolente et abâtardie. L'esprit du roi avait tout perverti. Il avait rendu la monarchie impopulaire en France et brisé l'ancien système de transactions inauguré par Henri IV. Il avait voulu créer une France sur le modèle de son caractère, au lieu de plier son caractère à l'esprit de la France. Il avait commis deux fautes : en plaçant le roi au-dessus des lois et des règles les plus simples de la morale, en en faisant une sorte de divinité qui ne se gouverne pas selon les lois des mortels, en ennoblissant l'adultère et en donnant le rang de princes à des enfants fruits d'illégitimes amours, il avait rendu la monarchie immorale comme le dieu indien pour lequel n'existent ni crimes, ni vertus, ni bien, ni mal. Par l'injuste et inutile révocation de l'Edit de Nantes, il avait brisé la tradition française et anéanti l'œuvre de ses prédécesseurs. Par ses guerres continuelles et sa fureur de conquêtes, il avait répandu cette idée fausse, puérile, anti-chrétienne, qui a fait tant de mal à la France, que la gloire était le but de la vie des peuples. Bref, il laissa après lui un amas de corruptions, de superstitions, de préjugés, d'erreurs, d'injustices, qui aurait perdu la France, si la France n'avait pas protesté.

C'est l'histoire de ce bizarre régime et en même temps de la protestation de l'esprit français contre sa domination, qui remplit tout le XVIIIe siècle. Les protestations de l'esprit humain sont quelquefois étranges, celle du XVIIIe siècle le fut beaucoup. On protesta d'abord par la licence et le débordement des mœurs. Il a été souvent parlé de la réaction dirigée sous la Régence contre le système de Louis XIV ; mais en réalité cette réaction, loin de guérir le mal, ne servit qu'à l'aggraver. Elle ne servit qu'à favoriser l'ancien régime ; elle ajouta des insolences nouvelles aux insolences anciennes, des préjugés nouveaux aux préjugés anciens. La noblesse devint de plus en plus impertinente, le clergé de plus en plus intrigant, le peuple de plus en plus mécontent. Une protestation fort différente de celle de la Régence était donc nécessaire : elle s'accomplit. Les hommes qui firent cette protestation n'étaient point des saints et des héros; ils ne vinrent pas comme Luther déchirer la bulle du pape et déclarer en termes passionnés et violents que le règne du mensonge devait enfin cesser : non, c'étaient des hommes de beaucoup d'esprit, et d'un esprit tout mondain, qui vinrent insinuer ironiquement que les choses n'allaient pas très-bien et qu'elles pourraient aller mieux, que les gouvernés n'étaient pas absolument obligés de supporter éternellement les folies des gouvernants, que les sujets n'existaient pas pour être les bêtes de somme de quelques mauvais plaisants titrés et mitrés. La protestation se fit d'abord d'une façon assez douce, sous forme d'allusion et d'allégorie, de tragédie et de roman. *OEdipe* et les *Lettres persannes* sont les œuvres qui peut-être caractérisent le mieux cette première période du XVIIIe siècle.

Cependant les années passèrent. Un homme, complète incarnation de l'ancien régime, corrompu jusqu'à sa dernière fibre, lâche, libertin et par moments bigot, indifférent au sort de ses sujets et en même temps intolérant par boutades, s'assit sur le trône. Avec ce roi, le plus misérable des souverains qui ait jamais régné, et certainement un des hommes les plus méprisables qui aient jamais vécu, le joug du gouvernement devint insupportable. La France fut de plus en plus mal administrée. La négligence, la paresse, l'injustice et l'arbitraire furent à l'ordre du jour. La royauté française, aux expédients, n'échappa à la banqueroute qu'en dupant ses sujets. Grâces à l'absence d'une surveillance supérieure, les mauvaises mœurs régnèrent avec toute la férocité dont elles sont susceptibles. Le dernier des commis du ministère se trouva investi de la puissance de renvoyer à la Bastille par une lettre de cachet son créancier, son ennemi ou le mari gênant qu'il trompait. Cependant il restait encore, à cette France si odieusement gouvernée, la gloire militaire et le prestige de ses armes; mais ce prestige n'exista pas longtemps, et Fontenay ne fut qu'une exception brillante. Partout la France est vaincue, et partout le gouvernement abandonne ses défenseurs. Dupleix délaissé revient en France sans pouvoir obtenir une audience du roi; Montcalm se défend héroïquement dans les bois du Canada sans que le roi daigne lui envoyer des secours, et les champs de bataille de l'Allemagne sont témoins des revers et pour la première fois de la honte de la France. La nation française décline de plus en plus, à la grande joie des gouvernements et des peuples que Louis XIV avait humiliés. Walpole et après lui le premier Pitt se frottent les mains de satisfaction; Frédéric prodigue le sarcasme et l'outrage au lâche souverain qui régit de nom la France et à la courtisane intrigante qui règne à sa place. A mesure que marche cette longue décadence, la protestation de la France devient de plus en plus violente. On peut suivre pour ainsi dire d'année en année, chez les écrivains de cette époque, les progrès du mécontentement public, simple mécontentement d'abord, mais qui devient successivement de la colère, de la fureur, du délire, de la démence, et qui enfin, dans une dernière transformation, se métamorphose en une soif de carnage inextinguible et en un implacable esprit de vengeance. Dès l'année 1750, cette protestation a pris un caractère définitivement tranché, et, chose remarquable, la situation est tellement irritante, qu'elle communique alors aux écrivains ces haines passionnées et ces ardeurs qui ne semblaient pas devoir appartenir et qui n'appartenaient pas en effet à leur nature mondaine. Guerre à mort à tout ce qui existe, tel est le cri poussé par Voltaire, répété par les encyclopédistes, et auquel répondent les milliers d'échos de l'opinion publique. Guerre à mort à tout ce qui existe, et en attendant ce qui existe devient de plus en plus détestable. A madame de Pompadour a succédé madame Dubarry ; la demeure des rois de France devient un lieu de prostitution ; et ainsi vont les choses jusqu'à ce qu'enfin elles aboutissent, selon la pittoresque expression du marquis de Mirabeau, à une culbute générale, et que l'ancien régime reçoive son châtiment.

M. Lanfrey a très-judicieusement commencé le tableau brillant qu'il a tracé du XVIIIe siècle par la révocation de l'Edit de Nantes. C'est bien à cette date en effet que commence ce système misérable qui faillit ruiner la France, et en même temps cette toute-puissante réaction qui alla toujours en grossissant jusqu'à la tempête de 89. Seulement il est regrettable que le jeune écrivain n'ait pas retracé la marche parallèle de ce régime, qui devient de plus en plus détestable, et de cette réaction, qui devient de plus en plus formidable. Le XVIIIe siècle, ainsi compris, se justifie de lui-même. Les faits parlent pour l'historien. Le XVIIIe siècle fut comparable à l'effort désespéré d'un homme qui se noie. La France sentit qu'elle allait sombrer, et cela par la faute de ses gouvernants. Tous les pouvoirs, civil, religieux, judiciaire, lui étaient suspects ; elle ne pouvait espérer la justice de ses parlements, l'héroïsme de son roi, la charité de son clergé. Tous lui apparaissaient comme autant d'emblèmes de lâcheté, de mensonge et de trahison. Si elle voulait ne pas mourir, il lui fallait donc se sauver elle-même. Dans sa détresse, elle écouta avec ardeur et espoir les voix qui lui parlèrent de régénération et de gloire future. Et voilà pourquoi les philosophes furent si puissants. Abandonnée par la monarchie du droit divin et par le clergé représentant de la parole divine, la France crut pouvoir se passer de Dieu, et on pourrait résumer d'un mot terrible l'opinion qui fut pendant toute la seconde moitié du siècle celle de la majorité des Français. — Eh bien ! si Dieu nous abandonne, que le diable vienne alors à notre secours, et qu'il nous sauve, puisque Dieu ne le peut pas ou ne le veut pas. — Voilà pourquoi l'athéisme eut tant de vogue ; il se présentait naturellement comme la contre-partie, la contradiction et l'arme de destruction d'une monarchie et d'un clergé avilis et détestés.

Un mot maintenant sur les deux écrivains qui nous ont offert l'occasion d'exposer les quelques pensées qui précédent. M. Lanfrey est jeune, ardent, intelligent, doué d'un incontestable talent ; mais avant tout félicitons-le d'avoir aussi bien choisi son sujet et son heure. Il a eu la main heureuse, car il est douteux qu'il eût obtenu un tel succès, eût-il employé plus de talent encore qu'il n'en a mis dans son livre à raconter un autre épisode de l'histoire. Les controverses récentes ont puissamment aidé à son succès. Son livre est aussi très-curieux comme signe des tendances de la génération qui surgit. Il y a quelques années à peine, aucun jeune homme n'eût osé écrire ce livre. Faire une apologie de Voltaire, fi donc ! il fallait laisser cela aux bourgeois, aux vétérants du libéralisme. Passe encore pour Rousseau, personnage intéressant et romanesque ; passe encore pour Diderot, brillant faiseur de paradoxes et *fantaisiste* de premier ordre, pour M. de Robespierre, le vertueux excentrique, pour Babeuf et Anacharsis Clootz ! Mais Montesquieu, Locke, Voltaire, d'Alembert, Buffon, Mirabeau, la Constituante, toute la partie à peu près raisonnable du XVIIIe siècle, comme on en faisait bon marché, comme on souffletait bien leur gloire, avec quel entrain on traînait leurs cadavres dans dans l'égoût pour élever à leur place, celui-ci la statue de Marat et celui-là la statue de Fréron ! Quelques années à peine nous séparent de cette époque ; comme les jeunes gens sont devenus raisonnables et rangés ! Naguère, quand un jeune homme prenait la plume, c'était pour écrire quelque apologie des temps féodaux qui aurait fait ouvrir les yeux à M. de Montlosier lui-même, quelque apologie du comité de salut public qui aurait étonné le chevalier de Saint-Just, quelque traité fouriériste sur l'organisation du travail ou la solidarité humaine. On s'affublait de costumes étranges, on était catholique démocrate, communiste, socialiste, que sais-je encore ? et maintenant que ces folies sont passées, qu'elles n'offrent plus aucun danger, nous dirons qu'après tout il y avait en elles quelque chose de l'inquiétude du siècle et de ses espérances vers un avenir meilleur. Ce n'est pas M. Lanfrey qui est inquiet et tourmenté ; il parle d'un ton tranché, rien ne

l'intimide, rien ne l'arrête : il a le calme de la croyance
absolue. De la première à la dernière page de son livre,
il ne trahit aucune émotion pour ce qui va périr, aucun
regret de ce qui s'en va. Ses aspirations non plus ne sont
ni très-nombreuses, ni très-élevées. Ce qu'il demande,
c'est le présent légèrement modifié. Une concession du
pouvoir accomplirait tous ses vœux : que l'état abandonne le patronage impartial qu'il exerce sur les cultes,
et M. Lanfrey sera satisfait. Il y a quelques années, on
était moins sensé, moins calme et plus exigeant. Et toi
aussi, tu pars donc à ton tour, noble inquiétude, dernière
vertu d'un temps qui n'en avait plus d'autres !

Le talent que M. Lanfrey a déployé dans ce livre est
surtout un talent narratif. Son récit est vif, coloré, spirituel. Son exposé des causes de la révocation de l'Édit de
Nantes est ingénieux, bien présenté, et ne manque pas
de nouveauté. L'histoire de Pombal et celle de l'abolition
de l'ordre de Jésus par Ganganelli se lisent avec cette
sorte de curiosité ardente qui tient l'esprit suspendu à la
parole imprimée comme l'oreille de l'auditeur à la voix
du tribun ou du comédien. Toutes les fois que M. Lanfrey
raconte les faits, il s'acquitte parfaitement de sa tâche;
mais lorsqu'il s'agit des idées, il est moins heureux. Ses
jugements sont souvent d'une excessive témérité; M. Lanfrey aime à trancher et il tranche *à outrance*, ce qui
n'empêche pas ses appréciations d'être parfois d'une justesse contestable. Nous avons sous ce rapport quelques
chicanes à lui faire. Ainsi, dès la première page, on
rencontre cet axiome : « La civilisation, cette fille du
XVIIIᵉ siècle. » Vraiment, rien n'existait donc avant le
XVIIIᵉ siècle, et les six mille ans qu'a vécus l'humanité
n'ont existé que pour annoncer l'arrivée de nos remarquables personnes. Il faudrait cependant s'entendre sur
ce mot de civilisation. Pris dans un sens abstrait, il ne
signifie rien, car ce mot n'exprime pas une entité métaphysique existant par elle-même : il exprime l'idée d'un
ensemble de faits positifs, réels, existant à un moment
donné du temps, sur un point donné de l'espace. La *civilisation* n'a jamais existé ; il y a eu des civilisations particulières chez différents peuples, et qui n'ont pas attendu
pour fleurir l'arrivée du XVIIIᵉ siècle. Il y a eu une civilisation grecque, très-complète et très-parfaite en elle-même;

une civilisation romaine, qui n'a jamais été surpassée dans
la politique et dans la guerre ; une civilisation catholique
européenne, qui a donné à notre continent une unité de
sentiments et d'idées que les différences de races n'ont
pu vaincre et que les divisions du XVI° siècle n'ont pu
effacer ; une civilisation protestante, qui a présenté le
spectacle de ce que peuvent accomplir l'activité et le
travail de l'homme ; une civilisation italienne, qui n'a
jamais eu de rivale dans les arts ; une civilisation française, qui a offert le type le plus parfait des vertus mondaines et sociales. Tout cela n'est-il donc rien ? Si par
civilisation M Lanfrey entend cette croyance athée qui
considère la société comme n'ayant qu'un but d'utilité et
n'existant qu'en vue de satisfaire aux besoins de l'homme,
il a raison : cette manière de comprendre la civilisation
appartient au XVIII° siècle.

Les jugements de M. Lanfrey, lorsqu'ils ne roulent plus
sur un ensemble considérable de faits, lorsqu'ils portent
soit sur des idées pures, soit sur des individus, sont
extrêmement controversables, et, sans frapper à faux,
frappent souvent à côté de la vérité. Ainsi il professe pour
Pascal une admiration qui, pour le dire en passant, est
assez surprenante chez un enthousiaste du XVIII° siècle,
et il raille M. Sainte-Beuve, qui a osé dire qu'une seule
chose manquait à Pascal, la grâce. Les railleries de
M. Lanfrey ne sont pas heureuses : la grâce en effet, ou,
si M. Lanfrey le préfère, ce que l'universalité des hommes
entend par ce mot manque absolument à Pascal. Dans la
même page, l'auteur prend à partie M. Cousin, parce que
ce dernier a cru devoir attribuer quelque mérite à la prose
de Descartes. Ici encore, nous sommes obligé de donner
raison à M. Cousin. La période de Descartes n'est ni
lourde ni diffuse, comme l'en accuse M. Lanfrey ; le style
de Descartes est sec, sans éclat, sans bonheur d'expression, mais il est singulièrement net et clair. Nous croyons
qu'il est impossible de trouver un modèle plus achevé de
prose métaphysique que le *Discours sur la Méthode*. Dans
les dernières pages de son livre, après avoir adressé à la
philosophie allemande le reproche banal d'obscurité que
lui adressent tous les badauds, pour lesquels certainement
elle ne fut jamais faite, il conseille aux philosophes allemands de se souvenir de Luther, « un vrai génie qui em-

brasa le monde ! Éloquent, inspiré, héritier du génie mâle, clair et précis de la *race latine*, il ne connaissait ni l'objectif ni le subjectif. » Ce jugement est d'une remarquable nouveauté. Qu'a donc de commun le génie de Luther avec le génie latin ? Jusqu'à présent Luther a été considéré comme la plus pure et la plus naïve incarnation du génie germanique. S'il est un homme chez lequel l'instinct de race ait été fort, c'est bien Luther, et cet instinct est chez lui si puissant qu'il se confond en lui avec le génie. Par la tête, par le cœur, par les idées, par les vertus et par les vices, Luther est un pur Allemand.

Nous bornerons là nos chicanes, car nous voulons être juste envers M. Lanfrey, d'autant plus juste que, pour exprimer franchement notre pensée, l'esprit de son livre ne nous plaît point. D'un bout à l'autre, il y règne un athéisme modéré qui glace l'esprit : nous entendons par athéisme toute doctrine qui considère la société comme ayant sa fin en elle-même et n'existant pas en vue d'une fin divine, et, si nous savons lire, nous croyons avoir compris que telle est l'opinion de M. Lanfrey. On rencontre des pages brillantes, presque jamais une pensée d'une réelle élévation. Quand l'auteur est éloquent, il l'est d'une manière ingénieuse, jamais naïvement et avec essor. En revanche, il connaît son XVIIIᵉ siècle jusque dans ses infiniment petits ; son livre abonde en faits et en anecdotes curieuses, et il y a telles pages, celles sur Bayle, par exemple, qui sont dignes de tout éloge, tant pour l'expression que pour la pensée. Le jeune écrivain a voulu retirer la mémoire de Bayle de l'oubli où elle languit, et il l'a fait très-heureusement. Bien des pages ont été écrites sur ce grand citoyen, mais nous ne croyons pas que personne ait payé à cette vénérable mémoire le tribut de reconnaissance qui lui est dû avec autant de délicatesse que le jeune écrivain. Ces trois ou quatre pages sur Bayle brillent précisément par les qualités qui font défaut à M. Lanfrey ; une douce sympathie les éclaire, elles sont émues et presque tendres. Puisque M. Lanfrey a si bien compris Bayle, que ne lui emprunte-t-il quelques unes de ses vertus, la modération par exemple, l'art de comprendre au moyen de l'intelligence les doctrines que notre cœur repousse, et le calme dans la discussion ?

Quant à M. Nicolardot, nous demandons à ne pas lui

rendre justice. Etre catholique est certainement fort respectable, mais ce n'est pas une raison suffisante pour écrire sur le xviiie siècle des livres qui ressemblent à ces inepties révolutionnaires intitulées : *Crimes des papes* ou *Crimes des rois et reines de France*, avec lesquelles on a si longtemps entretenu le fanatisme athée de la populace. Ce livre a été écrit dans l'intention de démontrer une assertion assez ingénieuse : c'est que Voltaire, et à sa suite les philosophes, les écrivains, les grands seigneurs et les souverains de l'Europe, étaient des fripons et des débauchés. Le xviiie siècle est en effet, dans notre opinion, le siècle le plus corrompu qui ait existé dans les temps modernes, parce qu'il est celui où la corruption a été le plus généralement répandue, et cela sans aucune compensation de grandes vertus ou de grands caractères. Les hommes des deux siècles précédents n'étaient pas toujours d'une perfection angélique ; mais à côté de leurs vices ils avaient des vertus étonnantes, et des existences d'une pureté accomplie s'écoulaient au milieu d'un débordement hideux de passions sanglantes et fangeuses. Le xviiie siècle n'offre pas un tel spectacle. Le vice y est plus poli, plus humain que dans les périodes précédentes, mais il est plus général, et il n'est racheté par aucune vertu. Voilà ce que devait dire et ce que ne dit pas M. Nicolardot. Une fois cela avoué, on peut opposer facilement un nom du xviie siècle, par exemple, à chacun des noms que flétrit M. Nicolardot. Il a trouvé plaisant de parler de *postdamie* à propos de Frédéric ; mais sait-il bien de quoi au xviie siècle on accusait le grand Condé, et le prince de Conti, et Monsieur, et Vendôme, et le maréchal de Villars lui-même ? Le xviiie siècle n'a certainement pas contenu un cynique plus scandaleux que Bussy Rabutin, un roué plus impertinent que Lauzun, un prélat plus esprit fort et plus libertin que le cardinal de Retz. M. Nicolardot parle d'escroqueries, de dettes, de lettres de change non payées ; n'a-t-il donc jamais lu les mémoires du chevalier de Grammont, et ignore-t-il que les plus grands seigneurs n'avaient point honte de tricher au jeu ? Les trois derniers siècles se valent donc en infamies, à prendre les choses à un certain point de vue ; seulement le xviiie siècle n'a pas, pour racheter ses vices, ce que possèdent le xvie et le xviie siècle, de grands caractères et de grandes vertus.

Voltaire est-il un fripon ? M. Nicolardot le prétend, mais ne le prouve point. Nous n'avons trouvé dans ce livre que les vieilles histoires que nous connaissions depuis longtemps, l'anecdote du couteau de chasse racontée par Marmontel par exemple et les démêlés avec le président de Brosses. Nous citons ces deux faits parce qu'ils peuvent être pris comme mesure exacte des reproches qu'on peut adresser à Voltaire. Toutes les anecdotes ramassées par M. Nicolardot sont, ou comme l'affaire du couteau de chasse, des bizarreries d'homme d'esprit, ou comme les démêlés avec le président de Brosses, des petitesses et des vilenies d'homme nerveux. Quant aux lésineries fréquentes de Voltaire, elles s'expliquent très-bien par la fatigue qu'éprouvent les gens même les plus généreux : il arrive un moment où ils sont las de donner et où ils lésinent sur des sommes insignifiantes. Voltaire réclamait quelquefois par voie légale le paiement de ses rentes : mais c'était son droit ; M. Nicolardot ne le contestera pas, et d'ailleurs, dans la plupart des cas, il n'a recouru aux voies légales qu'après avoir patienté longtemps. Nous cherchons vainement dans tout cela où sont les friponneries de Voltaire. A bout de ressources, M. Nicolardot reproche à Voltaire de n'avoir jamais rien dépensé pour ses maîtresses. Nous ne comprenons pas ce reproche : il eût été bien plus ingénieux de l'accuser de leur avoir volé des diamants, et cette accusation eût été bien plus en harmonie avec l'idée du livre.

En voilà assez sur ce sujet si vaste et si difficile. Nous n'avons pas la prétention d'épuiser en quelques pages les réflexions que suggère une histoire qui est la nôtre et celle du monde contemporain ; nous avons voulu seulement dire quelle était, à notre avis, la véritable origine du XVIIIe siècle, pourquoi il a été athée et destructeur, et quelle situation anormale il a créée. Ceux qui nous supposeraient l'intention d'avoir voulu préconiser la Réforme et nous montrer hostile envers le catholicisme se tromperaient d'une étrange façon. Le rêve d'une France protestante ne peut entrer aujourd'hui que dans l'étroit cerveau d'un sectaire ; la France nous semble donc condamnée à vivre longtemps entre ces deux puissances ennemies, le XVIIIe siècle et le catholicisme. Est-il impossible cependant de sortir de cette impasse, et tout espoir

est-il perdu ? Entre le xviiie siècle et le catholicisme il
n'y a pas de réconciliation possible, et toute idée d'un
arbitrage et d'une médiation est vaine et puérile ; mais
n'y a-t-il malgré cela rien à faire ? Devons-nous laisser
au temps tout seul le soin de dénouer cette crise ? Que
ces deux grandes puissances continuent leur débat, et
nous tous, en suivant d'un œil calme et en spectateurs
désintéressés les vicissitudes de cette lutte, disons honnêtement ce que nous avons à dire. A la fin peut-être un
nouvel élément inattendu surgira-t-il qui mettra fin à ces
disputes. Et dès à présent, sans prendre parti, sans écrire
de pamphlets, de notre coin solitaire nous pouvons recommander à notre siècle bien des vérités importantes
qu'il ne connaît plus, et qui serviraient, si elles étaient
retrouvées, à hâter l'heure de la paix. Ne pouvons-nous
donc pas, par exemple, rappeler à nos contemporains,
qui ne le savent plus, que ce monde merveilleux dans
lequel nous vivons n'est pas un assemblage de forces matérielles créées seulement pour les besoins de l'homme,
mais qu'il repose sur une idée divine, qu'il est destiné
à être le théâtre d'un drame providentiel et divin, — que
l'homme a été destiné par conséquent à poursuivre un
but divin, le triomphe absolu du bien et de la vérité ? Ce
point de départ une fois adopté, le xviiie siècle tombe en
ruines ; car si l'homme a une mission divine, il n'a plus
sa fin en lui-même, et la société n'existe plus en vue de
l'homme : elle existe en vue de sa mission et pour la
gloire du Dieu éternel qui la lui donna dès les premiers
jours du monde. L'élément théocratique et divin, fondement nécessaire des sociétés, aujourd'hui méconnu et
remplacé par cette idée athée, — que l'homme n'a d'autre
but que lui-même, et que la société n'a d'autre but que
l'homme, — reparaît donc, mais sous sa forme pure, non
enveloppée dans les langes d'une église exclusive et restreinte, quelque large et tolérante qu'elle soit. Le jour où
cette idée sera devenue une croyance, la lutte entre le
xviiie siècle et l'Eglise sera bien près d'être finie. Pour le
moment, nous sommes riches et puissants ; nous avons
des manufactures, des chemins de fer et des capitaux
immenses : il ne nous manque qu'une chose qui était
abondante autrefois avant les chemins de fer et les manufactures, le sentiment du divin. Réveillez donc ce senti-

ment, vous tous qui avez une voix pour parler ; réveillez-
le honnêtement, impartialement, sans esprit de sectaire.
Là est maintenant, j'en ai la ferme conviction, l'unique
route à suivre, l'unique méthode à employer, l'unique
but à poursuivre, digne d'un esprit élevé, libre de préjugés, religieux enfin, dans le sens naturel du mot. Là est
aussi l'unique moyen de sortir de l'impasse dans laquelle
le XVIIIᵉ siècle nous a jetés.

LA TOUTE-PUISSANCE

DE L'INDUSTRIE

—

Il est un livre dont je recommanderais volontiers la lecture à toutes les jeunes intelligences de ce temps-ci : c'est le *Wilhelm Meister* de Goethe. Il contient tout juste la dose d'abstraction qu'on peut supporter à vingt ans, au milieu des ardeurs du sang, à l'époque où l'âme, encore matérielle, n'a qu'indifférence pour le monde moral, et où l'esprit manque de force d'attention. L'amer breuvage y est présenté dans une coupe d'or brillante, non par de sérieux philosophes ou d'austères savants, mais par les personnages les plus gracieux et les plus aimables, par des enfants, par des jeunes femmes, par des moralistes mondains, par des artistes et des comédiens. Tous les compagnons de folie et de plaisir que le jeune homme recherche dans la vie, tous les tuteurs bienveillants et faciles dont il désire les conseils dans ses jours de tristesse ou dans ses moments d'embarras sont les acteurs mêmes du livre, et de leurs lèvres tombent à la fois les préceptes de la sagesse et les promesses du bonheur. On y cause d'amour et d'art, de religion et de théâtre ; tout ce qui embellit et orne la vie y reluit de toutes parts, rien

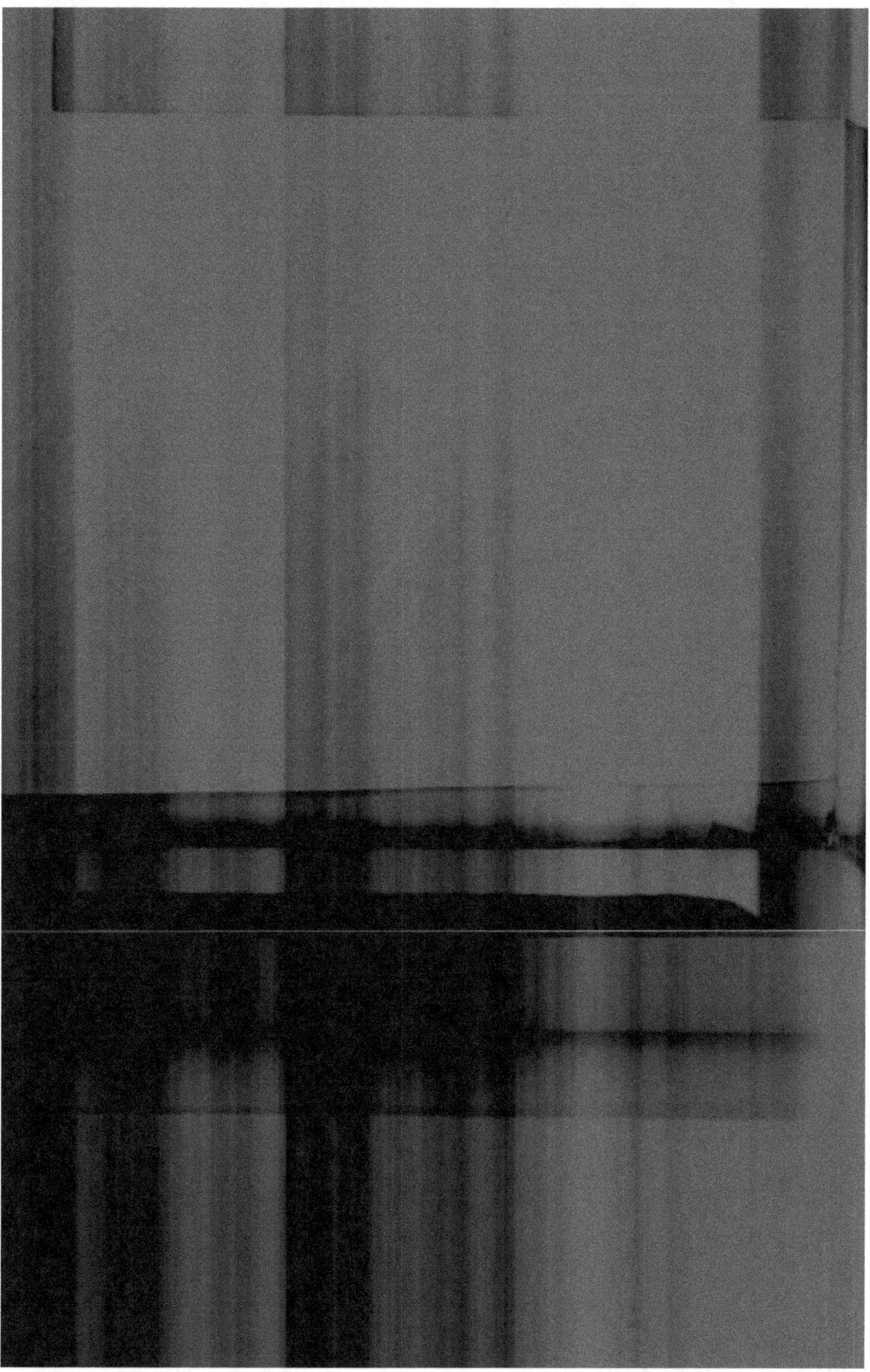

s'éteint dans notre univers glacé, que les rayons attiédis
d'un soleil à son déclin n'éclairent plus qu'avec langueur.
Rien n'est mort, tout sommeille. Les forces de la nature
sont à l'état latent, et dans les profondeurs de l'âme humaine elles préparent en silence un printemps nouveau.
Ayons bon courage, et au lieu de nous lamenter, de consumer notre énergie en plaintes coupables, que chacun
de nous, par son intelligence, son amour de la vérité, sa
volonté et sa puissance de sympathie, aide à l'éclosion de
ce printemps ! Alors, quand une fois nous aurons appris
à être patients et laborieux, quand nous aurons confiance
en nous-mêmes et dans l'âme divine qui soutient l'univers, quand nous serons tout amour et bonne volonté,
nous serons à notre tour des magiciens et des artisans de
miracles : des roses écloront dans nos mains, des lis
jailliront sous nos pas.

Telle était la conviction à laquelle Goethe était arrivé
après cinquante ans de méditations, d'études et d'observations. Malgré le XVIIIe siècle, malgré les ruines amon-
celées autour de lui, il était arrivé à ne pas désespérer et
à prédire une moisson brillante aux champs infertiles du
présent. Cependant, si cette conviction suffisait à son âme,
elle ne suffisait pas à son intelligence, et il cherchait
avec curiosité quelle pourrait être la forme des sociétés
futures. Aussi a-t-il épuisé, pour ainsi dire, toutes les
combinaisons de faits et de principes qui peuvent se présenter à l'esprit. Il crée dans son *Wilhelm Meister* des
sociétés artificielles par un amalgame ingénieux des idées.
Il traite la nature humaine et la société comme la matière,
et essaie de faire des combinaisons sociales comme on
fait des combinaisons chimiques ; mais, chose remarquable, toutes ces combinaisons ont invariablement la même
base, et cette base est l'industrie. C'est l'industrie qui
tient la première place dans les rêveries sociales et dans
les spéculations philosophiques du grand poète ; c'est
d'elle que naissent dans sa pensée les mœurs futures ;
c'est elle qui, non contente de façonner la matière, donne
sa forme à la société nouvelle. Incroyables sont les efforts
d'esprit que fait Goethe pour unir avec l'industrie tout ce
qui fut la vie des hommes d'autrefois, — l'héroïsme,
l'amour, les arts, la religion. Il y réussit à grand'peine,
et même, lorsqu'il réussit, il est forcé d'amoindrir ces

nobles expressions de la nature humaine, pour les ajuster
à la taille de l'industrie. C'est là le côté réellement triste
du livre ; l'utile s'y présente comme l'unique divinité du
présent, et l'expression qui arrive involontairement sur
les lèvres pour caractériser cette œuvre étrange, c'est
celle de *benthamisme trascendantal*. Oui, c'est là le benthamisme, non pas dans sa vilaine nudité, mais revêtu
d'étoffes éclatantes, le sceptre en main, la couronne en
tête, et assis sur un trône d'où il domine une cour brillante. Aux côtés de ce dieu de l'utile se tiennent le vrai et
le bon, qui ne sont plus que ses frères cadets, tandis qu'à
la porte du palais le beau frappe comme un mendiant, et
reçoit une chétive hospitalité dans les corridors et les cui-
sines de sa dédaigneuse majesté.

Telles sont les impressions qu'a laissées en nous la lecture répétée de ce livre merveilleux, véritable lampe
d'Aladin au moyen de laquelle une intelligence, même
ordinaire, si elle est attentive, peut voir clair dans les
ténèbres de son siècle. *Wilhelm Meister* contient, à la fois,
un conseil de courage et la constatation d'un fait. Le conseil, c'est de ne pas nous laisser abattre et de marcher
d'un cœur joyeux à la conquête de la terre promise ; — la
constatation du fait, c'est que l'industrie est définitivement la reine du monde. La domination de cette nouvelle
puissance n'effraie pas Goethe : il croit fermement que
cette domination sera partagée par les anciennes divinités
adorées des hommes ; mais à son insu ces anciennes divinités tombent au rang des divinités secondaires, et le
dieu qui régit l'Olympe moderne, c'est l'utile !

Sans doute, Goethe exprimait plutôt une espérance
qu'une conviction le jour où, visitant je ne sais quelle
manufacture de coton, il s'écriait qu'il n'avait jamais vu
rien de plus poétique. Cette parole voulait dire évidemment qu'il apercevait dans ces machines l'instrument
d'une société nouvelle, et par conséquent de mœurs qui
demanderaient leurs poètes. Ces machines étaient sans
doute aussi, dans son esprit, un moyen d'ordre et d'harmonie capable de rapprocher les hommes que la croyance
politique n'unit plus suffisamment et que la croyance religieuse n'unit plus du tout, d'établir entre eux des relations nouvelles, — en un mot d'atteindre ce but suprême
des institutions et des religions, des lois et du langage

lui-même : rapprocher l'homme de l'homme. Cette force mécanique et inanimée lui apparaissait comme un nouvel Orphée élevant les tours de cités futures, fondant des aristocraties, établissant des hiérarchies, réglant les devoirs des hommes entre eux. Nous aussi, nous avons partagé longtemps la conviction de ce grand homme ; nous avons cru longtemps que l'industrie serait le nouveau principe qui communiquerait aux arts une vie nouvelle, qu'elle établirait entre les hommes de nouvelles relations, que l'obéissance et le respect, le devoir et la vertu trouveraient encore à s'exercer avec elle, que la beauté et la poésie sortiraient des machines à vapeur, et que nous pourrions être avec elle, comme par le passé, héroïques, chevaleresques et religieux. Maintenant nous sommes moins confiants, et le monde industriel nous apparaît parfois comme un squelette qui ne sera jamais recouvert de chair. Nous ne croyons plus autant à la poésie des chemins de fer, les machines à tisser ne nous paraissent propres qu'à produire des étoffes plus ou moins durables, et la télégraphie électrique nous semble trop destinée à propager un peu plus rapidement la bêtise humaine. L'utile restera l'utile, le monde qu'il a engendré n'est pas beau, et en dépit de son luxe absurde et insolent, nous ne croyons pas qu'il soit destiné à le devenir jamais.

Le XIXe siècle est l'héritier naturel du XVIIIe ; sa tradition ne remonte pas plus haut. Le temps lui-même a perdu son aristocratie, et ses racines ne plongent plus comme autrefois dans les profondeurs des âges : le siècle est un parvenu comme nous tous. Il ne subsiste du passé que ce que le XVIIIe siècle a laissé debout, c'est-à-dire peu de chose, et les deux faits qui dominent aujourd'hui sont ceux que le XVIIIe siècle a engendrés, c'est-à-dire la Révolution et l'Industrie. La société moderne a la prétention d'être fondée sur les principes de la Révolution, et en apparence cette prétention semble justifiée ; mais celui qui a vécu quelque temps au milieu d'elle s'aperçoit bien vite qu'elle est en réalité fondée sur l'industrie. Si son intelligence est trop bornée pour le lui faire comprendre, les besoins et les nécessités de la vie se chargent bientôt de lui démontrer que le monde n'est plus qu'une vaste maison de banque dont la loi et les prophètes se résument dans cet axiome

grossier d'un célèbre socialiste : Qu'est-ce que je te dois ?
Qu'est-ce que tu me dois ? — C'est à l'industrie seule que
se rapportent nos mœurs, nos habitudes, nos arts et même
nos révolutions.

La révolution française a été surtout, malgré toutes ses
promesses, un fait de négation et de démolition. Elle a eu
deux buts : renverser l'ancien régime et en établir un
nouveau. Elle a su atteindre le premier de ces deux buts;
quant au second, il est resté à l'état de désir et d'espoir.
Chacun en a vu l'accomplissement dans le système qui lui
était propre ou dans le principe qui lui était cher. En réalité, il serait fort difficile de dire quel est l'idéal de la révolution française. Mais une chose certaine, c'est que si
la Révolution n'a point fondé de régime nouveau, si cette
bizarre personne abstraite, qui semble agir par voie d'ex-
périmentation, comme un être vivant, et faire progressi-
vement son éducation, s'est bornée à des essais et à des
expériences, elle a détruit en revanche si radicalement
l'ancien régime, que, pour employer l'expression célèbre
d'un des hommes politiques qui ont le mieux connu notre
époque, elle n'a laissé debout que des individus.

Cela étant, comment ces individus épars, isolés, ne se
rattachant plus les uns aux autres par aucun lien hiérar-
chique, vont-ils se gouverner? A qui auront-ils recours
pour être protégés au milieu de cette transformation incessante du monde politique, et sur quoi fonderont-ils
leur avenir et celui de leur famille? A qui, en un mot,
auront-ils recours pour n'être pas broyés par les expériences de la révolution? Deux moyens de salut se présentent
alors, — un expédient et un fait.

L'expédient, c'est la puissance de l'état avec tous les for-
midables instruments dont il dispose, — centralisation
administrative, force armée, — l'état qui, permanent au
milieu de toutes les fluctuations politiques, remplit toujours et exactement les mêmes fonctions mécaniques sous
la main d'un roi constitutionnel ou d'un chef militaire, d'un
royaliste ou d'un républicain. — Le fait, c'est l'industrie.
Née, à vrai dire, de l'analyse scientifique du XVIIIe siècle,
l'industrie semble être arrivée à point nommé dans le
monde pour donner une base aux sociétés qui allaient
tout à l'heure n'en plus avoir. Les rêveurs et les politiques,
les poètes et les philosophes ont passé à côté du fait; ils

l'ont constaté sans compter beaucoup sur lui pour réparer les ruines, et ils ont continué à chercher et à rêver ; mais les grossières multitudes, qui ne se paient pas de spéculations métaphysiques, ont aperçu immédiatement tout ce qu'il pouvait rendre ; elles ont laissé les assemblées délibérantes se disputer sur des syllogismes constitutionnels, et se sont mises à filer du coton, à construire des chemins de fer, à élever des forges, à extraire de la houille. Elles ont trouvé dans l'industrie un but pour leur activité, une source de richesse, aussi l'ont-elles acceptée avec transport. D'année en année, le fait a grandi, et en moins d'un demi-siècle il a envahi la société tout entière, créé des classes jusqu'alors inconnues, engendré des fortunes qu'on rêvait naguère d'aller chercher dans l'Inde, et des misères qu'on n'avait jamais vues que dans les romans picaresques de l'Espagne. L'industrie a imposé des lois à la toute-puissante révolution française, dont elle a changé la direction, et qu'elle a détournée de son point de départ ; elle a fait sentir son despotisme à l'état, transformé toutes les idées en intérêts, et dit insolemment à tout ce qui vivait en dehors d'elle : « Le présent et l'avenir sont à moi, malgré tous vos efforts pour partager ma puissance ! » En vérité, les fondateurs de la société moderne, ce ne sont, comme on le dit, ni Rousseau, ni Voltaire, ni Mirabeau ; ce sont Richard Arkwright et James Watt, Volta et Lavoisier.

L'industrie ayant tout envahi, il s'agit de savoir si ses usurpations sont légitimes ; en d'autres termes, il est utile de rechercher ce qu'elle peut faire de nous par ce qu'elle en a déjà fait. Doit-on continuer à lui abandonner l'empire de la terre, ou doit-on chercher à le lui disputer ? Sa puissance doit-elle être partagée ? A-t-elle besoin d'un frein et d'un contrôle, et ne serait-il pas juste de lui faire signer une charte, de la forcer à accepter un gouvernement constitutionnel ? — Essayons de répondre rapidement à ces diverses questions.

L'âme humaine n'est pas aussi étroite que semblent le supposer les modernes docteurs des intérêts matériels, et il est impossible d'admettre que désormais les sociétés ne doivent plus être régies que par les besoins et les appétits. Il est également impossible de croire qu'un seul fait ou un seul principe suffise au gouvernement des sociétés. Un peuple qui en serait réduit à ne plus reconnaître qu'un certain ordre d'idées, et chez lequel il ne se passerait plus qu'un certain ordre de faits, mourrait bientôt de langueur et d'hébêtement. Un principe trop prédominant engendre des résultats monstrueux et transforme la vérité elle-même en mensonge à force d'exagérer un seul côté des choses. Le cas est bien plus grave encore lorsque ce n'est plus un principe moral, mais un fait matériel qui est prédominant. Alors le monde est en proie à une démagogie morale, bien plus désastreuse que l'anarchie des rues ou des assemblées. Rien n'est plus estimé à sa juste valeur. Ce qui est absolu est traité comme une chose relative, ce qui est principal devient secondaire. La hiérarchie morale est bouleversée, et il arrive un moment où le fait est tellement multiplié, où son usurpation sur la société est si complète, qu'il est impossible de le détrôner, et que le seul remède contre lui est la mort. Quand les sociétés ont été assez imprudentes pour laisser se perdre l'équilibre moral entre les divers principes qui représentent la vérité, elles en sont durement punies. L'Espagne est morte pour avoir trop cru à la puissance d'un seul principe, qui était cependant le plus important et le plus élevé de tous, — à savoir l'autorité souveraine des représentants de l'ordre spirituel. Et qu'est-ce qui a manqué à l'Italie, riche de tant de dons incontestables? Rien, si ce n'est un peu de discipline, c'est-à-dire le moyen de maintenir un équilibre sévère entre toutes les forces de l'esprit. Si ces nations ont été punies pour avoir été ou trop exclusives ou trop étourdies dans leurs rapports avec l'ordre moral, que sera-ce donc si nous commettons la même faute dans nos rapports avec le monde de la matière, et si nous laissons perdre l'équilibre qui doit régner entre la civilisation matérielle et la civilisation morale !

La décadence romaine présente un exemple éternellement mémorable du châtiment qui attend les peuples envahis et garrotés dans les liens de la civilisation matérielle. L'industrie et le luxe régnaient aussi dans la Rome impériale, et, libres de tout frein, au lieu d'être des instruments de progrès, ils n'étaient que des instruments de ruine. Avec la puissance du patriciat s'était évanoui tout ce qui donne à la richesse sa véritable valeur. Au lieu de rehausser l'homme et de briller autour de lui comme signe d'indépendance et de dignité, elle ne fut plus qu'un instrument de plaisir. Ainsi dégradée, comme elle l'est toujours en passant du rang de serviteur et d'humble esclave au rang de maître et de dominateur, la richesse produisit ces vices, escorte naturelle de ce qui est servile et sans noblesse, — la lâcheté, le mensonge, l'insolence et la corruption. N'étant plus la servante de la vertu, elle devait être la reine du crime : elle le devint. Délivrée de toute contrainte morale, elle se créa un monde à elle, — esclaves affranchis, courtisanes, bohémiens dorés et financiers imbéciles, — le monde de Tacite et de Suétone, les habitués du palais d'Agrippine et de Néron, les convives de Trimalcion. Cependant, au milieu de ces désordres, le vice, enfanté par cette absence de tout contrôle moral sur le monde matériel, conservait encore certaines élégances, certaines grandeurs, derniers et faibles reflets de la tradition aristocratique. Les grâces extérieures disparurent bientôt, et le monde de Martial remplaça celui de Pétrone. Alors la société romaine fut infestée de ces cohortes d'aventuriers subalternes que le poëte nous présente tour à tour dans les rues de Rome, sous les portiques, dans les bains, chez les courtisanes. Parasites, bouffons, amants gagés des filles venues d'Espagne ou d'Afrique, captateurs de testaments, s'abattirent sur la société romaine comme les noires légions d'insectes sur les cadavres en putréfaction. Cependant la civilisation matérielle ne s'arrêtait pas un seul moment. L'art de travailler l'ivoire et l'or acquérait chaque jour plus de perfection ; chaque jour quelque ingénieuse machine utile aux besoins de l'homme était inventée, et chaque jour aussi ces progrès de l'art matériel enfantaient une corruption nouvelle. Rien ne put sauver Rome de la décadence, ni les souvenirs du passé, ni les avertissements de ses sages, ni l'exemple des grandes vertus, ni les services des grands talents politiques et militaires, et c'est là qu'est le côté le plus attristant de cette affreuse histoire. Elle enseigne l'inutilité sociale de la vertu et du talent dans les époques régies par de mauvais principes. Longtemps Rome eut des républicains capables de verser leur sang pour la vieille cause ; elle eut jusqu'à la fin des empereurs grands politiques, depuis l'avare Vespasien jusqu'à l'apostat Julien. Elle ne cessa un seul jour d'avoir des sages. Depuis Germanicus jusqu'à Aétius, que de grands capitaines ne compta-t-elle pas encore ! Tous ces talents, toutes ces vertus ne servirent à rien, et la Rome impériale est jusqu'à nos jours le seul exemple d'un état social où tous les dons de l'intelligence et du caractère aient été inutiles. Fasse le ciel que l'Europe moderne ne soit pas le second !

Mais, dira-t-on, quel rapport y a-t-il entre nous et la Rome impériale ? Avons-nous donc ces vices gigantesques, et compte-t-on parmi nous ces personnages de Tacite et de Suétone, de Pétrone et de Martial ? Non, sans doute, et cependant, candide lecteur, sonde ton époque, recueille tes souvenirs, ouvre les yeux et les oreilles, lis et regarde, et puis dis-moi si tu n'as pas connu et Narcisse et Pallas, et Trimalcion et bien d'autres ! Ose, si tu es honnête, dire que tu ne les as pas connus !

Mais, dira-t-on encore, nous avons pour contrebalancer cette civilisation matérielle, des principes moraux ! — Oui, sans doute, seulement ces principes sont dans chacun de nous essentiellement individuels, et, ne servant en rien à nous rattacher les uns aux autres, ils ne peuvent contre-balancer le pouvoir de l'industrie, qui est au contraire un terrain commun à la société tout entière. Il n'y a pas aujourd'hui un seul principe général, reconnu, accepté sans discussion, *cru* en un mot, qui puisse faire équilibre à ce fait général. Le monde moral est réellement à l'état atomistique. Nous sommes environ quinze millions de Français mâles et majeurs qui représentons environ quinze millions de principes. Nous ne comptons ni les femmes ni les enfants, qui ont bien aussi les leurs, ainsi que l'expérience a pu l'apprendre à chacun. Nous sommes catholiques ultramontains ou gallicans, catholiques révolutionnaires, luthériens, calvinistes, israélites, chrétiens libres et n'appartenant à aucune église, rationalistes modérés croyant à la possibilité d'un compromis avec la foi, et rationalistes entêtés repoussant tout compromis, déistes, voltairiens, athées, panthéistes, légitimistes de toutes nuances, constitutionnels, républicains et socialistes de toutes les dénominations. Ajoutez, pour compléter ce pandémonium intellectuel, que la même confusion qui règne dans la société règne au dedans de chacun de nous. Non-seulement il serait fort difficile de trouver deux contemporains dont les principes pussent s'accorder ensemble, mais il serait fort difficile aussi de rencontrer un

individu qui soit en paix avec sa conscience, et soit parvenu à se mettre d'accord avec lui-même. Ce n'est point
un pareil désordre moral qui peut lutter avec avantage
contre un fait aussi puissant que l'industrie. J'aime à
croire que tous ces principes, tourbillonnant dans le vide
comme les atomes de Démocrite, finiront par s'accrocher
et par enfanter je ne sais quel principe général que tout
le monde pourra adopter, et qui servira de lien moral
entre les hommes. Pour le quart d'heure, bornons-nous à
constater que l'industrie est un fait universel, propre à la
société tout entière, tandis que nos principes moraux sont
essentiellement individuels, et ne peuvent établir par conséquent l'équilibre que nous demandons.

L'industrie, comme tous les faits, aurait donc besoin
d'être gouvernée, et c'est le contraire qui a lieu ; c'est le
phénomène qui régit l'homme. Cependant, en l'absence
d'un principe moral universellement accepté, il semble que
l'intelligence humaine aurait pu trouver des moyens de
contrôler, de gouverner, d'organiser en un mot cette
puissance nouvelle, de lui assigner ses justes limites, de
lui tracer ses droits. Rien de semblable n'est arrivé. Les
représentants de la force morale, le clergé des diverses
religions, les hommes d'état, les philosophes, ont vu un
phénomène nouveau naître et grandir, et ils ne s'en sont
point inquiétés : ils ont continué à gouverner selon les
vieilles règles de la politique et à penser selon les vieilles
méthodes. Machiavel et Richelieu ont continué à faire
autorité dans les affaires de l'état. Pourtant les avertissements n'ont pas manqué. Dès le milieu du XVIII° siècle,
l'intelligence pénétrante de David Hume prévoyait les
révolutions immenses que l'industrie allait provoquer dans
le monde. « Il est absurde, disait-il, de supposer que
toute la science politique se trouve dans Aristote ou Machiavel, car il peut arriver tel phénomène qui bouleverse
les relations des citoyens entre eux, et finisse par changer
la nature même de l'État. Ainsi on ne sait pas encore
quels résultats le commerce peut amener. Dans de telles
circonstances, la science politique est elle-même obligée
de se transformer et de trouver de nouveaux moyens de
gouvernement. » Le plus mémorable de ces avertissements est celui qui fut donné sous la Restauration, à l'é-
poque où l'industrie tendait à devenir ce qu'elle est

devenue depuis, la seule loi de la société, par Henri Saint-Simon. Le critique Hoffmann fit un très-spirituel article à propos de ce ministère que l'excentrique rêveur voulait composer de chimistes, de mécaniciens et de physiologistes, mais l'article de Hoffmann avait le défaut de tout ce qui est simplement spirituel, celui de voir le côté ridicule des choses sans en voir le côté durable. Le monde politique et par suite la société tout entière pensèrent comme le critique, et les folies de l'école qui sortit de Saint-Simon semblèrent donner raison à ces dédains. Certes Saint-Simon lui-même n'avait pas l'esprit parfaitement assis, mais quel malheur qu'il ne se soit pas trouvé un homme sage pour comprendre ce fou! Si ses idées étaient absurdes, comme moyens de réforme sociale, elles étaient au moins un symptôme, un avertissement, et pouvaient êtres acceptées comme telles. Une des erreurs qui ont fait commettre le plus de bévues dans le monde, c'est de supposer qu'un fou se trompe nécessairement, et que la sagesse se trouve naturellement chez le sage. Il y a longtemps que le livre saint a déclaré que l'esprit soufflait où il voulait, et qu'il choisissait pour organe qui lui plaisait.

Tout a donc contribué à favoriser les empiétements de l'industrie : la nécessité d'un but nouveau pour l'activité humaine, la destruction radicale du passé par la révolution française, l'absence d'un principe moral généralement accepté et faisant loi, l'incurie, l'insouciance ou la routine des hommes politiques. Grâce à toutes ces causes réunies, l'industrie a grandi à la manière des bananiers de l'Inde, et pris possession de tout le terrain qu'on lui abandonnait. Maintenant cette domination omnipotente est-elle un bien? est-elle un mal? Je connais l'objection qu'on peut m'adresser. Vous déplorez que l'industrie, qui n'est qu'un fait, soit la base de la société actuelle ; mais l'ancienne société n'avait-elle pas son origine dans un fait bien autrement brutal que l'industrie? N'était-elle pas sortie de la conquête, et toutes ses gloires, tous ses arts doivent-ils nous faire oublier cette origine injuste? Oui, l'ancienne société avait son origine dans la conquête, mais ce fait brutal fut combattu et vaincu autant qu'il pouvait l'être par les principes moraux qui régnaient alors dans le monde. Au-dessus de lui, le christianisme établit sa domination et restreignit les droits que les vainqueurs auraient pu s'arroger sur les populations. Il se chargea de surveiller les conséquences de la conquête et d'empêcher qu'elle ne dégénérât en tyrannie. De la conquête elle-même sortit une aristocratie qui étendit sur les populations une protection barbare et grossière, mais préférable à l'absence de toute protection. Des obligations réciproques enchaînèrent le seigneur au vassal; l'obéissance donna au vassal certains droits, et le pouvoir imposa au seigneur certains devoirs. L'un et l'autre reconnaissaient un même principe moral, l'un et l'autre étaient unis par les liens de la religion. Au-dessus d'eux, la royauté exerçait sa surveillance, souvent combattue ou éludée, mais toujours active. Le moyen âge ne fut certainement pas un âge d'or; malgré ses mœurs brutales, ses violences, son ignorance, ses superstitions, il n'en présente pas moins une image grossière sans doute, mais vraie et ressemblante, de ce que doit être une société. Aucun des éléments qui sont nécessaires à l'existence d'une société n'y manquait, et de siècle en siècle cette société se transforma et devint plus parfaite, jusqu'à ce qu'enfin elle subit la loi imposée à tout ce qui est de la terre. Nous avons le droit de nous vanter de notre humanité, de notre justice, de nos inventions, mais nous pouvons reconnaître sans honte que nous ne vivons pas dans un état social aussi complet que celui dans lequel vivaient nos pères, que nous ne sommes pas reliés les uns aux autres par des liens aussi forts, que si nous avons moins de violence, nous avons plus d'égoïsme, que nous sommes plus isolés les uns des autres qu'ils ne l'étaient, et que la prétendue fusion des classes a bien pu produire le rapprochement des espèces, mais qu'en revanche elle a créé l'isolement des individus. Nous parlons beaucoup trop de notre civilisation et de notre progrès social. Ce sont les détails qui sont plus parfaits qu'autrefois : quant à la société, elle manque d'*ensemble*. Ainsi nous avons une police mieux faite qu'autrefois, l'administrtion fonctionne mieux, l'armée est mieux organisée; mais les relations de l'homme avec l'homme, qui sont la grande affaire des sociétés, sont-elles meilleures ? Non certes, car elles n'existent pas.

L'industrie est-elle capable de créer ces relations ? Il

faut l'espérer puisqu'elle est après tout l'unique chose vivante et qui semble n'être pas frappée de stérilité. Jusqu'à présent elle n'y a pas réussi. Elle a élevé des manufactures et des usines, mais elle n'en a pas rapproché les habitants; au contraire, elle n'a fait que les séparer davantage et semer entre eux la discorde et la haine. C'est là un phénomène effrayant, et qu'on ne doit pas se lasser de faire apercevoir. Le travail de l'industrie rassemble dans un même lieu des multitudes innombrables sous le commandement supérieur d'un chef. Ces multitudes sont à la fois libres et dépendantes, c'est-à-dire placées dans la situation la plus fausse où l'homme puisse tomber. Elles ont un maître et n'en ont pas. Aucune relation morale n'unit en réalité le chef de la manufacture à ses ouvriers. Il n'exerce et n'a le droit d'exercer sur eux aucune surveillance. Il ne leur demande d'autre obéissance qu'une obéissance mécanique. Maîtres et serviteurs se voient rarement, ne se fréquentent guère, ne se rencontrent pas aux mêmes lieux, et, bien que réunis dans un même espace, ils vivent à peu près isolés. Ont-ils le même Dieu? croient-ils aux mêmes principes? De cette question jamais les uns ni les autres ne se sont souciés. La seule relation qu'ils aient entre eux est celle de l'argent. Tous les samedis, le payement du salaire établit entre eux un rapport momentané, et encore la plupart du temps la caisse du maître remplace-t-elle sa personne. Ainsi isolés, ils vivent dans le mépris et dans la haine. Supposez un instant que l'industrie moderne eût existé dans ce moyen âge trop vanté et trop calomnié, les rapports du maître et de l'ouvrier eussent été fort différents. Il y aurait eu un chapelain de la manufacture comme il y avait un chapelain du château. Maîtres et serviteurs se seraient agenouillés au pied des mêmes autels, auraient écouté les paroles, également applicables aux uns et aux autres, des ministres de Dieu, auraient eu les mêmes croyances. Sous cette influence morale, une hiérarchie du travail (cette chose si désirable) se fût organisée, des droits et des devoirs mutuels seraient nés. En retour de l'obéissance et du travail de son serviteur, le maître aurait étendu sur lui sa protection. Si l'industrie doit réellement établir des relations nouvelles entre les hommes, ce n'est encore que par cette méthode qu'elle y parviendra; mais l'emploi de cette méthode exige une croyance, et voilà que nous retombons dans cette éternelle et embarrassante question : — où trouver un principe moral qui puisse être le *credo* du plus grand nombre?

Cependant un grand pas serait fait, si les manufacturiers, ces rois de la société moderne, voulaient bien être moins modestes et prendre plus d'orgueil, s'ils voulaient bien ne pas se persuader qu'ils ne sont que des entrepreneurs d'affaires, et se représenter exactement le rôle historique qu'ils remplissent dans le monde. Les grands industriels sont des personnages beaucoup plus importants qu'ils ne le croient : ils sont les barons féodaux de notre époque. Nous cherchions tout à l'heure un principe moral capable de diriger, de gouverner, de moraliser l'industrie, et nous ne le trouvions pas : il en est un pourtant, c'est le travail. Tout homme est soumis à l'obligation du travail, et personne n'a le droit de s'y soustraire. C'est donc un devoir pour chacun de nous d'accomplir cette obligation. Comme tous les devoirs possibles, le travail doit entraîner certains droits, s'accomplir dans certaines conditions, et par son accomplissement créer une responsabilité nouvelle et de nouveaux moyens d'action. L'idée du travail est en ce moment la seule qui puisse réunir les hommes, et, chose singulière, cette idée n'est jamais sortie des domaines de l'abstraction, elle n'a pas encore pris dans les faits la place qui lui est due. On n'a vu dans le travail qu'un moyen et non pas un principe, une manière de faire fortune et non pas l'accomplissement d'un devoir. Le travail, cette idée essentiellement sociale, n'a été qu'une affaire d'égoïsme et d'ambition, tandis qu'elle est au contraire un principe de dévouement et de bienfaisance. Cette idée du travail aurait besoin d'être dégagée de la confusion dans laquelle elle est ensevelie, et montrée sous son véritable jour. Lorsqu'on acceptera le travail comme un principe et comme un but et qu'on ne verra plus dans l'industrie qu'un moyen de réaliser ce principe et d'atteindre ce but, alors les choses changeront de face : l'industrie aura pris une âme, elle cessera d'être cette *manufacture de jouissances* qu'elle est aujourd'hui. Elle perdra son aspect dur, égoïste, impitoyable, et, soumise à l'action d'une idée morale et humaine, elle deviendra morale et humaine. Les industriels cesseront de se regarder comme des entrepreneurs, et deviendront ce qu'ils sont déjà sans le vouloir et sans le savoir, les représentants de leur époque. Cette puissance anonyme, sans responsabilité, de l'industrie actuelle disparaîtra. Jusque-là, l'industrie, il faut y compter, sera parfaitement incapable d'établir des mœurs nouvelles, et se bornera à créer ce qui est propre aux machines, des étoffes, du fer travaillé, des matières premières préparées ; mais les droits et les devoirs qu'elle doit engendrer ne naîtront que lorsque l'idée du travail sera devenue un fait, et plus qu'un fait, une croyance, un *credo*, une foi.

L'industrie, avons-nous dit, aurait besoin d'être moralisée et limitée : moralisée, nous venons de voir comment elle pourrait l'être ; elle le serait, si ses représentants avaient la conviction qu'ils représentent une idée morale, celle du travail, et non plus seulement des intérêts matériels. Tant que cette conviction n'existera pas, l'industrie sera brutale, sinon dangereuse. La raison, en effet, répugne à penser que ce phénomène n'existe que pour la satisfaction des intérêts privés. De là les réclamations, les colères, les luttes à main armée dont nous avons été témoins. Cette peste qui a parcouru le monde il y a quelques années et qui la parcourt encore sourdement, qui a fait explosion en 1848 et qu'on affecte d'oublier aujourd'hui, cette peste morale qu'on nommait le *socialisme* n'avait pas d'autres causes que celles que nous venons d'indiquer. L'industrie était apparue aux yeux des multitudes comme un fait qui servait un petit nombre de privilégiés au détriment du plus grand nombre, comme un fait qui n'avait d'autre raison d'être que l'acquisition de la richesse pour quelques-uns. Faisons donc, pendant qu'il en est temps, tous nos efforts pour empêcher d'aussi funestes événements de se renouveler.

Limiter la puissance de l'industrie est une tâche à la fois plus difficile et moins difficile que de la moraliser. Les événements se sont chargés déjà de démontrer le danger qu'il y avait à laisser prendre à un seul fait une trop grande extension. Il y a deux ans à peine, on pouvait croire que l'industrie était la loi unique des sociétés, et qu'il n'y avait place à côté d'elle pour aucun autre fait, mais la vie a des manifestations multiples, elle ne se laisse pas étouffer ainsi. Les instincts de l'homme sont divers, ils de-

mandent tous leurs satisfactions, et la société ne peut vivre
en vertu d'un seul principe. On avait déclaré au nom de
l'industrie que la paix devait désormais être éternelle, et
on avait oublié que la guerre est aussi nécessaire que la
paix au maintien de la société. Parce que le principe du
free trade était proclamé de toutes parts, on commençait
à perdre l'idée de nationalité et de patrie, et l'on oubliait
que l'idée de patrie est pour le moins aussi importante
que le commerce. Une sorte de cosmopolitisme vague,
né de cette préoccupation exclusive des intérêts matériels,
absorbait à peu près toutes les âmes. La pensée que nous
pouvions avoir à défendre quelque chose de plus sacré
que des balles de coton et des tissus de soie n'entrait dans
l'esprit que d'un petit nombre. Cependant la guerre est
venue, et la première question que tout le monde s'est
posée a été celle-ci : — l'industrie permettra-t-elle que
nous fassions la guerre? Puis les craintes serviles sont
venues demander à leur tour s'il valait la peine de sacrifier les intérêts et les profits du commerce pour préserver
la Turquie et arrêter l'ambition russe. Toutes les tentatives de conciliation ont été faites précisément en vue de
favoriser ces intérêts ; la guerre n'en a pas moins éclaté.
Certes la lutte était légitime et nécessaire, ne fût-ce que
pour permettre aux machines anglaises et françaises de
travailler dans l'avenir sous d'autres propriétaires qu'un
fabricant moscovite assisté de contre-maîtres cosaques.
Et pourtant supposez que la situation des trente dernières
années eût continué quelque temps encore, que la crainte,
la pusillanimité, l'amour du repos et des jouissances matérielles, que toutes ces passions sans courage que la
guerre a effarouchées eussent pris encore plus de force :
que serait-il arrivé? Il est très-permis de supposer que
l'Europe eût fléchi le genou et demandé grâce pour ses
richesses. La guerre est venue très à propos pour faire
cesser cette situation, qui, continuée plus longtemps,
fût devenue désastreuse, pour démontrer que les sociétés
vivent d'autre chose que d'intérêts matériels, que la richesse n'est qu'une des forces de la civilisation, et n'est
pas la plus importante. La guerre aura pour résultat de
restreindre la puissance que l'industrie avait usurpée, de
limiter la place qu'elle occupait dans la société et de lui
assigner de plus justes bornes. Dieu et le tsar en soient

6.

loués ! Le puissant empereur de toutes les Russies ne se doute peut-être pas de l'œuvre qu'il accomplit. Il a bien raison de se déclarer le représentant de la Providence (1).

Toutefois la puissance de l'industrie ne doit pas seulement être limitée, elle doit encore être partagée. Les idées morales doivent reconquérir tout le terrain qu'elles ont perdu depuis trente ans. Cette honteuse idolâtrie de la matière devra se modérer et se transformer en une juste estime. Si l'on me demande quelles idées morales peuvent encore entrer en partage de domination avec l'industrie, je répondrai que dans l'état où nous sommes plongés, le dévouement à telle ou telle idée nous semblera toujours un grand bienfait, que l'important est d'en aimer une et d'en avoir une pour drapeau, et que le choix entre elles est d'un intérêt secondaire. Oui, nous en sommes arrivés à ce point que le dévouement à n'importe quelle idée morale serait un inestimable bienfait.

Il serait bien temps que l'homme eût d'autres préoccupations que des préoccupations matérielles. Nous avons atteint à la limite extrême que cette fièvre des intérêts ne peut dépasser sans danger pour la vie morale. Rien n'est encore perdu, rien n'est irréparable ; mais un accès de plus, et la santé de nos âmes sera fort compromise. Les choses de l'esprit, objet pour les dernières générations d'un culte tout mondain qui les avait dégradées en les faisant servir à la satisfaction de l'ambition et surtout de la vanité, ont été durement punies de cette idolâtrie de nos devanciers. Avilies, méprisées, conspuées, il n'est aucune grossière jouissance qu'on ne leur préfère et aucun misérable intérêt qu'on ne fasse passer avant elles. Elles ne sont plus capables d'inspirer le moindre dévouement. Personne ne consentirait à rester pauvre pour elles, à sacrifier pour elles la fortune, le bonheur, la vie même, comme le faisaient jadis joyeusement tant d'hommes, dont tous n'étaient point illustres et dont beaucoup sont restés obscurs et ignorés. Je ne doute pas que s'il y avait parmi nous une grande âme, elle ne consentît encore, malgré

(1) Hélas la guerre a fini prématurément et la funeste tendance a repris son cours invincible.

son temps, à fouler aux pieds tous les intérêts mondains ; mais ce qui est malheureusement trop probable, elle ne trouverait plus parmi nous comme autrefois des défenseurs prêts à prendre sa cause en main et des disciples prêts à partager sa mauvaise fortune. Nous manquons de grands hommes, cela est vrai, et peut-être cela est-il un bonheur : au moins nous n'avons pas l'occasion de montrer jusqu'à quel point nous sommes devenus tièdes et sceptiques. Si nous avions des grands hommes, peut-être seraient-ils non-seulement combattus, mais, ce qui est plus terrible, abandonnés ; nous les laisserions se morfondre dans l'isolement. Les forces d'énergie qui seraient en eux ne trouveraient pas leur emploi, et ils sortiraient de ce monde sans avoir trouvé l'occasion de laisser trace de leur passage sur la terre. Autrefois ces âmes dévouées qui étaient capables de mourir, s'il le fallait, pour une grande idée et pour son représentant, se nommaient légion ; la noblesse d'âme n'était pas une exception, elle était le partage de milliers d'hommes. On dit cependant que, grâce au progrès des lumières et de la richesse, le niveau de la moralité s'est élevé ; j'en doute. Nous sommes mieux nourris, mieux vêtus, c'est possible, et partant nous avons une plus *respectable* apparence ; mais l'âme s'est-elle fortifiée ?

Si nous passons des grandes choses aux petites, et des grandes maladies morales aux détails de mœurs, nous verrons que ces prétendus progrès eux-mêmes sont loin d'être des bienfaits. L'industrie a créé des étoffes à très-bon marché, cela est certain ; elle a permis ainsi à tous les hommes de porter à peu près les mêmes habits, et de présenter à peu près la même plate, uniforme et ennuyeuse surface. En revanche la vanité a pris des proportions colossales. Les économistes ont grand tort, dans leurs appréciations de notre état social, de ne pas tenir compte des différents résultats moraux qu'engendrent telles ou telles inventions matérielles. Ainsi pourquoi la vanité, par exemple, ne figure-t-elle jamais comme ombre au tableau qu'ils nous présentent de la société actuelle ? L'industrie, nous disent-ils, répand le bien-être dans toutes les classes de la population ; oui, mais, si par suite elle répand aussi la vanité, qu'arrivera-t-il ! Le bienfait ne sera qu'apparent ; par conséquent, à prendre les choses au mieux, les avantages compenseront les désavantages, et la société restera, comme devant, dans le plus parfait *statu quo*. Il n'est pas possible toutefois de s'arrêter à ce demi-optimisme. Un vice général a chez une nation des conséquences qui influent sur son bien-être d'une manière bien plus puissante que les inventions de l'industrie et les raisonnements des économistes On ne remarque pas l'action qu'exercent sur l'homme deux faits moraux très-considérables : d'abord l'instinct d'imitation, et puis la logique singulière qui nous conduit à notre insu de l'apparence à la réalité. Si je suis vêtu comme mon semblable, pourquoi ne vivrais-je pas comme lui? Pauvre, l'industrie parvient à me donner à bon marché certains objets qui jadis n'étaient accessibles qu'au riche : vêtements, meubles, objets de luxe même. Elle me donne l'apparence de l'aisance : fatal présent! que ne m'en donnait-elle aussi bien la réalité? Ces facilités qu'elle m'offre éveillent en moi des goûts que je n'avais pas, elles développent ces deux vices honteux, — l'envie et la vanité. Mais l'envie est pour le cœur un triste aliment. Pour se contenter d'envier, il faut vivre dans une condition bien basse, bien désespérée. La vanité a plus de ressources : elle sait tout transformer; elle apprend à celui qui vit d'un modeste salaire à se donner l'apparence de l'aisance, à celui qui vit dans l'aisance à se donner l'apparence du luxe, et, n'épargnant pas même le riche, elle les pousse à s'entourer du luxe des rois. Ainsi, parcourant tous les degrés de l'échelle sociale, elle crée de merveilleux trompe-l'œil, bâtit des fortunes sur des hypothèses, établit la vie sur des apparences, enfante des existences chimériques. Quelle est la fortune réelle de tel personnage qui éclabousse Paris de ses équipages? On la suppose ; on ne la connaît pas. Quelle est la condition réelle de ce jeune homme élégant, et comment fait-il face à ses dépenses? Et, — problème plus intéressant, — comment cet honnête boutiquier, dont les recettes peuvent être exactement évaluées, trouve-t-il le moyen de mener même le modeste train de vie qu'il mène ? C'est un mystère, mais le diable le connaît certainement.

Ainsi ce prétendu bien-être n'est qu'un leurre et un mirage. La misère pèse dans notre société sur des classes beaucoup moins nombreuses qu'autrefois; mais en revanche la gêne s'est étendue à toutes les classes. La société moderne tout entière vit au jour le jour, et dans une condition singulièrement précaire ; elle ne se soutient qu'à force d'inventions de tout genre, de crédits, de subtilités ; elle amortit ses comptes, mais elle ne les éteint jamais. La vie est plus difficile dans cette société que dans aucune autre, car, en vertu de préjugés nouveaux et plus odieux que ne le furent les anciennes superstitions, la pauvreté y est généralement regardée comme une condition honteuse. Chacun s'efforce donc d'être riche ou de le paraître ; le crédit, la confiance, l'honneur même sont à ce prix. On voit alors comment les expédients les moins avouables sont nécessaires, comment le mensonge social et le charlatanisme ont pu prendre l'extension qu'ils ont aujourd'hui. Ces délits s'implantent sur ce sol moral labouré par la vanité ; le dédain de la médiocrité et la soif des jouissances deviennent sa moisson naturelle. Le châtiment inévitable arrive ; on voudrait détruire ces abus, et on ne le peut plus: ils sont devenus une des conditions d'existence de la société.

Voilà donc quelques-uns des résultats que nous devons à l'idolâtrie de la matière travaillée. Partout la vanité, et par suite partout la gêne, un goût égal des jouissances chez tous les individus, et par suite la nécessité des expédients propres à satisfaire ces goûts.

La grande innovation de l'industrie sous le rapport de l'art, c'est le luxe moderne, qui arrache des cris d'admiration à tous les badauds, et qui est bien une des inventions les plus pitoyables qu'on puisse imaginer. Ce luxe n'a rien d'humain : il ne sert pas à entourer l'homme et à lui servir de cadre, il a perdu tout caractère noble. Nos demeures modernes n'ont aucune grande apparence, et ne révèlent aucun goût, ni aucun art. Toute leur richesse consiste dans leur ameublement et leur décoration intérieure. Là l'homme vit enfoui au milieu d'un entassement de draperies, de rideaux, de tapis et de lustres, sous lesquels il disparaît. L'or reluit sur toutes les murailles, et les étoffes précieuses servent aux plus vulgaires usages. Il y a là une profusion de richesses, une prodigalité insolente qui enlèvent à notre luxe tout caractère de beauté. Ce luxe, qui manque de grandeur sévère et de noblesse, nous a toujours paru marqué d'une empreinte repoussante et vulgaire, ces meubles ont je ne sais quel cachet impur, ces dorures sentent la promiscuité, ces draperies rappellent le théâtre, toutes ces richesses bien réelles miroitent comme du clinquant. On se demande involontairement quel est l'hôte de tel logis qui semble ne convenir qu'à une courtisane ou à quelque sensuel nabab de l'Orient, et l'on est souvent fort surpris d'apprendre que cet hôte est un honnête bourgeois, riche et rangé, d'une vie honorable et même assez simple, qui a eu la singulière idée de se former un intérieur qu'on pourrait prendre pour le foyer d'un théâtre et les appartements d'une fille entretenue. Ce luxe d'un goût équivoque et d'un raffinement *grossier* est cependant tout ce que l'industrie a produit de plus remarquable sous le rapport artistique. On a dit bien souvent que l'industrie tuait l'art, il serait plus juste de dire qu'elle l'avilit. De plus en plus elle le réduit à la décoration et à l'ornementation. Les meubles, les bronzes, les statuettes, les étoffes, voilà nos arts plastiques, notre sculpture et notre peinture. S'il est vrai que les arts reflètent exactement la vie de la société, nous pouvons prendre de nous-mêmes une assez triste opinion. Avoir pour Raphaëls des décorateurs de corniches, pour Michel-Anges des dessinateurs sur étoffes, et pour régulateurs suprêmes du goût des tapissiers, quelle destinée ! Il est juste de dire aussi que l'industrie a fait faire aux arts de nouveaux progrès, qui consistent à remplacer le génie de l'homme par l'action d'une force physique : le daguerréotype nous dispense d'avoir des Titiens, la photographie d'avoir des Marc-Antoines. Les partisans effrénés du progrès moderne se pâment d'admiration devant les œuvres de ce peintre merveilleux, le soleil. Plus de réserve siérait mieux. Ces inventions nous inspirent un enthousiasme très-modéré, comme tout ce qui est mécanique et n'a rien de moral et d'humain.

Voilà quelques-uns des vices que l'industrie non réglée a produits dans le présent ; quel avenir nous réserve-t-elle ? Hélas ! à observer certains signes, cet avenir est peut-être plus triste que le passé. Les générations qui nous ont précédés avaient encore quelques-unes des qualités qui font pardonner bien des erreurs et des vices ; mais les générations qui grandissent chaque jour et celles même qui entrent à peine dans la vie nous promettent de racheter

amplement la mollesse et la lâcheté de leurs pères, qui
n'ont pas eu le courage d'être hardiment dépourvus de
tout sentiment moral et de toute sollicitude pour des intérêts qui ne sont pas ceux de la matière. Ces enfants font
frémir. Ne cherchez en eux rien de jeune, aucune de ces
illusions élevées, aucune de ces insouciances charmantes
qui caractérisent la jeunesse. L'âge de la chevalerie, qui
était passé depuis longtemps, ressuscitait en quelque sorte
chaque année avec l'éclosion des générations qui entraient
dans la vie ; mais aujourd'hui les réalités prosaïques ont
remplacé pour le jeune homme toutes les illusions dont il
se nourrissait autrefois. Ardents, rapaces, impitoyables
comme des usuriers bronzés par le métier, sans tendresse
comme de vieux soldats qui ont vu trop de douleurs et de
massacres pour être aisément émus, ils mettent dans la
poursuite de la richesse la même âpreté qu'ils mettaient
jadis dans la poursuite du plaisir. Ils n'ont pas de passions, pas d'amour ; leur cœur est vide, et leur sang
même est froid. Tremblez lorsque vous serrez leur main,
car ils sont redoutables comme s'ils avaient beaucoup
vécu. Il semble que leurs pères leur aient légué avec leur
sang toutes les expériences, toutes les désillusions, tous
les scepticismes accumulés de cinq ou six générations.
Ils n'ont foi qu'en une seule chose, l'argent ; ils n'ont
d'autre dieu que la richesse et ne reconnaissent pas d'autre puissance. Souples, adroits, rusés, ils déploient, afin
de faire fortune, de faire leur chemin, une activité, une
énergie, une assiduité, comme jamais moine n'en mit à
repousser les piéges du démon et à déraciner de son cœur
les instincts du vieil homme. Rien ne les trouble, rien
ne les détourne de leur but ; ce qu'ils ne comprennent
pas, ils l'abandonnent : la curiosité ne figure pas au long
catalogue de leurs défauts. Ils voient passer sans s'émouvoir les révolutions et les événements politiques : cela ne
les regarde pas. Ils n'ont pas les vices de leurs qualités
et ils n'ont pas les qualités de leurs vices ; ils savent
s'abstenir, et ils n'aiment pas l'abstinence ; ils sont actifs,
et ils n'aiment pas le travail ; dissolus, et ils n'ont pas le
sens du plaisir. Tel est le portrait malheureusement très-
fidèle, nullement exagéré, des générations qui s'élèvent.
Elles nous promettent une société faite à leur image, et
dans laquelle elles seules pourront vivre, une société

dure, impitoyable, égoïste, où il n'y aura plus vestige de dévouement, et où pourra se réaliser à la lettre l'axiôme de Thomas Hobbes, que la guerre est l'état de nature et que l'homme est naturellement l'ennemi de l'homme. Ces nouvelles générations qui comptent sans doute, malgré tout, bien des nobles cœurs,—il faut l'espérer pour le salut du monde, — sont le dernier et le plus remarquable produit de l'industrie. L'industrie fait la société à son image, elle fabrique des âmes cruelles comme ses machines et des cœurs secs comme ses produits.

Nous n'avons pas l'intention d'en médire, mais c'est précisément parce que nous savons le rôle important que l'industrie est appelée à jouer dans la société moderne que nous voudrions la voir soumise à une influence morale. Le sort des classes moyennes est en grande partie attaché à ses destinées. Si l'industrie, revenant de ses erreurs, entre dans des voies meilleures, le triomphe des classes moyennes est assuré ; si elle fait fausse route, les classes moyennes, et par conséquent la société tout entière, sombreront et périront, car l'industrie n'est un grand fait que parce qu'elle est un des moyens de réalisation de l'une des idées principales de la Révolution française. Quels sont les vrais principes de la Révolution? Est-ce la devise: liberté, égalité, fraternité ? Non, cette formule trop métaphysique implique plutôt des désirs et des tendances lointaines. Cette formule renferme les vœux de la Révolution plutôt que ses principes. Si l'on dégage l'œuvre de la Révolution de ses désirs chimériques, de ses rêves, de ses réminiscences antiques, de ses théories matérialistes, on trouve qu'elle se réduit à deux points principaux : à savoir la substitution de l'idée du travail à l'idée du privilége, et la substitution de l'idée de fonction à l'idée de naissance. Les titres nobiliaires n'entraîneront plus le commandement, et ne donneront plus à l'homme de droits sur l'homme. Le privilége ne donnera plus à l'homme de droits sur le sol ou la richesse générale. Le commandement ne sera plus qu'une fonction comme l'obéissance, et la richesse ne sera plus que le résultat du travail. Une hiérarchie nouvelle, — dans laquelle, du premier au dernier degré de l'échelle, chacun n'exercera plus que des fonctions qui lui seront déléguées, au nom de l'universalité des citoyens, par la

personne abstraite de l'état, — étendra son réseau sur
toute la société. Tel était le plan idéal de la Révolution
française et le véritable sens de ses réformes. Qui ne voit
que la réalisation de ce plan demande des vertus hors
ligne, un travail acharné sans espoir de grande récompense, puisque dans cette nouvelle hiérarchie le travail
ne confère qu'un grade personnel et non pas un titre, —
un grand dévouement à la société, une singulière mo-
destie, car des fonctions qui n'entraînent aucun rang
supérieur ne sont pas faites pour tenter ? La gloire, la
vanité, l'orgueil, ne pouvaient trouver leur compte à un
tel plan. Ce que la société demandait primitivement à ses
gouvernants était au contraire un héroïsme obscur, une
intégrité toute bourgeoise, une assiduité de commis, un
bon sens d'homme d'affaires. Pour réaliser ce plan d'une
société fondée sur l'idée du travail et l'idée de fonction,
deux moyens se présentaient : l'administration et l'industrie. Soumise au contrôle immédiat de l'Etat, l'administration est restée plus ou moins fidèle au programme de
la Révolution ; mais l'industrie, qui échappe à ce contrôle,
a perdu bientôt de vue l'idée qu'elle devait réaliser : l'idée
morale du travail n'a pas été son principe et son but, elle
n'a eu en vue que la spéculation et la richessse, la jouissance et le luxe.

Que les classes moyennes y songent cependant : l'idéal
de la société qu'elles ont fondée, beaucoup plus moral
en principe que celui de la vieille société, leur impose
bien plus de vertus et une bien plus grande responsabilité. En vérité, cet idéal exige tant de dévouement que,
s'il était réalisé, la fortune devrait être considérée comme
un dépôt dont chacun est responsable, et comme un budget
particulier dont chacun doit compte à la société tout entière. Cette manière d'envisager la question n'est sans
doute pas favorable aux instincts rapaces, au désir effréné
de la richesse qui nous tourmente, mais elle est conforme
aux principes de la Révolution, et si on ne l'admet pas, il
est impossible de se recommander de ces principes. Nous
devons tous nous considérer comme des fonctionnaires
sur lesquels la société entière a des droits, quelque état
que nous exercions, soit que nous relevions de l'Etat, ou
que nous exercions une profession libre. Le travail, et
non la richesse, est donc notre but principal et ce que la

société attend de nous tous, ce sont des services rendus et non pas des désirs personnels satisfaits. L'industrie n'est qu'un des moyens de réaliser cet idéal social, et elle ne peut être autre chose sans être un instrument d'anarchie. Elle doit donc être plus modeste qu'elle ne l'est et se faire servante au lieu de se croire reine. Quant à devenir le but suprême de l'homme sur la terre, jamais : le but de l'humanité n'est pas la richesse, mais la réalisation temporelle des idées morales que nous portons en nous, car le royaume de l'idéal et de la religion doit être de ce monde et doit s'y fonder dans la suite des siècles, ou sinon l'histoire est une fable qui n'a pas de sens, et j'accorderai alors bien volontiers que le luxe et la richesse sont le but de la société. Toutefois, jusqu'à ce que cette proposition soit prouvée, nous persistons à demander que la puissance de l'industrie soit limitée, qu'elle soit considérée comme un moyen et non comme un but, que ses représentants prennent la conviction qu'ils sont les représentants d'une idée morale et non d'un fait matériel, et que l'esprit public exerce sur cette puissance un contrôle assez énergique pour l'empêcher de prendre une expansion fatale. Les classes moyennes, dont elle est un des moyen d'action, ne sauveront la société moderne qu'à ces conditions, car l'humanité ne veut pas mourir et ne consentirait pas, en faveur de l'industrie et de ses machines, à tomber dans la décrépitude et l'esclavage moral. L'esprit qui mène le monde n'a point de ces lâchetés et sait refouler dans leurs limites les faits qui prennent une expansion trop monstrueuse, ou qui acquièrent une influence trop fatale.

DE

L'INDIVIDUALITÉ HUMAINE

DANS LA SOCIÉTÉ MODERNE

—

Jamais l'individualité humaine n'a été aussi faible qu'aujourd'hui, et jamais elle n'a été entourée de plus de périls. Les uns la redoutent comme une puissance envahissante, intraitable et contraire à la démocratie ; les autres la condamnent en la rendant responsable des excès de la licence. La société s'en effarouche comme de l'imprévu et du hasard ; le peuple innombrable de la bureaucratie moderne, habitué à la monotone régularité de ses mécanismes, rit d'elle comme d'une puissance excentrique, aventureuse, incompatible avec le gouvernement des hommes.

Qu'est-ce cependant que cette puissance tant redoutée, et qu'on refoule autant qu'on le peut? C'est la civilisation elle-même. L'individu n'est pas une des puissances sociales, il est l'unique. Puisqu'il est incriminé de toutes parts, puisqu'on semble préférer à son action libre l'action d'agents mécaniques, et qu'on cherche à lui faire une mauvaise renommée, je suis tenté de décrire pour ainsi dire sa constitution morale et de retracer quelques-unes des péripéties de son histoire. On ne trouve pas à la société d'autre cause, à la civilisation d'autre fin que l'individu. On possède ainsi un *criterium* infaillible pour juger du degré d'excellence des gouvernements : ils sont plus ou moins bons, selon qu'ils se rapprochent ou s'éloignent de l'individu, et surtout selon qu'ils facilitent ou entravent son développement. Tout gouvernement fondé en dehors de l'individu est donc contraire à la civilisation. Plusieurs fois cette expérience a été tentée par suite de circonstances où la liberté semblait offrir les plus grands dangers, et toujours cette tentative a eu le même résultat, à savoir l'immoralité et la décadence. Deux de ces tentatives surtout sont mémorables : dans la première, l'âme humaine a failli périr; la seconde, qui dure depuis trois siècles, après avoir maintes fois fait dévier la société, n'a pu encore réussir qu'à moitié, et ce qui prouve bien que cette tentative est condamnée par la force des choses, c'est que, dans cette longue bataille de trois siècles, partout où l'individu a triomphé, la vie s'est développée sans obstacle; partout où il a échoué, elle s'est éteinte, si bien que l'apologie de l'individualité humaine est contenue dans l'histoire des efforts tentés contre elle. C'est cette excellence de l'individualité et cette absolue certitude du danger que courent les nations, quand elles la laissent perdre ou diminuer, que je voudrais mettre en lumière comme une leçon encore utile au temps présent.

<h2 style="text-align:center">I</h2>

Ce qu'on nomme individualité est le signe le plus élevé de la civilisation; c'est le véritable triomphe de l'homme sur la fatalité, car trois choses, essentiellement contraires à la fatalité, la constituent : le caractère, point de résistance où viennent se briser les accidents extérieurs ; la liberté, mouvement volontaire de l'esprit et arme d'action; l'originalité, qui différencie l'âme d'une autre âme, la sépare pour ainsi dire du genre auquel elle appartient et la marque d'un signe reconnaissable. Quand ces trois attributs, caractère, indépendance, originalité, apparaissent chez un homme, une individualité est constituée. L'homme cesse alors d'être un phénomène obscur, né d'une loi générale, se rattachant dans tous ses actes à une loi générale; il est un être qui porte en lui-même sa loi, ou qui, pour mieux dire, la gouverne, en la faisant personnelle d'impersonnelle qu'elle était, et morale de matérielle. Lorsque l'homme s'élève à la dignité d'individu, il atteint le dernier terme de sa destinée terrestre et sociale. Enfin c'est par l'individualité que l'homme cesse d'être un animal et d'appartenir à un genre, à une tribu d'animaux; après cela, il ne lui reste plus qu'à être une âme.

L'individu est le commencement et la fin, la cause et le but de la civilisation : c'est là une vérité qu'il ne faut pas se lasser de proclamer bien haut, car nous courons risque de l'oublier, et sous prétexte d'égalité, de bonheur des masses, nous faisons verser la société dans une ornière de barbarie, à la grande joie des despotes et aux applaudissements de ces foules, troupeau muet auquel n'a été encore donné ni la parole, ni l'indépendance, ni aucun des attributs de l'individu.

L'individu est le commencement et la cause de la civilisation ; cette assertion n'a pas besoin d'être prouvée, car toute l'histoire est là pour la confirmer. Le mot admirable de Machiavel, « que les héros et les fondateurs des républiques et des empires sont, après les dieux, ceux qui ont le plus de droit à l'adoration des hommes, » n'est pas encore assez large et ne fait pas assez d'honneur à l'individualité humaine. Ce ne sont pas seulement les systèmes politiques, les républiques et les empires qui sont l'œuvre des individus, ce sont toutes les inventions, et même toutes les vertus. Il faut bien s'entendre lorsqu'on nous parle d'une nature morale toujours identique à elle-même et commune à toute la race humaine. Cette nature morale existe en effet, mais elle n'est qu'une matière première. L'homme non encore civilisé n'a pas de vertus, mais seulement des instincts, et ces instincts portent des noms sinistres : amour de soi, lâcheté, terreur, superstition, férocité, bestialité. Par quel miracle ces instincts farouches se transforment-ils en vertus? Par le miracle de l'individu. Il paraît, et la nature ne se reconnaît plus elle-même ; de ses savantes mains d'artiste, l'individu pétrit ce limon rebelle, lui donne une belle forme et des proportions harmonieuses. Alors tout change de nom ; cette férocité s'appelle courage, dédain du danger, honneur militaire ; cet amour de soi s'appelle force de caractère, résistance, souci de la dignité personnelle ; cette superstition qui faisait courber toutes les têtes de frayeur, cette terreur des forces inconnues devient religion, confiance aux lois invisibles ; cette lâcheté elle-même se transforme et devient obéissance et prudence. Toutes les vertus sont donc individuelles, et cela n'est pas vrai seulement à cause des grands hommes qui les ont primitivement inventées pour ainsi dire, cela est vrai pour tout homme, quel qu'il soit. Plus la personnalité est forte, plus les vertus sont grandes, et la seule différence qui sépare les hommes, c'est la proportion dans laquelle le limon des instincts primitifs se trouve en eux. Les vertus ne sont donc pas, comme les instincts, des forces générales communes à tout le genre humain ; elles sont des attributs distincts, nés de la liberté, apanage et récompense de l'individu.

L'homme, en s'élevant à la dignité d'individu, rompt avec la fatalité des instincts, et il brise en même temps une autre fatalité, la monotonie de la nature. C'est l'individu qui apporte dans le monde la variété et la beauté. Observez la nature ; elle va se répétant toujours elle-même avec une majesté monotone qui semble nous enseigner le néant de l'effort humain, le dédain de la liberté. Tout au contraire dans le monde moral est différent et marqué du sceau de la variété. L'individualité consistant dans un travail libre de l'homme sur lui-même, dans un effort pour pétrir la terre primitive des instincts, infinies sont les modifications que revêt cette substance première, selon le degré de l'effort, la direction de la volonté, la résistance ou la mollesse de la matière, l'excellence de l'ouvrier. — Incomplètes, ébauchées, bizarres, harmonieuses, mais toujours diverses et variées, ne se répétant jamais, sont les formes qui remplissent le monde moral. Elles n'appartiennent ni à un genre, ni à une espèce ; chacune d'elles est unique. Le mélange d'instinct et de vertu, de sagesse et de passion qui constitue telle individualité ne se retrouvera jamais plus. Il n'y a pas de moule qui conserve les formes de l'individualité, et chaque individu est une œuvre d'art particulière, une statue créée par elle-même, et qui emporte avec elle les outils, la matière, le moule au moyen desquels elle s'était formée. De là la poésie du monde moral et le charme magique de l'histoire. Que raconte l'histoire en vérité, sinon les annales de quelques milliers d'individualités ? De nos jours, on a essayé de bouleverser les lois de l'histoire : on a prétendu, par une fausse application des principes démocratiques, faire l'histoire des peuples et non celle des individus ; mais il est remarquable que cette tentative n'a jamais pu se réaliser, et que l'historien est obligé, malgré lui, de nous présenter, non des masses indistinctes, non ces êtres de raison qui s'appellent peuples, foules, nations, mais des acteurs déterminés, distincts, frappés du chaud rayon de la vie, des individus en un mot dont les images restent dans notre souvenir plutôt par ce qu'elles ont de différent que par ce qu'elles ont de semblable. L'histoire n'est composée que de personnages, et le genre humain n'y apparaît que comme le fond du tableau, comme la matière première sur laquelle l'individu grave son nom.

Si l'individu est toute l'histoire, il est par conséquent toute la civilisation, et en effet il l'est en un double sens, comme cause et comme résultat. Cette variété infinie que présente le monde de l'histoire indique dans chaque individu la présence d'une force particulière, entièrement personnelle, qu'aucun autre homme n'a possédée, et qui par conséquent doit déterminer toute une série d'actions dont elle est la cause, et qui sans elle n'existeraient pas. Avec chaque individualité nouvelle, les affaires humaines prennent une nouvelle direction. C'est un nouveau plan politique, une nouvelle méthode, une nouvelle manière de penser, que sais-je ? quelquefois une même résurrection de vieilles méthodes et de vieux faits depuis longtemps oubliés. Et en même temps il se passe un phénomène contradictoire qui vient compléter ou élargir à l'infini l'œuvre des individualités. De même que les individus créent la civilisation, la civilisation à son tour crée les individus. Ces forces, une fois échappées à la volonté personnelle et passées à l'état de faits, d'institutions, de doctrines, prennent à leur tour pour ainsi dire une individualité, et deviennent des sources d'inspiration, des stimulants d'activité. Alors cette conquête de la personnalité, qui demandait primitivement un si grand effort, devient relativement facile. Le bon Hérodote raconte que dans un combat un fils de Crésus, muet dès sa naissance, voyant le glaive d'un soldat près de s'abattre sur son père, recouvra subitement la parole sous le coup de cette violente émotion. C'est l'effet que produit sur nous tous à certaines heures de la vie, dans tel moment propice, le spectacle de la société humaine et de la civilisation. L'émotion subite, le sentiment spontané, ressentis à la vue de ce spectacle, nous délient la langue, nous forcent à parler ou à agir, ou mieux encore à rentrer en nous-mêmes pour y trouver un nouvel homme que nous n'avions jamais cherché. La formation de l'individualité est donc singulièrement facilitée par la société humaine et le spectacle varié qu'elle présente.

Le but de la civilisation est dès-lors trouvé : il consiste à créer le plus grand nombre d'individualités possible, à conférer au plus grand nombre cet inestimable bienfait de la personnalité, à amoindrir le plus possible la tribu animale du genre humain. C'est le but de la démocratie, j'imagine, ou elle n'en a aucun. Nos modernes docteurs qui voient le progrès dans la destruction de l'individualité, nos modernes philanthropes qui voient l'avenir de l'humanité sous la forme d'un paternel absolutisme, et qui, sous prétexte de protéger les masses, réduisent autant qu'ils le peuvent l'individu à l'inaction, tournent le dos volontairement ou involontairement à la tradition de l'humanité, et nous ramènent directement à la première étape des sociétés, à l'époque où l'individu était obligé d'inventer des moyens de forcer l'obéissance. Lorsque aujourd'hui nous nous prononçons contre la liberté, nous avouons indirectement deux choses également tristes et qu'il faut oser dire tout haut : que le grand nombre, c'est-à-dire les masses, est incapable de civilisation, et que le petit nombre, c'est-à-dire les individus, est capable seulement d'oppression, de tyrannie ou, comme on disait il y a quelques années, d'exploitation.

Je connais l'objection vulgaire : « La société qui accorde trop à l'individu contient un germe d'aristocratie et par conséquent est directement opposée à la démocratie. En outre, l'individu est une sorte d'exception anormale qui, pour se développer, doit naturellement écraser toutes choses autour d'elle. » Rien n'est plus faux. Pour être une individualité, s'agit-il donc d'être un grand conquérant, un grand politique, ou un grand poëte? S'agit-il de s'appeler Alexandre, Richelieu ou Shakspeare? Non, certes. L'individualité humaine existe partout où nous sentons la marque d'une âme originale et indépendante. Le potier qui imprime son cachet à un vase d'argile, le laboureur dont le champ révèle par son aspect différent de l'aspect des champs voisins les soins d'un travail libre, sont des individualités au même titre, sinon au même degré, que le conquérant ou le poète. Est-ce que le paysan écossais, est-ce que le paysan de la Nouvelle-Angleterre, avec leur culture biblique, leur grave esprit de liberté, leur ardeur opiniâtre au travail, leur proverbiale sagesse pratique, ne sont pas des individualités ? A quel titre reconnaîtrez-vous la personnalité, si vous ne la reconnaissez pas là ? Nous n'avons donc pas besoin, pour être des individus, d'être des oppresseurs, des tyrans ou des orgueilleux : nous n'avons pas besoin d'accomplir des actions extraordinaires et de nous manifester au monde avec grand fracas : nous n'avons besoin que d'avoir une âme, et le plus léger signe la fera reconnaître.

Qu'y a-t-il là d'anti-démocratique ? J'ai cité l'exemple de l'Ecosse et de la Nouvelle-Angleterre, parce que c'est un des plus frappants et des plus propres à éclairer sur la vraie direction de la société. Dans ces deux contrées, les masses n'existent pour ainsi dire pas, ce sont des nations d'individus ; il n'y a pas là de troupeau humain, il y a des hommes. Il est honteux de voir combien, lorsque nous parlons de démocratie, nous sommes barbares dans nos raisonnements. Nous ne dépassons pas, dans nos idées sur l'égalité, l'intelligence des révoltés du moyen-âge ou des populaces envieuses et souffrantes. « Quand Adam bêchait et quand Eve filait, qui donc était gentilhomme ? » demandaient les pauvres paysans insurgés du temps de Richard II. C'est la manière dont encore aujourd'hui nous revendiquons l'égalité. « Mais, s'écrie à son tour un philosophe moderne, où seront les gentilshommes quand tous les hommes seront gentilshommes ? » Voilà la vraie manière de comprendre l'égalité. La race démocratique par excellence, la race germanique et anglo-saxonne, ne s'y est jamais trompée, et dans ses diverses évolutions intellectuelles, politiques, religieuses, elle n'a jamais dévié de cette route. Sous différentes formes, — aristocratie féodale, décentralisation administrative, morcellement politique, régime constitutionnel, parlements, protestantisme, philosophie, — elle a poursuivi le triomphe de l'individualité, elle a incliné et incline lentement vers cette république idéale où tous sont égaux parce que tous sont défendus contre les envahissements despotiques par les barrières de la dignité personnelle, où l'obéissance s'accorde, mais n'est jamais conquise par la force, où les liens qui rattachent les hommes entre eux sont une chaîne de devoirs réciproques, où le verbe impersonnel *il faut*, expression d'une nécessité fatale et signe d'infériorité morale chez ceux auxquels il s'adresse, est remplacé par le verbe personnel *je dois*, expression d'une volonté libre et signe d'une conscience en possession d'elle-même.

Voilà donc la civilisation tout entière, à la fois dans son passé et dans son avenir. Créée par l'individu, elle doit à son tour créer l'individu. Si elle facilite cette expansion de la vie, si elle prête son aide à ce développement de l'âme humaine, elle est fidèle à sa mission ; sinon elle rétrograde. Nous avons là par conséquent un criterium infaillible pour juger de l'excellence relative des institutions et des systèmes politiques. Les meilleurs sont naturellement ceux qui sont les plus aptes à former le plus grand nombre d'individus et ceux qui accordent à l'individu sa juste part dans le gouvernement de la société. Lorsqu'une machine impersonnelle, irresponsable, se charge seule du gouvernement des hommes, la civilisation, au lieu d'être un bienfait, devient un fléau, et l'âme humaine court de très-grands dangers. Dans son état primitif, elle n'était que sauvage ; la voilà maintenant qui se déprave, car lorsqu'elle est opprimée par des mécanismes politiques nés d'une combinaison artificielle de l'esprit, toutes les subtilités de la corruption lui deviennent familières. L'activité morale cessant, tout ce que l'âme humaine avait conçu se retourne contre elle. Tout horizon lui étant fermé, elle s'attache avec une frénésie désespérée aux moyens d'action qu'elle s'était créés, aux outils qu'elle s'était forgés ; l'or, l'argent, la matière travaillée, autrefois moyens, deviennent un but. Mais bientôt il se passe un phénomène plus effrayant : c'est que lorsqu'une société a été soumise trop longtemps à ce système, il devient presque impossible de l'en affranchir et de rendre à l'individu son droit d'initiative. « Je suis toujours étonné, disait un démocrate à une époque de réaction politique, de voir que les conservateurs et les modérés omettent dans leurs discussions le seul argument qu'ils puissent légitimement invoquer, c'est que l'humanité est très-corruptible. La moindre occasion lui est bonne pour se dépraver. Donnez-moi dix années de carnage, et vous verrez reparaître l'anthropophagie. » Rien n'est plus vrai. L'homme a un penchant irrésistible qui le porte vers la corruption, mais qui redouble lorsque son activité morale est par trop gênée. Ainsi une liberté politique restreinte est rachetée par la licence des mœurs ; l'inaction spirituelle entraîne la paralysie du sens moral, la perte du sentiment de la responsabilité. Au bout d'un certain temps de ce régime anormal et contraire à la santé de l'esprit, la nature humaine s'est dégradée. Alors les moindres circonstances indiquent, de manière à ne pas s'y méprendre, que, bon gré mal gré, ces barrières et ces limites imposées à l'individu doivent être maintenues. Le despotisme devient presque une nécessité et la compression un devoir.

Telle est la leçon que présente en particulier l'histoire de la France. Nulle part tant d'efforts n'ont été faits pour établir la liberté. Soumis à de longues et successives compressions, jamais cependant l'individu n'a eu chez nous le temps d'apprendre la pratique de la liberté ; jamais n'a pu s'accomplir en lui le lent développement de la dignité personnelle. Harcelé, irrité, opprimé pendant des siècles, dès qu'il a eu un instant de répit, il n'a songé qu'à opprimer à son tour. Ses passions se sont montrées ce qu'elles devaient être, violentes, aveugles, irrésistibles. Alors on s'aperçoit que cette civilisation dont on se vantait tant n'était qu'un manteau ; on s'aperçoit que la vraie civilisation, au lieu de consister dans un vain étalage de pompes extérieures et d'institutions mécaniques fabriquées par une main ingénieuse, doit sortir vivante du cœur de l'homme et doit être avant tout intérieure et morale ; mais il est trop tard pour changer tout cela : c'était l'œuvre du temps, et ce sera encore l'œuvre du temps, car ni les intérêts, ni les passions, ni les craintes, ne peuvent attendre. On invoque comme un sauveur le système qui fut la cause de tout le mal, on invoque contre les individus le système qui s'est opposé au développement de l'individualité, c'est-à-dire de la vertu humaine, et sa réapparition est saluée avec joie, car, mise en regard des misères et des passions sauvages qu'on a dû supporter, on est obligé d'avouer que son action est morale, bienfaisante, humaine. C'est ainsi que pour un œil mal exercé l'oppression semble porter avec elle son remède ; mais un œil clairvoyant s'aperçoit bien vite que cette répression, bienfaisante en apparence, n'est qu'une aggravation nouvelle d'un mal ancien. Et ainsi les sociétés tournent dans un cercle vicieux d'où elles peuvent ne sortir jamais.

II

Comment l'œuvre de la civilisation peut-elle s'interrompre ? comment les hommes arrivent-ils à perdre leurs droits d'individu, à être moins qu'un chiffre, une abstraction, à s'absorber dans un être de raison qui s'appelle état ? C'est là un fait historique très-important, et qui mérite attention.

Il y a un moment dans la vie des peuples qui est plein de dangers et d'écueils. Lorsque la civilisation s'est développée sans interruption pendant un long espace de temps, elle a produit son œuvre naturelle, qui est, ainsi que nous l'avons dit, de créer des individus. L'individualité, qui d'abord était une exception, à tel point qu'elle constituait un privilége, devient à un moment donné le partage de milliers d'hommes ; mais ces individualités à peine formées sont singulièrement incomplètes et grossières. Pleines de passions anarchiques, leurs mouvements sont très-redoutables et éveillent les inquiétudes des puissans. Leur ignorance ne permet pas de songer à les appeler au gouvernement général de la société, et pourtant elles sont si nombreuses, qu'il est inutile aussi de vouloir les réduire. Le gouvernement, dans de telles conditions, devient très-difficile. Un moyen de salut ou, pour mieux dire, un expédient se présente : pourquoi ne tournerait-on pas la difficulté en changeant les conditions de gouvernement ? Jusque-là c'était l'homme qui gouvernait ; pourquoi pas maintenant une machine, une force anonyme ? Alors apparaît le système artificiel, subtil, savant, que l'on nomme monarchie administrative. Une fois enveloppée dans ce réseau, l'individualité humaine s'endort dans une sécurité égoïste. Le nombre des mobiles d'activité de l'homme se trouve singulièrement diminué : ils se réduisent à la recherche des choses nécessaires à la vie physique; tout ce qui se rapporte à la vie morale devient l'affaire d'un être de raison, nommé l'Etat.

Cette crise historique est le plus grand péril que rencontre la civilisation, car le remède employé est pire que le mal qu'il cherche à guérir. Ce qui advient de l'individualité humaine, lorsqu'elle est ainsi arrêtée dans son premier développement, c'est ce que par deux fois l'histoire nous a enseigné. La première fois l'âme humaine, toute païenne et matérielle, a cédé sans murmurer et sans prolonger une lutte inutile. La seconde fois, chrétienne et morale, elle a violemment résisté et a engagé un combat qui n'est pas près de finir.

Lorsqu'à la fin de l'ancien monde, toute l'Italie d'abord, et bientôt à sa suite les innombrables provinces de la république, demandèrent à entrer dans la cité romaine, il y eut, si on peut parler ainsi, comme une invasion violente de l'individualité humaine, mille fois plus dangereuse que les invasions de Teutons et de Cimbres qu'avaient repoussées les soldats de Marius. L'ancien gouvernement devenant impossible, il fut nécessaire d'en trouver un nouveau, et il sortit tout entier de la tête intelligente de César. La monarchie administrative et la force militaire remplacèrent le pouvoir du patriciat. Tous furent citoyens romains, à la condition que tous fussent soumis; tous furent égaux, et personne ne fut libre : les intérêts moraux de l'humanité entière se concentrèrent dans une seule personne, celle de l'empereur, et ces intérêts, à force d'être universels et généraux, prirent un tel caractère d'abstraction vague, d'entité métaphysique, qu'ils finirent par devenir des fantômes insaisissables à l'intelligence humaine. Tant qu'il resta aux Césars quelques vestiges de l'ancien monde à détruire, tant qu'ils eurent sous la main quelques restes de patriciat à ruiner, quelque ombre de sénat à humilier, leur tâche fut facile; mais lorsqu'il n'exista plus rien qu'un univers et un empereur, alors le vertige commença. Posséder un pouvoir gigantesque qui vous échappe par sa grandeur même, donner des ordres qui se perdent avant d'être obéis, comme la voix se perd dans l'espace lorsque la distance en dépasse la portée, n'être rien à force d'être tout, quelle pitié ! Etre sujet d'un empire où l'on n'est rien que par son corps, rien que par l'impôt qu'on paie, par les exactions qu'on subit, quelle dérision ! Alors un immense ennui s'empara du monde romain; la vie n'eut plus aucun prix. Çà et là apparaissent encore quelques grands personnages qui ne servent à rien, qui meurent inutiles à eux-mêmes et au monde. Pendant ce temps, la machine de l'état continuait à fonctionner aveuglément, brisant tout ce qu'elle rencontrait, engendrant les conséquences les plus néfastes sous prétexte de régularité et de protection égale de tous les citoyens. C'est ainsi qu'il est remarquable qu'au moment où l'esclavage allait disparaître du monde, un édit de Dioclétien, promulgué pour la facilité du cens et le recouvrement de l'impôt, établit le servage et attacha l'homme à la glèbe. Voilà les conséquences qui sortirent du gouvernement qu'avait rendu nécessaire cette explosion mal réglée de l'individualité humaine, encore grossière et imparfaite.

On a considéré l'invasion des Barbares comme un point d'arrêt dans la civilisation, et le moyen-âge comme une longue nuit amenée par la destruction de l'empire. Nous croyons au contraire que, sans les Barbares, c'en était fait de l'humanité. L'âme humaine allait s'affaissant et se perdant d'heure en heure, et il est douteux que le christianisme, réduit à ses propres forces, eût pu la régénérer. La preuve en est dans Byzance, siège du christianisme le plus éclairé et bientôt livrée aux radotages séniles, aux révolutions stériles, à l'imbroglio de crimes et d'intrigues qui composent son histoire. Sans les Barbares, le monde entier allait devenir une gigantesque Byzance. Les Barbares sauvèrent l'âme humaine, et c'est à l'ombre du moyen-âge que l'individualité, détruite par le monde romain, put grandir et se développer encore une fois.

Au sortir du moyen-âge, le phénomène qui s'était déjà produit à la fin de l'ancien monde apparut de nouveau. La vie, longtemps contenue, et qui silencieusement avait réuni et combiné ses forces, éclata avec une spontanéité admirable. Jamais pareille éclosion ne s'était vue. De l'ombre du monastère, du pied de la tour féodale, des sales boutiques de rues obscures, des fossés des grands chemins, surgissent par milliers des individus qui tous portent un nom, et qui ne font plus partie de cette foule

anonyme, sans droits ni devoirs, facile à gouverner, facile
à subjuguer. Seulement ils sont encore, cela est visible,
dans la phase première de l'individualité. Ardents, anarchiques, irritables, ils ne sont qu'un premier essai de
moralité, d'indépendance, de dignité. Le monde tremble
et s'effraie de lui-même. Alors apparaît un homme singulier, être hybride et résumé extraordinaire des temps
qui vont finir et des temps qui vont arriver, superstitieux
comme un homme du moyen-âge, froid comme un
diplomate moderne, charnellement passionné et en même
temps assidu et laborieux, plus sagace que sage : l'empereur
Charles-Quint. Cet homme néfaste a été la pierre d'achop-
pement où est venu se blesser et où a failli se briser
le monde moderne. Il tenta, heureusement sans réussir
tout-à-fait, ce qui avait déjà trop réussi autrefois : le
gouvernement au moyen des armées permanentes et d'une
machine administrative. Des fonctionnaires et des soldats
devaient être, dans sa pensée, sous l'autorité absolue de
l'empereur, les chefs de la société européenne. Tout
semblait justifier un tel système, les nécessités du temps,
les révoltes incessantes, les complications politiques, et
surtout cette abondance extraordinaire d'individualités
remuantes qui troublaient la paix de l'Europe. L'empereur,
en mettant ordre à cette anarchie, n'était-il pas un bien-
faiteur public ? Quelle gloire si à cette cohue d'ambitieux
et d'oppresseurs succédait un gouvernement unique dans
toute l'Europe, paternel et régulier ! Tout ce qui portait
un caractère d'individualité devait donc disparaître pour
faire place à la future unité. Il massacre les protestants
allemands, brise les cortès de Castille, foule aux pieds même
l'indépendance de ce clergé catholique dont il se prétendait
le champion : car c'est lui qui le premier, par ses armées, ses
lieutenants et ses diplomates, a fait céder dans l'Europe
catholique la puissance ecclésiastique à la puissance civile.
Ses plans de gouvernement échouèrent dans la moitié
de l'Europe, mais on peut encore juger de l'arbre par ses
fruits. Bien qu'il ait échoué, son règne a produit deux
résultats qui ont compliqué l'histoire de tout le continent
européen. Le premier, c'est que, pour lui résister, tous
les peuples ont eu besoin d'avoir recours contre lui au
système qu'il employait contre eux : contre ses armées
régulières, ils durent avoir recours à des armées régu-

lières; à son absolutisme, ils durent opposer l'absolutisme. En second lieu, ce système, inconnu depuis plus de mille ans, est entré pour la seconde fois dans le domaine des idées et des faits; il n'est pas mort avec Charles-Quint, il s'est établi comme tradition, et il a été le moyen de gouvernement favori des deux puissantes maisons qui, depuis lui, ont régi l'Europe : la maison d'Autriche et la maison de Bourbon.

Cette invasion de l'individualité humaine, à laquelle Charles-Quint et les princes de sa famille crurent, par conviction et par intérêt, devoir opposer ces chimères de monarchie universelle et de gouvernement renouvelé du monde romain, était-elle donc si redoutable ? A-t-on seulement évité l'anarchie, qu'on voulait comprimer ? L'histoire répond à cette question en nous montrant deux cents ans de guerres ininterrompues. Les peuples n'ont rien gagné a être opprimés, pas même la sécurité matérielle. Quelle anarchie, fût-elle longue d'un demi-siècle, aurait égalé les horreurs de la guerre des Pays-Bas et le sanglant imbroglio de la guerre de Trente ans ? Quel anabaptiste ou quel sacramentaire aurait pu égaler en crimes le *senor soldado*, qui pendant plus de cent ans fut la terreur de l'Europe. Si nous n'avons rien gagné, en revanche nous avons beaucoup perdu. Ce système, qui a plus ou moins pesé sur toute l'Europe, a partout infecté les sources de la vie; aucune nation n'a pu se développer librement et montrer ce dont elle est capable. L'Espagne s'est épuisée pour imposer cette compression, l'Italie en est morte, l'Allemagne en a été contrariée et gênée au point de ne plus être que le séjour d'une race et de ne pouvoir devenir une nation; quant à la France, son histoire des trois derniers siècles montre assez qu'elle n'a rien évité.

Mais non-seulement la tentative de Charles-Quint et de ses imitateurs a été inutile en ce sens qu'elle n'a rien empêché, elle a encore été criminelle en ce sens qu'elle a interrompu le cours de la tradition. C'est là ce que démontre avec une irrésistible évidence toute l'histoire d'Angleterre. Cette éclosion des individualités, qui eut lieu au XVIe siècle, ne fut pas un fait révolutionnaire; elle était la conséquence naturelle du moyen âge. Les nobles institutions du moyen-âge, quelque imparfaites qu'elles fussent, étaient extrêmement favorables au développement de la

liberté, et le XVIe siècle, avec son protestantisme et ses
revendications de libertés parlementaires, n'était qu'un
développement plus large de ces institutions. L'esprit humain ne demandait pas à sortir du moyen-âge ; à proprement parler, il demandait à le continuer. Sans l'intervention de Charles-Quint et les moyens de résistance
qu'il inventa ou rendit nécessaires, le moyen-âge aurait
continué en se métamorphosant et en se fondant par degrés dans le monde moderne. C'est donc le système de
la monarchie absolue, ce prétendu défenseur de la tradition, qui a été usurpateur, révolutionnaire et anti-chré-
tien, révolutionnaire parce qu'il a rompu la tradition
historique, usurpateur parce qu'il a pris la place des anciennes iustitutions sous prétexte de les défendre, anti-
chrétien parce qu'il fut un retour au système du gouvernement païen. Le continent échappa tout entier au moyen-
âge, cela est vrai, mais pour se courber sous un joug
nouveau. L'Angleterre au contraire, protégée par sa situation insulaire contre le système continental, n'est pas
sortie brusquement du moyen-âge ; bien plus, elle n'a
pas souffert que ses institutions fussent altérées un instant chez elle. Elle a consenti à rester arriérée, et n'a pas
voulu payer de sa liberté la belle science politique et
administrative qui faisait l'orgueil du continent. En même
temps qu'elle conservait ses anciennes institutions, elle en
acceptait les conséquences naturelles. Ses révolutions,
objets de scandale pour l'Europe asservie, au lieu d'être
inspirées par un esprit de nouveauté, l'étaient par un
esprit de conservation. Strafford, Charles Ier, Jacques II
étaient, eux aussi, à les entendre, de fidèles gardiens de
la tradition, et en même temps des novateurs bienfaisants
qui rougissaient de voir leur peuple si longtemps privé
du gouvernement régulier du continent. Le peuple anglais ne voulut pas croire à leur amour de la tradition, et
repoussa leurs prétendus bienfaits. Les institutions du
moyen-âge depuis trois cents ans n'ont donc pas été renver-
sées en Angleterre, on pourrait dire que le moyen-âge y
existe encore tout entier, et pourtant qui le reconnaîtrait?
La semence qu'il contenait s'est développée, et d'elle-même
elle a produit sa moisson naturelle, libertés constitution-
nelles, légalité, indépendance personnelle, esprit de famille, activité individuelle, moralité populaire. Cette ex-

plosion de la liberté humaine, qui eut lieu au xvie siècle, était donc un fait traditionnel, et la résistance qu'elle rencontra fut le seul fait révolutionnaire. Il a été très-bien dit par une bouche éloquente que ce n'était pas la liberté, mais la tyrannie qui était nouvelle en Europe.

Le monde antique s'était laissé garrotter dans les liens du système impérial en applaudissant ses tyrans ; mais dans les temps modernes il n'en a pas été ainsi, et l'âme humaine n'a cessé de protester contre cette action mécanique sous laquelle on prétendait la faire ployer. Elle s'est soumise, mais toujours en faisant ses conditions et en se réservant de revendiquer un jour ses droits. C'est là surtout le singulier spectacle que présente la France des trois derniers siècles. Soumise, par les nécessités de son histoire, de sa situation continentale et même de ses passions, à cette centralisation·excessive et à cette absorption de l'individu dans l'état, elle n'a cependant jamais considéré ce gouvernement que comme passager. Ce n'est que pour un temps et comme moyen de transition qu'elle renonce à la liberté ; mais ce pacte tacite se renouvelle incessamment, et toujours avec la même facilité et la même obéissance, car aussitôt qu'il est brisé, l'inexpérience de la liberté se révélant, il est nécessaire de le rétablir. La révolution française, avec ses espérances ardentes et ses amères déceptions, avec son enthousiasme et sa terreur, ses brûlants appels à la liberté et ses méthodes despotiques de gouvernement, exprime bien les difficultés de cette situation fatale. Que de fois la France s'est écriée : Le moment est arrivé, le pacte est rompu ! Autant de fois elle a prononcé cette parole, autant de fois elle est revenue se placer sous l'égide de l'autorité, honteuse d'elle-même et consentant à n'être rien pour un temps encore. Son éducation est longue et laborieuse en vérité, et il ne saurait en être autrement, car le seul apprentissage de la liberté, c'est la possession de la liberté elle-même. Aussitôt par conséquent que disparaît en France ce gouvernement qui dispense de responsabilité, d'activité morale, de caractère, l'individu, appelé à la liberté, se montre tel qu'il est, plein de maladresse, d'égoïsme et d'ignorance. Ni son gouvernement, qui n'a jamais requis de lui que le silence, ni sa religion, qui repose sur un fondement extérieur et qui n'a jamais requis que son obéissance, n'ont pu lui donner la conscience et la science qu'il n'a pas. Mais n'importe, la France a protesté toujours, même en se soumettant, protesté malgré ses habitudes et ses instincts monarchiques; elle a déclaré d'avance qu'elle se considérait comme faite pour d'autres destinées. Combien de temps durera cette situation violente, c'est ce qu'il est difficile de savoir ; mais il serait sage à tout gouvernement de prévoir qu'elle devra cesser un jour, et, pour son salut et sa durée même, de travailler à adoucir les crises futures en élargissant de plus en plus la sphère où peut s'exercer l'initiative individuelle, et en faisant tous ses efforts pour augmenter les rangs du peuple et diminuer les rangs de la populace. Le peuple ! la populace ! voilà en effet les deux termes extrêmes qui indiquent le mieux les différences qui existent entre les deux systèmes contraires : partout où l'individualité est souveraine, il existe un peuple ; là où ses droits sont contestés, il n'existe trop souvent qu'une populace.

III.

L'expérience a démontré la vanité des tentatives qui ont été faites pour s'opposer au développement de l'individualité ; il n'y a pas à désespérer du résultat de la lutte. Nous portons la peine de l'histoire, voilà tout : nous sommes ce qu'elle nous a faits, et il dépend toujours de nous d'en modifier et d'en changer le cours ; mais cela ne veut pas dire qu'il faille fermer les yeux sur les dangers présents, qui deviennent plus graves à mesure que le temps marche.

Le grand danger de la société moderne a été signalé, il y a déjà trente ans, en deux mots admirables par l'homme politique le plus sagace de notre époque, par M. Royer-Collard : « Grâce à la centralisation, toutes les affaires qui ne sont pas nos affaires personnelles sont les affaires de l'État. » Ainsi la Révolution, en émancipant les individus, a du même coup exagéré les obstacles imposés à l'individualité. Comment cela a-t-il pu se faire? La Révolution a été surtout négative et extérieure; elle crut que, pour rendre l'homme libre, il suffisait d'abattre les institutions qui le gênaient. Protestation en faveur de l'individu, elle a donc ignoré entièrement ce qui constituait l'individualité, c'est-à-dire l'effort libre et intime de l'âme sur elle-même. Elle a pris son point de départ en dehors de l'homme, et ne s'est attaquée qu'à la société extérieure, effet et non cause du mal, au lieu de s'adresser à l'individu, pour lequel et par lequel existe toute société extérieure. Les institutions furent abolies, mais l'âme ne fut pas changée. Aucune réforme morale n'avait transformé l'individu et ne l'avait préparé pour des destinées nouvelles. Libre des obstacles extérieurs, il se trouva tel que l'avaient fait ces obstacles ; il abolissait l'ancien régime, et il portait en lui l'ancien régime ; il abolissait la monarchie, et il gardait l'éducation que lui avait faite la monarchie. C'est la première fois peut-être dans l'histoire qu'on ait vu les ennemis d'un état social ne différer en rien de ses défenseurs. Tous les personnages de la révolution se ressemblent : âme, caractère, habitudes, opinions même, ils avaient tout en commun. Ainsi l'individu demeura tel que l'ancienne société l'avait créé, et au moment même où il se débarrassait de ses liens matériels, il restait enchaîné par les liens moraux de l'éducation et de l'habitude. Il y eut destruction et non régénération.

Ce qui fait que l'homme est un *individu*, une *personne*, c'est qu'il possède une force par laquelle il agit extérieurement, un principe moral d'où découlent ses actes visibles. Rien de tout cela n'existait chez l'homme de la Révolution. Pour tout principe moral, il avait des opinions ; pour toute force intérieure, certains mobiles d'action, tels que l'esprit militaire, l'honneur du drapeau, l'amour de la patrie, tous sentiments qui étaient le fruit d'une civilisation particulière, ou qui étaient de nature passagère. Mais de sentiment permanent, qui pût servir de base à la vie et de règle morale durable, également applicable à tous les moments et dans toutes les situations de l'existence, il n'en avait aucun. Des opinions philosophiques, de la bravoure et de l'enthousiasme ne remplacent pas une conviction morale et sont incapables de diriger la vie pratique. Si la société civile avait pu ressembler à une académie ou à un camp, le Français aurait eu tout ce qu'il fallait pour y briller ; malheureusement il n'en était pas ainsi, et à peine émancipé, il retomba en tutelle.

Privé des anciennes institutions, il n'avait donc pas en

lui le principe générateur d'où pouvaient en découler de nouvelles. Comment exister cependant, les liens qui forment les relations entre les hommes étant brisés et ne pouvant être remplacés ? L'individu était libre, il est vrai, mais à la condition d'être isolé. Il se sentit faible et incapable de se protéger lui-même; cependant un remède se présentait : la force de l'éducation et de l'habitude le repoussa vers le système dont il s'était émancipé. Il réinventa pour ainsi dire l'autorité, se plaça sous son abri, et la chargea de tous les devoirs dont il ne pouvait s'acquitter lui-même, en lui imposant une condition importante cependant : c'est qu'elle ne rétablirait jamais les institutions qu'il avait détruites. Cette restauration d'un ancien système prit le nom nouveau de Centralisation, lien artificiel qui permet aux individus de vivre en même temps réunis et isolés, et qui, par son action générale, dispense chacun de sa participation aux affaires publiques. Ce mécanisme politique est si bien le seul lien qui chez nous relie les hommes, qu'aussitôt qu'il disparaît, la France présente l'aspect d'une fourmilière écrasée par le pied d'un passant.

Dès-lors, ainsi qu'on l'a très-bien dit, toutes les affaires qui n'ont pas été nos affaires particulières ont été les affaires de l'Etat. La vie privée en France a toujours été séparée de la vie publique, mais la séparation est devenue plus large qu'elle ne l'avait jamais été. L'individu n'a eu, pour ainsi dire, rien à faire ; nul motif d'action générale, nulle occupation dont quelque ingénieux mécanisme ne pût se charger aussi bien que lui. L'état pense pour l'individu, délibère et avise pour lui. C'est bien là, si l'on veut une espèce de liberté, mais c'est une liberté qui consiste dans une diminution et non dans une augmentation de responsabilité.

Nous pouvons nous dire libres, si nous entendons par liberté le droit de ne disposer de notre temps qu'à notre profit ; mais c'est une liberté stérile, et sous son influence l'individualité s'affaiblit à vue d'œil. D'où peuvent venir à l'individu soumis à un pareil régime la sagesse, l'expérience, le caractère, l'esprit de résistance, l'intelligence des intérêts qui lui sont communs avec tous ses semblables ? Pour constater cette diminution de l'individualité, on n'a qu'à prêter l'oreille aux mille conversations que l'on entend chaque jour ; on pourra se convaincre ainsi à peu de frais que beaucoup de nos contemporains sont devenus incapables de comprendre une question d'intérêt général. Droits et devoirs, principes politiques sont plus éloignés d'eux que la révolution de la Chine ou la religion du Grand-Lama; ils en parlent avec une certaine curiosité banale comme d'une chose lointaine et étrangère sur laquelle ils demanderaient des renseignements, ou avec une indifférence froide qui indique que tout cela est pour eux du domaine de l'inconnu. L'éducation politique de l'individu est certainement moins avancée aujourd'hui qu'au XVIIIe siècle, et il n'y a pas à s'en étonner car la séparation entre les affaires publiques et les affaires privées était moins grande qu'aujourd'hui, et bien loin d'avoir été détruit, le système contre lequel l'individu avait protesté a été reproduit sous une nouvelle forme, plus ingénieuse, mais moins propre encore à développer le sentiment de la vie publique.

Ce n'est pas seulement dans les relations de l'individu avec l'état politique que cette diminution de la personnalité peut se remarquer. Cette habitude de séparer les affaires générales des affaires privées a produit à la longue dans la vie intellectuelle un résultat des plus bizarres, qui mériterait d'être décrit par la plume d'un satirique. Nous avons porté dans le monde de l'intelligence je ne sais quelle fausse application du principe de la division du travail. Les économistes et les philosophes se sont lamentés sur certaines conséquences, déplorables en effet, de ce système; ils ont gémi à bon droit sur le sort du malheureux ouvrier qui passait toute sa vie à fabriquer une tête d'épingle. Gardons un peu de cette compassion pour nous-mêmes; nous aussi nous commençons à ne fabriquer que des têtes d'épingle. Nous écartons si bien de notre personne tout ce qui ne nous touche pas directement, que non-seulement nous n'existons plus que pour notre profession, mais que nous retranchons de notre profession toutes les branches qui ne peuvent pas nous rapporter un profit immédiat. Nous ne voyons rien en dehors de notre profession, et dans celle-là même nous ne voyons qu'un point unique. De là la rage des *spécialités*, qui est devenue un des fléaux de notre époque, et qui finira par affaiblir l'intelligence humaine mieux que ne pourrait le faire l'abus des narcotiques les plus mortels. Nous avons bouleversé les lois de l'esprit ; on tenait jusqu'à présent que la partie devait avoir nécessairement des rapports avec le tout ; nous avons découvert le contraire. Aussi est-il dangereux de consulter les hommes de notre temps sur d'autres points que leur profession. Vous êtes étonné de leur sagacité sur des choses de détail ; enlevez-les à leur métier, ils révèlent une nullité désespérante. Les professions libérales elles-mêmes ne servent plus à donner comme autrefois à l'homme une idée générale de la vie. Sous l'influence de ce despotisme croissant de la profession, les intérêts privés peuvent aller en se multipliant, je le veux bien, mais ce qui est certain, c'est que l'individualité diminue.

Tout faible qu'il est cependant, l'individu n'en est pas moins fort redoutable à notre époque, car s'il n'a pas de qualités bien saillantes, il a au moins un vice bien tranché. S'il n'a pas la science de la liberté, il a le goût de l'anarchie. Moins sa vie individuelle est unie à la vie générale, et plus il est formidable à son voisin. Ne cherchant en tout que son intérêt privé, il ignore le scrupule ; habitué à être comprimé, il ignore la contrainte volontaire. Comme il ne connaît d'autres obstacles que des obstacles extérieurs, il marche jusqu'à ce qu'il soit arrêté. Il doit ce caractère anarchique aux leçons que lui ont données à la fois l'ancien régime et la révolution. Ce caractère anarchique, envahissant, ce mépris des droits d'autrui, cette révolte contre toute contrainte, se rencontrent du haut en bas de l'échelle sociale, dans tous les faits de la vie, et se révèlent tout aussi bien par les simples relations commerciales que par les émeutes ou les bouleversements politiques. Aussi la société redoute-t-elle l'individu. Elle n'a pas perdu le souvenir des frayeurs que lui ont causées sa licence et ses saturnales. On peut l'opprimer sans crainte, elle ne réclamera pas. Cet abandon de l'individu par la société est un des faits les plus curieux de l'époque et les plus propres à éclairer sur l'avenir vers lequel nous marchons à grands pas. C'est un fait tout nouveau. Jusqu'à présent, la société avait pris parti pour ou contre l'individu, mais jamais elle n'était restée spectatrice indifférente. Outre cette conséquence terrible de l'indifférence, ses frayeurs en ont eu une autre presque aussi grave, la haine de la vérité et de l'originalité. Nous demandons à nos semblables de nous gêner le moins possible et par conséquent d'être le moins sincères possible, de n'avoir une opinion contraire à la nôtre que sur des sujets indifférents. Nous craignons que la pensée d'autrui ne se révèle au grand jour, de peur qu'elle ne nous soit une honte et une injure, et de son côté l'individu dissimule sa pensée, sachant bien qu'elle ne lui rapporterait qu'infortunes. Celui qui oserait dire franchement sa pensée à tous ceux qu'il rencontre passerait pour un diffamateur universel. Un seul mot peut résumer l'ensemble des relations sociales à notre époque : jusqu'à présent l'homme s'était défié de l'homme, aujourd'hui l'homme a peur de l'homme.

Ecarté des affaires humaines par les méthodes modernes de gouvernement, redouté par la société, diminué et affaibli par la préoccupation exclusive de ses intérêts privés, vous croyez peut-être que l'individu trouvera un point d'appui dans les partis politiques ? Ils ont des intérêts généraux à faire prévaloir, et le fait même de leur existence prouve que les hommes sont partagés d'opinions sur les questions morales ; ils feront donc appel à l'initiative individuelle et la défendront de tout leur pouvoir ?... Il n'en est rien. Parmi tous les partis qui divisent la France, un seul a fait quelques efforts en faveur de la liberté individuelle ; tous les autres sans exception comptent peu sur elle, ou essaient de se passer de son concours. A l'une des extrémités de l'échelle politique se trouve un parti qui prétend gouverner par le plus petit nombre, prétention condamnée en France, et qui impose le gouvernement comme un *credo*. Faire acte de foi en l'acceptant, telle est l'unique initiative qu'il réclame de l'individu. Il nie ainsi les transformations politiques, œuvre de la liberté, et regarde la société comme une institution fixe, au lieu de voir son vrai caractère, qui est la fluidité et le mouvement. L'autre extrémité de l'échelle politique est occupée par un parti nombreux, et qui, il y a quelques années à peine, a troublé le monde. Ce parti se divise en deux camps, également ennemis en sens contraire de la liberté. L'un prétend se passer absolument de l'individu : pour guérir le mal dont nous souffrons, il demande à l'élargir encore. Les mécanismes politiques qui gênent notre vie publique respectent au moins notre vie privée ;

mais le parti dont nous parlons, loin de voir là un
bien, y voit un mal, et il étend aux relations matérielles l'oppression que les hommes n'ont jusqu'à présent
ressentie que dans la vie morale. L'autre fraction de ce
parti se déclare en principe favorable à la liberté ;
mais, égarée par une fausse idée d'égalité, elle écrase
l'individu sous le poids des multitudes. Elle ne reconnaît pas de différences ; elle ne pèse que la matière
humaine, elle ne tient compte que de la quantité. Pour
elle, tout homme est un individu ; elle ne veut pas ou ne
sait pas reconnaître que l'individualité n'est pas un fait
spontané, mais une œuvre d'éducation, d'élaboration lente
et successive, et que la liberté s'acquiert au même titre
que s'acquièrent toutes les choses de ce monde : la richesse, la renommée, le crédit moral. Elle veut faire trop
d'honneur à la nature humaine, et cet honnête désir l'entraîne souvent en fait à prendre pour la nature humaine
ce qui n'en est que la matière première. Certes mieux
vaut encore se fier à des mécanismes fabriqués au moins
par une main savante qu'aux grossiers instincts des multitudes ; mieux valent toutes les immobilités du pire des
statu quo que les orages du hasard.

Cependant, malgré tant d'obstacles, la force de la liberté
est tellement puissante qu'il n'y a point à douter de son
triomphe définitif, et néanmoins il se présente encore ici
une objection. Je ne doute point de la force d'impulsion
de l'individu en France : il en a donné trop d'exemples
mémorables. Ce dont on peut douter, c'est de sa force de
patience et de modération. L'esprit d'inertie et de résistance est de toutes les qualités qui constituent l'individualité la plus difficile à acquérir ; celles qui relèvent de la
passion s'apprennent assez d'elles-mêmes. Or il y a dans
notre caractère national une tendance qui demande à être
sérieusement surveillée. Je ne sais pourquoi l'esprit français a été qualifié d'esprit pratique ; il doit sans doute cette
réputation à sa souplesse et à son élasticité, qui le font
rebondir sur lui-même et le rejètent hors des abîmes où
il est tombé. Le caractère français est à la fois rou-
tinier et utopique ; la force de l'habitude et la force
des chimères le tirent également en sens contraire. Le
peuple français n'habite jamais le présent pour ainsi
dire, et il ignore par conséquent l'étoffe dont la liberté

est faite. Il se rejette vers le passé sans l'aimer, souvent même sans le connaître; il s'élance vers l'avenir sans le redouter, et surtout sans le préparer. Son ennemi, c'est le présent, dont il ne tient aucun compte, qu'il hait presque toujours, et pour lequel il n'a jamais assez de quolibets amers, de plaisanteries et d'outrages. Nous sommes doués d'une sorte de génie fatal pour découvrir les vulgarités, les mesquineries, les bassesses du présent, et pour opposer les résultats que nous avons obtenus aux résultats que nous avions désirés. Bien des gouvernements qui n'étaient coupables de rien, sinon d'exister, ont fait cette grave et dure expérience. Cette disposition d'esprit domine toute notre histoire, et a donné lieu à des contradictions qui ont à bon droit étonné les autres nations. C'est ainsi que nous passons tantôt pour un peuple révolutionnaire, tantôt pour un peuple monarchique, et les deux opinions sont également vraies, également motivées. Cependant le présent seul est le vrai terrain de la liberté; si le passé entre pour beaucoup dans la formation de l'individu, si l'avenir est le but vers lequel il doit tendre, c'est dans le présent seul qu'il vit, respire et travaille. Le passé ne reviendra plus, et l'avenir arrivera toujours trop vite, si nous ne l'avons préparé. Savoir utiliser le présent et préparer l'avenir, savoir travailler dans les conditions qui nous sont données, c'est là ce qu'il nous faut apprendre.

L'éducation de l'individu est donc à faire presque tout entière. Nous avons signalé bien des obstacles, qui sont tous le fruit d'une fatale tradition historique. Et le remède, direz-vous, le moyen d'arriver à cette éducation individuelle, à cette réforme intérieure? Le remède! Si je le tenais dans la main, je n'imiterais point l'égoïste Fontenelle, et je le montrerais immédiatement. Si j'écoutais cet instinct français que j'ai signalé, je me retournerais volontiers vers le passé, et je dirais qu'il sera éternellement regrettable que les choses n'aient pas suivi un autre cours il y a trois siècles. Regrets inutiles et désormais parfaitement stériles! Mais sans aller si loin, n'est-ce pas un remède déjà que d'arriver à connaître sa vraie situation, à réfléchir sur la cause de ses malheurs, à confesser ses imperfections! Si nous avons une fois ce courage, un grand point sera désormais gagné, car nous aurons rompu avec des habitudes fatales. Connaître sa vraie situation, c'est l'avoir réformée à moitié. Il y a une pensée profonde d'un rêveur allemand par laquelle nous aimerions à conclure : « Nous sommes bien près de nous réveiller lorsque nous rêvons que nous rêvons. » Efforçons-nous donc de tout notre pouvoir d'arriver à cet heureux rêve, indice et précurseur du réveil.

DE L'IDÉE

DE

MONARCHIE UNIVERSELLE

—

Un des ridicules les plus amusants et les plus curieux de notre époque, c'est une certaine fatuité propre à nos contemporains qui consiste à leur faire penser que les lois qui ont régi jusqu'à présent l'humanité ont changé subitement depuis leur naissance, et qu'ils n'ont plus à redouter ce qui troubla la vie de leurs pères. Cette aveugle fatuité est tellement enracinée, que l'expérience elle-même ne peut les en corriger. — La veille de 1848, de fortes têtes politiques vous auraient affirmé que l'Europe n'avait pas à craindre de nouvelles révolutions, et le lendemain tous les peuples étaient soulevés, toutes les armées étaient sur pied, et deux années remplies d'émeutes, de siéges, de combats et de ruines suffirent à peine pour épuiser cet accès de fiévreuse agitation. Lorsque la question d'Orient eût éclaté, il était clair pour tout esprit à peu près sensé que la guerre en sortirait infailliblement; cette désastreuse conséquence ressortait nécessairement de l'ensemble des faits, de la situation de la Turquie, des tendances avouées du gouvernement russe, du caractère bien connu du tzar. Cependant l'Europe entière a refusé de croire à la guerre ! — Quoi ! la guerre dans une époque de chemins de fer et de trois pour cent ! la guerre lorsque nous avons tant de moellons à tailler, et tant de quintaux de coton à tisser ! la guerre lorsque nos intérêts veulent absolument que la paix continue ! — Ainsi raisonnait un chacun prenant ses désirs pour des réalités et ses intérêts pour des lois invariables. Néanmoins la guerre a éclaté, une guerre confuse et difficile, engagée en faveur d'un empire qui ne se soutient qu'à force d'artifices contre un empire plein de ressources, dans des pays de races diverses, toutes ou à peu près tièdes pour leurs maîtres et sympathiques à l'agresseur ou sans mauvais vouloir envers lui. Elle a éclaté, cette guerre à laquelle personne ne voulait croire et que tout le monde repoussait ; en dépit de la prépondérance des intérêts matériels, elle a passé au travers des mailles subtiles des protocoles diplomatiques ; elle a éclaté pour nous apprendre que définitivement nous sommes gouvernés par les mêmes lois que nos pères, et que nous devons nous résigner à vivre et à mourir en vertu des mêmes lois qui les ont fait vivre et mourir. La cause de cette guerre est également un mobile qu'on n'aurait pas cru de notre temps, — l'esprit d'envahissement, — mais qui existe et qui existera jusqu'à ce que l'Europe ait retrouvé son unité perdue, ou pour mieux dire jusqu'à ce qu'elle ait trouvé son unité nouvelle. C'est là un fait du plus haut intérêt et qui mérite bien quelques développements.

I

Qu'est-ce que cet esprit d'envahissement ? — C'est l'aspiration à la domination universelle. — Ce désir, qui semble le rêve d'un fou, a été pourtant le mobile déterminant de tous les actes de quelques-uns des souverains les plus remarquables et les plus divers du monde moderne, le mobile du sagace Charles-Quint comme du fanatique Philippe II, du magnifique Louis XIV comme du pratique Pierre Ier. Que cet esprit soit bon ou mauvais en lui-même, il faut donc avouer que, puisqu'il a exercé une si forte influence sur les desseins et les actes de tant de grands personnages, il est autre chose encore qu'un esprit de convoitise ou qu'un rêve insensé. Pour trouver

son origine, il faut remonter au xvie siècle (1), à l'époque
de la grande scission qui a divisé l'Europe en deux camps
et rendu nécessaire l'existence d'un équilibre européen.
A partir de cette époque, la passion de l'unité est devenue
la passion dominante de tous les hommes zélés pour l'autorité. Le catholicisme, en se brisant contre la Réforme,
a enfanté une sorte de catholicisme politique qui a été la
monarchie absolue, catholicisme qui jusqu'à présent n'a
jamais trouvé son pape, mais qui l'a toujours obstinément
cherché. Génération après génération, toute une série de
grands hommes, Charles-Quint, Philippe II, Ferdinand II,
Louis XIV, se passent de main en main comme les
coureurs de Lucrèce, cette idée désastreuse. Pour savoir
de quel système sort cette idée, il suffit de nommer
les personnages qui ont voulu l'appliquer et les pays
où ils ont régné, pensé, gouverné, commandé des
armées, — la France, l'Espagne, l'Autriche. C'est le catholicisme qui en est l'inspirateur, le défenseur et l'interprète, et il est remarquable qu'aucun des grands princes
protestants n'a jamais été possédé de ces désirs de domination; vous ne les retrouverez ni chez Elisabeth, ni chez
Gustave-Adolphe, ni chez Cromwell, ni chez les deux Guillaume d'Orange. Le plan de république européenne de notre
semi-protestant Henri IV indique assez qu'il n'était converti que pour la forme, et qu'en embrassant le catholicisme, il n'avait pas embrassé ce qui en fait la vie et ce
qui en est l'âme; car partout où vous trouverez un
homme convaincu que la monarchie universelle est une
impiété, que les nations ont le droit de se gouverner in-
dépendamment les unes des autres, que les pays chrétiens
doivent former une confédération, mais n'ont pas besoin
d'être soumis à une unité temporelle et d'être absorbés
par un seul membre tout puissant, vous avez trouvé un
protestant. L'esprit du protestantisme est essentiellement
opposé à cet esprit d'envahissement décoré chez nous des
noms magnifiques d'unité et de monarchie européenne.

(1) L'idée de monarchie universelle telle que nous l'entendons ici
ne remonte pas au-delà du xvie siècle, et consiste bien moins dans le
projet d'une conquête matérielle que dans un projet d'assimilation
morale et d'anéantissement de toutes les dissidences au profit d'une
certaine unité politique ou religieuse : c'est là la monarchie universelle
qui a troublé le monde depuis Charles Quint.

Et que l'on ne pense point que cette idée ait été tout
simplement propre à quelques souverains ambitieux et
orgueilleux, enivrés de leur puissance et saisis du vertige
que donne l'autorité. L'existence d'un ordre célèbre, la
Société de Jésus, et l'histoire d'un fait immense, la Révolution française, sont là pour prouver que ce désir de la
domination universelle n'a pas saisi seulement les rois.
Il s'est trouvé un groupe d'hommes obscurs, humbles,
pieux, se succédant de génération en génération, n'ayant
pour défense que les armes dangereuses et mortelles que
donnent l'humilité et la patience, qui ont conçu le même
projet que Charles-Quint et Louis XIV, et qui de siècle en
siècle en ont essayé l'exécution. Ils ont été partout chas-
sés, persécutés, poursuivis, condamnés : rien n'a pu les
dompter. Ils présentent, quelque chose qu'on puisse penser d'eux, l'exemplaire le plus mémorable du dévouement
à un idéal invisible et de la croyance à un absolu qui n'a
pas de récompenses matérielles à donner à ses serviteurs
et à ses fidèles. C'est là, dans cet esprit de désintéressement moral, plutôt que dans de misérables intrigues aussitôt découvertes que nouées, plutôt que dans des attentats
aussitôt punis qu'exécutés, qu'il faut chercher le secret
de la force de cette société célèbre. La passion de l'unité
lui a tenu lieu de tout et l'a soutenue contre tous ; elle lui
a tenu lieu de richesses, de pouvoir, et même quelquefois
de vertu et d'honneur ; elle l'a soutenue contre le péril, la
persécution, la calomnie et même contre la vertu et la
vérité. Ces Charles-Quint obscurs et ces anonymes Philippe II ont eu exactement les mêmes passions que les rois
dont ils étaient les conseillers, moins la soif d'élévation
politique et de domination ostensiblement exercée ; leur
vie était dirigée par les mêmes principes et tendait au
même but.

D'un autre côté, le peuple sous la révolution française a été pris de la même ambition. Il a cherché, lui
aussi, à sa manière, la monarchie universelle et l'unité
du monde, pour d'autres motifs sans doute que les souverains des XVIᵉ et XVIIᵉ siècles, mais avec autant d'ardeur, de violence et d'ambition. L'opinion de certains
révolutionnaires modernes, qui ont voulu voir dans les
jacobins d'excellents catholiques et dans les septembri-
seurs des missionnaires de la foi, tout odieuse qu'elle

soit, n'est pas, au point de vue politique, entièrement dé-
pourvue de justesse. Il est certain que les idées qui sont
au fond du système catholique, l'idée de l'autorité et
l'idée d'unité, se retrouvent, perverties et faussées sans
doute, mais bien entières et très-absolues, dans le système
des conventionnels. La révolution française, qui n'eut
d'abord d'autre ambition que celle de propager ses principes, en vint bientôt, lorsqu'elle eût été attaquée et combattue, à vouloir les imposer par la force à l'Europe
entière. Le drapeau tricolore, qui devait faire le tour du
monde le fit en effet, non comme emblême de la fraternité
moderne des peuples, mais comme étendard triomphant
et signe de domination politique ; et comme s'il eût voulu
clairement montrer que cette idée de domination universelle par le peuple était au fond identique à l'idée de
domination universelle par les rois, le destin suscita un
homme qui, réunissant en lui les deux ambitions, celle
du peuple dont il était issu et qui l'avait sacré, celle
des rois dont il avait relevé la couronne et dont il héri-
tait, poussa ce rêve plus loin qu'aucun de ses prédécesseurs, plus loin que Charles-Quint et que Louis XIV.

Nous savons maintenant d'où cette idée de monarchie
universelle est sortie. C'est une idée essentiellement romaine et catholique, que les peuples protestants ont
toujours repoussée avec autant de violence que les peuples catholiques en mettaient à vouloir l'imposer. L'histoire moderne tout entière n'est que le récit de la longue
lutte engagée entre ces deux tendances. Les guerres religieuses du XVIe siècle, la guerre des Pays-Bas et la
guerre de trente ans, les deux révolutions d'Angleterre,
les luttes de la Révolution et de l'Empire elles-mêmes, n'eurent pas d'autre cause et ne contiennent pas d'autre enseignement.

II

Cette idée de monarchie universelle, sous quelque belle
apparence qu'elle se présente, a deux grands défauts cependant : c'est une impiété, et c'est en outre un non-
sens politique. A quel propos et de quel droit prétend-
on imposer aux peuples une même domination ? Sur quel

droit peut-on s'appuyer pour démontrer que toutes les nations doivent se courber devant un même pouvoir, qui non-seulement n'est pas de leur choix, mais qui n'est pas de leur race et de leur croyance ? Selon la religion chrétienne, il y a un maître pour tous les hommes, et il n'y en a qu'un : Dieu. C'est parce qu'elles reconnaissent toutes le même Dieu que les nations chrétiennes ne sont point étrangères les unes aux autres ; c'est parce qu'elles reconnaissent toutes le même Dieu, qu'elles ont formé au moyen-âge, et qu'elles peuvent former encore, une même grande confédération. C'est là, dans cette idée d'une confédération universelle des peuples, et non pas dans l'idée de la monarchie universelle, qu'est contenue la solution de cette grande question de l'unité du monde. Toutes les différences de gouvernement, de culte, de civilisation peuvent être acceptées sans que pour cela l'unité morale soit en danger. Que sont en effet toutes ces différences, sinon de purs accidents de forme, résultat ici du développement original, et nous dirions volontiers de l'allure qu'a prise la civilisation dans tel ou tel pays, là d'une influence naturelle des objets physiques sur l'homme, ailleurs du tempérament de telle ou telle race, plus loin de souvenirs et de traditions contre lesquels est venue se briser la toute-puissance du temps ? Pures choses de hasard, purs accidents que la mer de la vie a apportés avec son flux chez tel ou tel peuple, et qu'elle a oublié de remporter dans son reflux ! Et cependant ce sont tous ces accidents extérieurs, ce sont toutes ces différences de forme qui donnent à la vie des peuples sa beauté et son charme, qui arrêtent l'œil du contemplateur, qui enflamment l'imagination du poète, qui enfantent les diverses littératures et les diverses écoles d'art ; c'est grâce à elles que ce monde vaut la peine d'être habité et que l'existence a tout son prix.

Au fond d'ailleurs, en quoi ces différences détruisent-elle l'unité ? L'unité est-elle une chose spirituelle, morale, intangible, infinie de son essence et inaccessible à l'analyse ? ou bien est-elle une chose tangible qui se pèse et se mesure ? Est-elle une des conditions nécessaires de l'humanité ? ou bien n'est-elle que le produit d'un système et le résultat d'une volonté énergique. Si la première de ces deux hypothèses est la vraie, qu'est-ce donc que l'idée de

la monarchie universelle, sinon une impiété religieuse et
un non-sens politique? Pour que l'unité existe dans l'humanité, il n'est pas nécessaire que tous les hommes soient
liés par les mêmes chaînes matérielles, qu'ils soient em-
prisonnés dans les mêmes formes extérieures ; il suffit
qu'ils s'accordent sur les quelques choses essentielles et
sur les quelques faits éternels qui sont les bases immua-
bles de l'ordre du monde, des sociétés et de la vie individuelle. C'est là l'unité qui peut et qui doit régner dans
l'avenir, et qui s'exprimera par une confédération des
peuples ; mais l'unité par la monarchie universelle, qu'est-
ce autre chose que le triomphe des formes extérieures,
que l'hypocrisie de l'apparence, que la tyrannie et la contrainte des âmes, et le règne artificiel d'un système ou
d'une force mécanique substitué, sur toute la surface du
monde civilisé, au libre développement de la vie et à l'expression spontanée des forces intimes de l'être. Je ne
m'étonne pas que partout où cette idée a passé, elle ait
empoisonné les sources de la vie, énervé les caractères,
et qu'à un certain moment, les peuples qui y ont été soumis en soient arrivés à ne plus savoir reconnaître la vertu,
la religion, le devoir en eux-mêmes et dans leur essence,
et qu'ils aient pris pour ces saintes choses les dévotieuses
images plus ou moins imparfaites qu'on leur avait repré-
sentées comme étant ces choses elles-mêmes.

Là où ce système n'a point passé, là où il a été repoussé,
la vie a grandi et s'est multipliée dans des proportions
extraordinaires. La Hollande et l'Angleterre ont montré
qu'il n'était pas besoin d'ambitions démesurées et de visions
asiatiques pour arriver à la grandeur. Ces pays ont montré
que pour s'agrandir il suffisait du travail de l'homme, et
que pour arriver à la vie morale il suffisait d'une vie temporelle pratique et patiente. Ils ont été récompensés de
leur modération et de leur confiance en eux-mêmes par
la possession de tous les biens terrestres désirables, et par
une manière de vivre saine, pratique, grâce à laquelle ils
ont échappé aux folies qui nous tourmentent et nous mi-
nent. C'est là que s'est formée la vie moderne, c'est là que
depuis la mort de Louis XIV ont habité la fortune et les
bons génies de l'humanité, c'est là qu'a été formulée et
déterminée la règle morale des peuples et des temps nouveaux. Ainsi partout où cette idée de la domination uni-

verselle a pris racine, l'orgueil et la superstition se sont unis pour dessécher et tarir toutes les sources non-seulement de la vie morale, mais même du bonheur terrestre et de la prospérité matérielle ; et si la France, malgré tant de secousses et de malheurs, a échappé au sort commun des peuples qui ont été possédés de cette diabolique ambition, c'est beaucoup, je le crois, pour avoir hésité entre les deux tendances qui ont divisé le monde depuis trois cents ans. Ses hésitations ont engendré tous ses malheurs, mais elles ont été en même temps son moyen de salut. Si elle ne doit pas se convertir définitivement, puisset-elle hésiter longtemps !

III

Ce système de la monarchie universelle, qui a été tenté si souvent, n'a jamais pu réussir à s'établir même un seul jour, et nous ne pouvons savoir en conséquence les résultats qu'il eût produits. Cependant nous pouvons logiquement imaginer les suites qu'aurait eues le succès de chacune de ces tentatives ; elles eussent été presque toujours absurdes. Si Charles-Quint eût réussi complétement, nous aurions eu une contrefaçon de l'Europe du moyen-âge : un pape et un empereur ; mais dans cette résurrection impossible, le pape aurait été nécessairement inférieur à l'empereur. Le ministère de la parole divine eût été dominé par le ministère de la force temporelle. Ces deux puissances, qui s'étaient à peu près balancées au moyen-âge, auraient été nécessairement inégales, et peut-être aurionsnous eu en Europe le système inauguré en Russie par Pierre le Grand, la prise de possession violente et arbitraire de l'administration spirituelle par l'administration laïque. Si l'Espagne, à son tour, avait triomphé sous Philippe II, nous aurions eu le règne de la théocratie ; le pouvoir d'une caste ecclésiastique aurait dominé même la royauté ; l'Europe eût été gouvernée par un concile permanent qui aurait étendu aux choses politiques l'infaillibilité qu'il se serait attribuée dans les choses spirituelles. Mais un tel système, qui eût dépassé le moyen-âge, comment aurait-il pu prendre racine au XVIe siècle ? Pour établir ce système, il aurait fallu vaincre non-seule-

ment la Réforme, mais encore la Renaissance. En Allemagne et en Espagne , on tenta donc non-seulement des
choses insensées, mais encore (les choses insensées réus-
sissent parfois) des choses impossibles. Si la France à son
tour , ayant Louis XIV à sa tête, avait réussi à établir sa
domination sur l'Europe, que serait-il arrivé ? N'ayons
point de faux patriotisme et voyons les choses telles
qu'elles sont. Nous aurions eu le règne de la superstition
monarchique, une sorte de religion semi-espagnole,
semi-française de l'autorité, le triomphe des formes et
des convenances sociales et le despotisme de la vanité.
Telles sont quelques-unes des conséquences que n'aurait
pas manqué de produire le succès de chacune de ces tentatives.

Mais ces tentatives étaient condamnées d'avance. Un
juste châtiment n'a jamais manqué d'atteindre ces accès
d'orgueil. La prostration morale, ou une démence furieuse,
s'est emparée des pays où régna cette idée et des peuples
qui ont voulu l'imposer. Ils y ont perdu les vertus qui leur
avaient inspiré ces furieux désirs, et ils n'en ont pas regagné
d'autres. Comme j'exposais un jour à un des artistes les
plus distingués de ce temps-ci, le mieux informé peut-être
de toutes les choses de l'histoire et de la philosophie, les
désastres auxquels la passion de la monarchie universelle
avait poussé les peuples qui avaient été sa proie , il me
répondit avec un optimisme qui n'est pas toujours dans
sa nature : « Il ne faut pas se plaindre de ces tentatives,
elles ont donné lieu à de belles choses que nous n'aurions
pas connues sans elles. En soulevant toutes les passions
d'un peuple, en surexcitant outre mesure toutes ses forces
morales, en enivrant son esprit d'espérances impossibles,
ces désirs ont forcé le génie national de ce peuple à donner de lui-même une expression plus complète et plus
énergique que celle que nous aurions eue sans cela. »
Peut-être ; mais, même en admettant ce raisonnement, on
peut dire que ce désir de domination a imprimé encore sa
tyrannie sur le génie de ces peuples, et en a souvent perverti l'expression. Regardez les Espagnols : de peuple plus
virilement, plus énergiquement doué, il n'en exista jamais.
Regardez ses héros et ses grands hommes, Fernand
Cortez, Philippe II, le duc d'Albe, Alexandre Farnèse,
Ignace de Loyola , et dites si votre conscience n'est

pas effrayée de porter un jugement sur leur compte, et si l'admiration qu'ils vous inspirent ne vous cause pas un frisson d'épouvante. Deux siècles et demi nous séparent d'eux, et déjà nous les comprenons moins que les hommes de temps bien plus reculés. Les héros de la Grèce fabuleuse, les sauvages enfants de la Rome primitive, les barbares des forêts germaniques, sont plus faciles à comprendre, plus explicables pour l'homme moderne que les habitants de l'empire le plus puissant et le plus civilisé du XVIe siècle. Il faut un effort d'esprit remarquable pour saisir les mobiles qui firent agir tous ces personnages terribles, et pour reconnaître le genre de grandeur qui les caractérise. Il faut aussi un effort pour leur rendre justice ; l'impartialité coûte à leur égard. Il faut oublier toutes les règles éternelles de morale auxquelles ont cru les hommes, et consentir à des explications que l'intelligence peut comprendre, mais que la conscience refuse d'accepter. Leur histoire est une histoire exceptionnelle, anormale, monstrueuse ; leurs vertus, leur génie, leur héroïsme, qui sont très-réels et de la trempe la plus solide, sont frappés de stérilité, et n'ont en eux aucun principe fécondant. Ils ne peuvent être imités, ils ne peuvent servir de modèles aux hommes, ils ne peuvent leur être proposés comme exemplaires de sagesse, de vertu et de courage. Ces héros, s'ils étaient imités, ne pourraient produire que des bandits ; ces saints (quelques-uns le sont bien réellement) ne pourraient produire que des monstres. Un esprit satanique a perverti ces vertus étonnantes, et engendré ces anomalies et ces énigmes historiques si difficiles à déchiffrer au bout de deux cents ans. Et la littérature de ce grand peuple, est-elle assez abondante, assez riche, assez passionnée ! Et cependant qu'est-ce qu'on en accepte et qu'est-ce qu'on en veut accepter ? Toutes ces œuvres singulièrement naïves et fortes, expression franche, sincère, ardente, de la foi et de la vie du peuple espagnol, sont, comme l'héroïsme de ses grands hommes et les vertus de ses saints, privées d'un principe fécondant. Ce sont des œuvres espagnoles et non humaines, catholiques (dans le sens contraire d'*universel*, toutefois) et non chrétiennes. Un seul livre surnage dans toute cette littérature, le *Don Quichotte*, le seul livre *universel, humain*, que l'Espagne ait produit. — Et cela

est bien heureux, me disait un jour tristement un
Espagnol, car si nous n'avions pas ce livre, l'Espagne
n'aurait aucune voix pour s'exprimer devant l'Europe, elle
n'aurait aucun témoignage de son génie et de son ancienne
grandeur.

Si après l'Espagne nous considérons la France du
XVIIᵉ siècle, nous verrons bien en effet que le génie français s'éleva à cette époque à son plus haut point de perfection ; mais nous doutons que l'ambition de Louis XIV
ait eu aucune influence sur le développement de ce génie.
N'a-t-elle pas été punie d'ailleurs, cette ambition ? Il est
remarquable que le pays dans lequel la monarchie a été
presque une religion politique soit devenu le pays régi-
cide par excellence. Ce peuple ami de la royauté est devenu le peuple sans-culotte et jacobin que nous avons
connu. Ainsi l'ambition de la royauté a tué la royauté
elle-même, et les adulations dont nos pères l'enivrèrent,
se changèrent, avant même la mort du grand roi, en murmures, qui à leur tour ne tardèrent pas à se transformer
en menaces, en insultes et en défis. Je suis de ceux qui
considèrent le XVIIIᵉ siècle comme n'étant autre chose
qu'une réaction fatale contre les superstitions sur lesquelles Louis XIV voulut trop appuyer son pouvoir.
Malgré tous les revers du grand roi, l'Europe laissa la
France intacte ; et comme si la Providence eût voulu séparer la cause du peuple français de celle de son souverain, la France conserva les conquêtes de Louis XIV,
mais se chargea de fournir des vengeurs à l'Europe : les
encyclopédistes furent les hommes qui vengèrent les dangers que la monarchie française avait fait courir à l'équilibre des États et les terreurs qu'elle avait inspirées au
continent.

IV

Cependant cette pensée d'orgueil, toujours fatale aux
peuples et toujours suivie d'un prompt châtiment, n'a pas
disparu du monde. Deux nations colossales, faibles encore, mais faibles seulement parce qu'elles n'ont pas eu
le temps d'assembler et de concentrer leurs forces énormes, se sentent prises à leur tour de ce vertige de domi-

nation : l'Amérique et la Russie. De ces deux ambitions, une seule est jusqu'à présent redoutable, celle de la Russie. Jamais ambition démesurée ne s'est encore révélée sous des formes aussi dangereuses et aussi habiles. Tous les peuples qui ont aspiré à la domination universelle ont étalé leurs désirs en plein soleil, ils ont proclamé à haute voix leurs tendances. L'Allemand brutal et sincère a marché vers son but avoué à visage découvert ; l'Espagnol, ivre d'orgueil et de pensées de destruction, a loyalement déclaré à la terre entière une guerre sans trève ni merci ; le Français, vaillant, susceptible et toujours satisfait de lui-même, a ri au nez des peuples dont il méditait la conquête, et déclaré plaisamment qu'il ne ferait d'eux tous qu'une bouchée. Le premier peuple qui n'ait pas avoué son but est le peuple russe. Humble, discret, modeste, spirituel et poli, comment le redouterait-on ? Cet homme qui causera avec vous pendant des mois entiers, d'une manière si charmante, de futilités qui sembleraient ne pouvoir fournir l'étoffe d'une conversation de dix minutes, et qui pendant des mois entiers aussi n'abordera jamais une question sérieuse, quel péril peut-il vous faire courir ? Cette surface toute unie, toute brillante et gracieuse, vrai miroir aux alouettes, faite pour séduire des femmes et des dandies, quelle âme peut-elle recouvrir, sinon une âme uniquement occupée de pensées de plaisir et de vanités mondaines ! Regardez la physionomie du Russe : vous n'y découvrirez pas un trait, pas une ride qui dénote les tourments de l'ambition, de l'orgueil et du mépris ; aucune passion violente n'y a laissé ses traces. Ces physionomies sont celles d'honnêtes bourgeois lorsqu'elles sont respectables, celles de spirituels vauriens lorsqu'elles ne le sont pas. Le Russe n'est ni gênant, ni gêné ; pour ne point vous choquer, il renoncera aisément à ses habitudes ; il se fera tour à tour Français, Anglais, Allemand, avec une étonnante facilité d'assimilation. Il consentira à vous traiter de grand peuple, à accepter vos leçons, vos idées et vos goûts ; il renoncera à tous ses préjugés russes, vous demandant seulement grâce pour son empereur, c'est-à-dire pour la seule chose qui au fond fasse la vie et soit l'âme de la Russie. Sauf cette unique et importante exception, il ne vous importunera nullement de son patriotisme. Et voilà précisément où réside la force du caractère national russe ; le peuple russe est le plus circonspect et peut-être le moins sot des peuples. C'est là ce qui peut lui permettre d'en être facilement et avec le moins de danger le plus agressif.

Le plus agressif et le plus difficile à abattre et à dompter ! car ce peuple ne donne aucune prise à ses adversaires ; il sacrifiera tout à son but, mais en renonçant même aux moyens qui pourraient l'y mener le plus sûrement, si ces moyens, quoique avantageux dans le présent, peuvent être périlleux dans l'avenir, s'il y a la moindre chance qu'ils puissent un jour se retourner contre lui. Il n'apporte avec lui aucun de ces mobiles d'amour-propre qui rendent les peuples si dangereux à un moment donné, mais qui donnent si aisément prise sur eux, et qui les rendent si faciles à réduire, leur moment de triomphe passé : il n'a ni point d'honneur espagnol, ni vanité française, ni entêtement germanique, ni respectabilité anglaise. Peu importe aux Russes d'avoir raison ou tort, pourvu qu'ils l'emportent ; ils reculeront s'ils le faut, en dépit du point d'honneur militaire ; ils accepteront les quolibets et se laisseront volontiers traiter de Cosaques, pourvu qu'ils avancent d'un pouce de terrain. Nulle fausse honte, pas de respect humain, nul bruyant amour de la gloire. Voilà leur force ; ils sont en ce sens le plus moderne des peuples ; ils le sont même plus que les Anglais. Quelle est la manière moderne de comprendre la vie ? Arriver à son but, et y arriver en sacrifiant toutes les idoles auxquelles les peuples avaient élevé un culte, — la gloire, le courage militaire, l'enivrement du succès ; y arriver modestement, à pied, en habit noir et de tous les jours ; triompher, en un mot, sans le vain appareil des triomphateurs, sans les ovations, les fanfares et le cortège. La méthode qui a rendu l'Angleterre si puissante et si grande, c'est comme on le sait, cet héroïsme obscur, ce dévouement à un but, quelque restreint et modeste qu'il soit, ce sacrifice de l'amour-propre et de l'éclat. Faire tout simplement ce qu'on a à faire, quand on peut, comme on peut, avec les outils qu'on a sous la main, tel a été le moyen de succès de tous ses hommes d'état, de tous ses capitaines et de ses plus humbles enfants eux-mêmes. Lutter contre un sol rebelle ou affronter des glaces, défricher des forêts ou creuser des *railways*, se battre indifféremment, selon que l'occasion ou la nécessité l'exige, contre un alligator ou un Indien, pendre un rajah rebelle ou abattre la puissance de Napoléon, peu importe le but à atteindre et le genre d'entreprise à mener à fin : il s'agit de les atteindre tous également bien et de les mener toutes également à bonne fin. C'est dans la connaissance de cette vérité, — que toutes les vertus sont égales et en fin de compte rendent tous les buts de la vie égaux, quelque différents qu'ils soient en apparence, — c'est dans cet héroïsme obscur et modeste que l'Angleterre a trouvé sa force et sa grandeur. Mais il est une dernière idole à laquelle l'Angleterre ne renoncera jamais. Un Anglais peut consentir à bien des choses; il peut consentir à mourir bravement tout en laissant un nom ignoré, il peut consentir à se laisser railler pendant des années entières, s'il est persuadé de l'importance du projet qu'il a conçu; il peut consentir à tous les sacrifices d'amour-propre : jamais il ne consentira à abdiquer sa dignité. L'Anglais est capable de cruautés, capable d'exactions, jamais d'une lâcheté ou d'un mensonge. En dépit de son Bentham, il n'a jamais su la valeur exacte d'un vice, l'utilité qu'il contient et le parti qu'on en peut tirer. Or le peuple russe semble au contraire posséder à fond cette science tout à fait nouvelle, et sur laquelle jamais peuple n'a réfléchi d'une manière suivie et persistante. Qu'on tire de ce fait la conclusion générale qu'on voudra.

Ce n'est point par là seulement que le peuple russe est profondément moderne. Il a une autre force très-appréciée de notre temps, il a l'art des formes et des apparences, il sait présenter des surfaces. Le Russe peut avoir tous les vices, il n'a aucun défaut. Les défauts de l'esprit allemand, de l'esprit anglais, de l'esprit français, chacun les connaît; mais quel est le défaut de l'esprit russe? Les hommes nous blessent bien moins par leurs vices que par leurs défauts, cela est très-vrai; mais en revanche ils sont bien plus dangereux par leurs vices, car quiconque a le malheur d'avoir un défaut trop visible est déjà à demi vaincu.

Redoutable par son caractère, le peuple russe trouve encore dans l'état de l'Europe des armes dangereuses. Pour résister efficacement à la Russie, il ne faudrait pas seulement résister à ses armées, il faudrait aussi résister à son esprit et à ses idées, et, j'ai regret de le dire, je trouve cet esprit et ces idées répandus à doses diverses dans toutes les contrées de l'Europe. De fausses doctrines, des désirs immoraux, des libertés non réfrénées par la contrainte morale, l'envie démocratique, la passion de l'égalité, le dédain de tout ce qui n'est pas avantage terrestre immédiat, ont conduit l'Europe à un état où ce rêve de monarchie universelle est bien plus dangereux qu'au temps de Charles-Quint et de Philippe II, — époque où toutes les forces aristocratiques du continent, princes temporels, docteurs protestants, capitaines hérétiques, écrivains de la Renaissance, luttaient ligués ensemble contre une théorie contraire à leurs principes et contre une servitude que leur nature refusait d'accepter. Aujourd'hui, grâce au progrès moderne, il n'y a plus d'aristocrates de naissance, et il y en a moins encore de cette catégorie bien plus noble et bien plus puissante qui jusqu'à présent a, sous un nom ou sous un autre, gouverné le monde : il n'y a plus d'aristocrates d'intelligence, de caractère et de vertu. Rien n'est fatal comme une fausse idée de l'égalité. Si cette idée, la plus enracinée dans le cœur de l'homme, sortant des justes limites dans lesquelles elle doit être renfermée, arrive à devenir une passion et prend un développement démesuré, elle étouffe l'idée de liberté, et avec l'idée de liberté disparaît le contre-poids qui sert à tenir la balance politique en équilibre. Alors le plateau dans lequel pèse l'idée d'autorité l'emporte outre mesure, la tyrannie devient nécessaire, et c'est ainsi qu'une démocratie trop absolue fraie les voies au despotisme. Ce système s'établit sans obstacle, car la résistance est impossible là où les individus ne sont plus rien et où le principe aristocratique a disparu. Alors il ne reste plus en présence que deux puissances, les masses populaires et le souverain. Un accord tacite s'établit entre ces deux puissances, car les masses populaires ne sont jamais fortes et ont toujours besoin d'un protecteur, et le souverain ne peut jouir de la plénitude de son pouvoir qu'autant que lui seul est élevé au-dessus de la masse de ses sujets et n'a pas à craindre de rivaux d'influence. Cet état est presque celui de l'Europe moderne. Quel beau moment pour rêver la monarchie universelle ! Il n'y a plus maintenant de Calvin pour fonder des républiques et de Guillaume le Taciturne pour les maintenir. L'homme qui viendra au nom de l'égalité soulever les populations, qui, — en échange d'une liberté utile seulement au petit nombre d'hommes destinés à faire pour le genre humain exactement les mêmes choses que le despote, mais à les faire plus noblement, — étendra sur les sombres et muettes masses humaines la protection qui les assurera contre leurs propres excès et promettra de donner à tous une part égale dans une gamelle commune, — celui-là, si l'on n'y prend garde, réussira infailliblement. L'égalité par la force, sinon autrement, la fraternité par le knout, sinon autrement ! Et maintenant ouvrez M. de Haxthausen et les rares voyageurs qui ont su voir et pénétrer le génie de la Russie, et dites si cette idée de l'égalité par le tsar et du nivellement par la souveraine puissance ne s'y rencontre point. La Russie ne me paraît si dangereuse que parce que ses tendances politiques se trouvent juste au niveau des dispositions morales de l'Europe.

Enfin, troisième et suprême danger, la Russie est la main des peuples slaves. C'est elle qui en est la force et le moyen d'action. Toutes les qualités du génie latin, qui se traduisent sous des formes excessives et violentes en Espagne, passionnées et sensuelles en Italie, ont trouvé en France leur forme modérée et pratique. Toutes les qualités du génie germanique ont trouvé leur expression modérée et pratique en Angleterre. Il en est ainsi de la Russie vis-à-vis des peuples Slaves ; elle représente leur génie et leurs mœurs sous une forme étrange, mais modérée et pratique aussi : facilité de vivre, soif du bonheur, douceur de caractère, gouvernement patriarcal, vif sentiment de la fraternité humaine, tous les instincts des Slaves sont également ceux des Russes. La Russie représente en outre une pensée de vengeance. Il n'y a pas eu de peuples aussi malheureux que les peuples de l'Europe orientale, à quelque race qu'ils appartiennent. La Bohême, deux fois écrasée par l'Allemagne, a vu changer sa population, disparaître sa noblesse et abolir sa religion ; la Hongrie meurt tout entière à Mohacz en quelques heures, et passe sous la domination de l'Autriche pour échapper à celle du musulman ; la Pologne se voit trois fois déchirée toute vivante et rayée du rang des nations. Les peuples chrétiens de l'empire grec passent sous le joug des Turcs. La Russie, subjuguée par les Tartares, voit ses boyards ré-

duits à l'état de serfs et ses femmes nobles à la condition
de servantes. A chaque instant, sur toute cette vaste région, qui est le théâtre naturel de la lutte entre l'Europe
et l'Asie, lorsque l'Asie envahit l'Europe, passent les armées ennemies. Lorsque le Turc s'est retiré, l'Allemand
arrive. Soumis ainsi à des oppressions et à des exactions
sans nombre, les peuples orientaux n'ont pu jouir des
bienfaits de la civilisation moderne. Ils ont été arrêtés
dans leur développement normal, et forcés de croupir dans
le moyen-âge. Les nobles institutions du moyen-âge, excellentes pour un temps, sont devenues chez eux semblables à un marais stagnant, plein d'exhalaisons im-
pures. Leur vie en a été empoisonnée. Pour eux, il n'y a
pas eu de monarchie moderne, pas de Henri IV, pas de
Louis XIV; pour eux il n'y a pas eu de Renaissance et de
culture intellectuelle générale, pas de Réformation; ils
n'ont eu que les échos de ces grands mouvemens. Ils
n'ont pas eu d'industrie, et par conséquent aucune des
transformations sociales que l'industrie a amenées dans
le monde; ils n'ont pas eu de classes moyennes, et leur
société, composée de nobles et de serfs, est restée scindée
en deux par une abîme énorme. Ils se sont arrêtés sur le
seuil du monde moderne, et n'ont jamais pu y entrer
qu'individuellement. En masse et comme nation, ils en
ont été exclus par la fatalité des circonstances, par la violence de la guerre, par la tyrannie des gouvernemens.
Dans un de ses rêves, le poëte anonyme de la Pologne
met en scène le *Vengeur* des opprimés de l'ancien monde,
et le décrit comme le fils d'un pirate grec de l'Archipel et
d'une vierge barbare des bords de la Baltique. A son tour,
voilà que le vengeur de ce monde oriental se lève, issu,
lui aussi, d'un Grec et d'une barbare, et unissant en lui
l'astuce du Byzantin à la sauvagerie du Cosaque. Oh!
comme elle est vraie, cette loi de l'histoire et de la morale que nous appelons de noms divers, selon le système
que nous avons adopté, rétribution, châtiment, expiation!
Les injustices accumulées finissent par devenir un germe
de mort pour les oppresseurs et pour les innocents à la
fois. La violence subie trouve sa récompense, et un jour
des débris amoncelés par les tyrannies barbares des Tartares et des Turcs, par la tyrannie savante des gouvernemens civilisés, par l'indifférence des peuples puissans

et heureux, sort un empire redoutable, armé de pied en
cap, qui vient troubler dans ses joies et dans ses plaisirs,
dans ses affaires et sa poursuite de la richesse et du luxe,
l'Europe heureuse et tranquille, et pousse un cri que tout
le monde a pu entendre : « A ton tour, Turquie, tu paieras
l'impôt de la capitulation, et tu achèteras le droit de vivre ! A ton tour, Allemagne, tu subiras le sort de la Pologne ! A ton tour, Europe, tu recevras d'étrangers et
d'ennemis la tyrannie que tu n'as pas voulu accepter de
tes princes nationaux, et l'Orient t'imposera le système
que tes propres despotes n'ont pu faire triompher ! »

V

Je m'arrête à regret. Cette question de la monarchie
universelle demanderait, pour être examinée dans tous
ses détails, un de ces énormes traités politiques dont le
XVIe siècle se montra si prodigue dans ses controverses ;
mais si la pensée de la domination est de toutes les époques, en revanche les *in-folios* ne sont guère de notre
temps. J'ai voulu tout simplement faire l'historique de
cette idée, en montrer tous les dangers, non-seulement
pour les peuples qu'elle menace, mais pour les peuples
qui l'adoptent et essaient de la faire triompher. J'ai voulu
montrer la Russie reprenant à son tour cette idée fatale,
et la reprenant dans les conditions les plus redoutables
pour l'Europe. Dès la nouvelle apparition de cette chimère
qui a fait couler tant de sang et qui a exténué tant de peuples, l'Europe s'est émue, et les nations se sont serrées
l'une contre l'autre par un même sentiment de péril et
un même mouvement de crainte. La Russie sera certainement repoussée, elle rentrera pour un temps dans ses
steppes. Prudente et patiente comme elle l'est, elle reculera sans honte et consentira à reculer pour attendre en
sûreté le moment de s'élancer de nouveau sur sa proie ;
mais que la Russie recule et consente à reculer, là n'est
pas la question : il faut des garanties pour l'avenir, ainsi
que disent les orateurs du parlement anglais ; oui, des
garanties non-seulement matérielles, mais morales.
Les précautions morales que l'on peut prendre contre

la Russie sont nombreuses; nous en signalerons quelques-
unes seulement, en laissant au lecteur le soin de suppléer
à ce que nous ne dirons pas. Ce n'est pas la Russie qui a
inventé la première cet esprit d'envahissement à outrance
qui la caractérise, ni ce rêve de monarchie universelle
qu'elle a repris à son tour, ni cette utopie de l'unité par le
pouvoir politique qu'elle célèbre et préconise. Tout cela est
parti d'ailleurs et de bien des points divers. Tous les peuples ont été coupables tour à tour de ces chimères impies
qui ont engendré des réalités sanglantes, et est-il bien sûr
que l'Europe en soit guérie? Il ne manque pas de gens
d'une orthodoxie trop ardente qui sont tout prêts à regretter l'insuccès de Philippe II, ou de gens d'un patriotisme trop opiniâtre qui sont tout disposés à regretter
l'insuccès de Louis XIV. On pourrait trouver des prôneurs
d'autorité à tout prix faisant profession de croire, en leur
âme et conscience, à l'infaillibilité des gouvernemens et
des mécanismes politiques; les plus intelligens sont encore ceux qui croient à l'infaillibilité de la force, contre
laquelle en effet il n'y a pas à résister. A leur tour, les
philosophes cosmopolites vous affirmeront que le but de
l'humanité est d'arriver à n'avoir qu'un seul costume pour
tous les peuples, qu'une seule langue pour exprimer partout les mêmes vérités et les mêmes sottises; puis les révolutionnaires avoueront que le monde ne sera sauvé que
lorsqu'il aura passé tout entier sous les fourches caudines
de leurs principes. Nous ne sommes donc pas si loin de
croire, nous aussi, à la monarchie universelle. Si nous
voulons résister efficacement à la Russie, ne croyons point
aux mêmes principes qu'elle, car qu'importeraient les
succès de la guerre, si son esprit devait triompher, et ses
défaites matérielles, si la victoire morale devait en fin de
compte lui rester?

Il faut donc résister à la Russie par les armes; mais,
chose plus importante, il faut lui résister par les principes
sur lesquels les sociétés se sont toujours appuyées jusqu'à une date très récente (la fin du dernier siècle, si l'on
veut), et que les despotes les plus absolus ont toujours
implicitement reconnus, et n'ont jamais osé trop ouver-
tement violer. L'esprit russe, c'est la haine de l'individu
et son absorption dans l'état au profit du pouvoir despotique. Ce système politique, qui est tout simplement une

impiété, est nécessaire aujourd'hui à l'établissement de la monarchie universelle. La Russie n'a pas dédaigné de faire parfois appel aux passions démocratiques, et, en y faisant appel, elle agit conformément à ses principes. Là où l'individu n'a aucune part au gouvernement et où son influence est nulle, le despotisme seul sera possible ; car, ainsi que nous l'avons dit, les masses populaires ne lui résisteront pas, et même elles l'appelleront de tous leurs vœux. N'ayant plus auprès d'elles aucune protection locale, elles se retourneront naturellement vers le pouvoir central et feront entendre le cri des paysans russes : « Ah ! si Dieu n'était pas si haut et l'empereur si loin ! » Qu'un tel système puisse être appliqué dans des pays où l'aristocratie n'a jamais existé, ou bien dans des pays où l'influence aristocratique a été funeste et où l'individu a mal usé de son pouvoir, c'est là un fait malheureusement incontestable ; mais ce fait ne prouve rien, grâce à Dieu, contre un principe qui est absolument nécessaire aux nations, soit qu'on veuille une société sensée et pratique, bien gouvernée et moralement conduite, soit qu'on rêve une société idéale et abstraitement ordonnée.

Le pouvoir de l'individu a toujours existé dans les sociétés humaines : on l'a quelquefois contesté, quelquefois combattu ; jamais on ne l'a nié avant notre époque. Il est vrai de dire en revanche que l'individu réclamait sa part de légitime influence avec un acharnement et un courage qui devaient lasser les plus terribles despotes. Il s'avançait humblement, timidement ; il réclamait, pétitionnait, suppliait, s'agenouillait, et lorsque tous ces moyens respectueux étaient épuisés en vain, lorsqu'il ne lui restait plus de ressources, il prenait bravement son parti et se redressait de toute sa hauteur. L'histoire du moyen-âge et celle du xvie siècle, époque où l'influence individuelle a été souvent combattue, sont pleines de ces revendications, humbles d'abord, hautaines et courageuses ensuite, des droits de la conscience humaine. Au xviie siècle, sous le monarque le plus fier qui se soit assis sur un trône, cette influence n'a jamais été contestée, et on peut dire qu'à cette époque chacun des hommes dont le nom est resté célèbre a obtenu la part de respect et de pouvoir qui lui était due. Ce n'est qu'à notre époque que l'individu a perdu ses droits. Que l'Europe moderne retourne aux principes qui ont toujours fait sa force, c'est pour elle le plus sûr moyen d'échapper à l'influence russe, car une civilisation ne vaut la peine d'être sauvée que lorsqu'elle diffère sur tous les points importans de la civilisation ennemie qui cherche à l'anéantir. Et ce qui compose précisément la civilisation traditionnelle de l'Europe, c'est que l'équilibre n'a jamais été rompu entre cette action *continue*, permanente de l'autorité établie, et l'action exceptionnelle, temporaire, *discontinue* de la liberté humaine et de l'influence individuelle.

Je résumerai en deux lignes la pensée de cette esquisse. L'ambition de la monarchie universelle a toujours causé la mort des peuples, et elle ne l'a causée que parce qu'elle s'est brisée contre des obstacles impossibles à franchir; mais si l'on suppose que les dispositions morales des peuples menacés soient exactement les mêmes que celles du peuple qui menace, cette ambition, qui jusqu'à présent n'a été qu'une chimère, pourrait devenir réalisable. Or, cette ambition est représentée maintenant par la Russie ; si nous voulons la vaincre, non-seulement matériellement, mais en principe et en esprit, de manière à ce qu'il n'en reste plus trace, purifions-nous, dépouillons-nous de tout ce qui peut lui donner prise et action , non-seulement sur nos corps, mais sur nos âmes.

DE L'HOMME ÉCLAIRÉ

Si la France n'est pas en état de belle et parfaite santé, ce n'est point faute de médecins et de systèmes. Enumérer les panacées universelles qui ont été proposées serait déjà une rude tâche ; nous avons une multitude de grands principes dont l'usage exclusif nous a été conseillé : le *grand* principe d'autorité, le *grand* principe de liberté, sans compter le *grand* principe d'anarchie, et le *grand* principe de communauté. Nous les avons tous essayés tour à tour, et nous n'avons guère eu à nous louer de leur efficacité. Peut-être la raison de ces nombreux insuccès se trouverait-elle précisément dans l'emploi exclusif de chacun de ces remèdes, qui, pris à part et à trop forte dose, ne manquent jamais d'engendrer une maladie nouvelle, au lieu de guérir l'ancienne. On pourrait dire que nous payons une foule de taxes morales, beaucoup plus lourdes que les taxes matérielles ; nous payons en servitude la protection qu'on nous offre contre l'anarchie, et en anarchie les vengeances que nous tirons de la servitude ; mais ni la servitude ni l'anarchie ne disparaissent pour cela, aucune des deux n'est punie, et c'est nous-mêmes qui recevons les coups que nous destinions à ces êtres abstraits et métaphysiques.

Ce n'est pas non plus faute de docilité si le peuple français n'arrive pas à être heureux. On chercherait vainement une agglomération d'hommes plus confiante et plus crédule que les trente-six millions d'êtres humains qui foulent le sol français. Leur inculquer un principe sur lequel ils s'appuient pendant les siècles serait peut-être difficile, mais les amener à croire à un quasi-principe qui puisse leur servir de mot d'ordre pendant quelques années est extrêmement aisé. Que de bonnes railleries, depuis cinquante ans, ce peuple n'a-t-il pas dirigées contre le droit divin des rois, les prétentions de l'Église à l'infaillibilité, le système de pondération constitutionnelle, la république et le gouvernement par contrat social, l'aristocratie héréditaire et la démocratie, le marquis de Carabas et le républicain rouge! Le peuple français, si mobile, si versatile, mais qui avait toujours été si sensé et si pratique, si prompt à se railler de l'enthousiasme banal, est depuis cinquante ans le peuple qui participe le plus de la nature des foules. Vous croiriez, en lisant son histoire contemporaine, lire la fameuse scène du *Jules César* de Shakspeare, où le peuple applaudit tour à tour le meurtrier de César et l'apologiste de César. Son cri est aujourd'hui : plus de gouvernement monarchique ! — un autre jour : plus de gouvernement populaire ! Les mots autorité, tradition, liberté, se succèdent dans sa bouche avec une étonnante rapidité. Ainsi la France marche de réaction en réaction et se dirige sous des drapeaux et des emblèmes sans cesse renouvelés vers des destinées aussi incertaines que ses idées.

Mais ce ne sont pas seulement les foules qui changent ainsi de doctrines et de croyances, ce sont aussi les hommes qu'on pourrait croire les plus convaincus des idées qu'ils ont prêchées toute leur vie ; ce sont des historiens qui arrivent, à un certain moment, à douter des résultats de leur science historique, des philosophes qui doutent des résultats de leurs méditations, des politiques qui doutent des principes dont ils ont été les défenseurs intraitables, exclusifs et violents. Rien n'est curieux comme les polémiques rétrospectives qui ont lieu depuis quelques années parmi le public instruit de notre époque. Des faits vieux de trois cents ans sont exhumés de la poussière historique où ils dormaient ensevelis ; on les interroge de nouveau, on refait leur procès, on les absout ou on les condamne. La Réforme, la Renaissance, Richelieu,

Louis XIV, provoquent des discussions violentes et d'étranges récriminations. Un jour il plaît à un écrivain passionné de déclarer que la révocation de l'édit de Nantes fut un acte d'autorité très-légitime et très-méritoire, et on le réfute gravement comme s'il s'agissait d'un fait contemporain. Un autre jour il plaît à un ecclésiastique, d'une foi trop ardente, de jeter l'anathème sur les lettres grecques et latines, et aussitôt il s'engage une véritable bataille des livres plus plaisante que celles qu'ont chantées Swift et Boileau. On se dispute un an à ce sujet; l'épiscopat français tout entier prend parti dans la querelle, le clergé français se sépare en deux camps, les représentants de la science laïque dénoncent une Saint-Barthélemy intellectvelle, on en appelle à Rome, et le représentant du catholicisme élève la voix pour décider une question qui reposait en paix depuis trois cents ans. Un autre jour encore la presse française se divise sur les mérites du moyen-âge, les uns déclarant que le moyen-âge fut l'âge d'or de l'humanité, les autres refusant d'y voir autre chose que des rues mal pavées et des moines ignorants. Y a-t-il fait qui constate d'une manière plus frappante l'incertitude des esprit contemporains ! Que signifient ces discussions rétrospectives si passionnées, sinon que nous ne sommes point satisfaits de nous-mêmes, que nous regrettons beaucoup, que nous espérons peu, et, par-dessus tout, que nous n'avons pas de principe *actuel* qui nous fasse vivre et nous tienne lieu du passé? Je ne sais si l'axiome : « heureux les peuples qui n'ont pas d'histoire ! » est vrai ; mais en revanche on peut sans se tromper le retourner ainsi : « heureuses les générations qui ne s'occupent pas de l'histoire, heureux les hommes qui ne tournent pas leurs regards vers le passé, qui n'ont rien à regretter, à qui le présent suffit, parce qu'ils y trouvent à la fois un principe d'action et un but moral ! »

Sans rechercher bien loin les causes de ce chaos moral dans lequel se débat la France, ne pourrait-on pas l'attribuer en partie à la disparition d'une classe d'hommes qui depuis trois cents ans a joué un grand rôle en Europe et en France plus encore qu'ailleurs, — les hommes qu'on appelait jadis *éclairés?* Quel est le spectacle politique que donne la France depuis un demi-siècle ! Les ambitions et les passions jettent en avant un mot qui désigne un principe vrai : c'est tantôt le mot liberté, tantôt le mot égalité, tantôt le mot autorité ; et le public, après l'avoir entendu résonner quelque temps à ses oreilles, finit par se persuader qu'il y croit, l'adopte et le répète jusqu'à ce que ce mot soit devenu un fait. La France passe ainsi d'un système traditionnel à un système libéral, et d'un système anarchique à un système autocratique. Entre ces ambitions qui cherchent à se satisfaire et le public qui leur prête naïvement la main, il n'y a aucun intermédiaire. Il est étonnant de voir à quel point les lumières existent peu, non-seulement parmi ce public affairé qui s'agite tout le jour pour trouver ses moyens d'existence, mais encore parmi le public riche, indépendant, qui possède le repos et le loisir. Les hommes en France commencent à ne se distinguer les uns des autres que par le costume ; mais moralement cet homme si luxueusement couvert, si irréprochablement cravaté, n'est pas très-différent du voisin plus pauvrement vêtu : ils rentrent l'un et l'autre dans la vulgaire foule humaine. Ils ne sont point séparés par les lumières, ni même par l'éducation ; ils ne sont séparés que par les intérêts. L'un est généralement conservateur à tout prix parce qu'il a beaucoup à perdre ; l'autre est généralement indifférent au maintien de l'ordre, parce qu'il n'a à peu près rien à y gagner. Quant à consulter l'un ou l'autre sur une question d'intérêt politique ou moral, cela est inutile ; leurs deux opinions ne valent pas mieux l'une que l'autre et ne peuvent être acceptées avec confiance. Aussi l'opinion numérique est-elle arrivée à n'avoir aucun prix, et l'on se trouve dans cette situation décrite par les anciens, où l'opinion de toute une ville ne vaut pas très-souvent celle d'un seul homme, où l'opinion d'un sage reconnu pour tel par toute une nation vaut mieux que celle de cette nation tout entière.

Cette classe particulière d'hommes dont nous voyons les derniers représentants, et qui jeta son dernier grand éclat au XVIIIe siècle, a existé pendant trois cents ans. Il est remarquable que les *hommes éclairés* sont nés avec les partis politiques, et l'on peut prévoir qu'ils disparaîtront avec eux. L'existence des partis est un fait bien plus moderne qu'on ne le croit généralement. Il n'y avait pas, à proprement parler, de partis au moyen-âge, car dans une société irrégulière il y a seulement des phéno-

mènes sociaux. De loin en loin, un fait se produit qui
dérange la vie des populations et la force de s'arranger
autrement que par le passé : ce ne sont que des faits ré-
sultant tantôt de la fatalité des passions humaines, tantôt
de la condition matérielle de la société, tantôt de l'initiative individuelle. Un Pierre l'Hermite prêche les croisades et précipite l'Europe sur l'Asie, des populations
pressurées et affamées se soulèvent, des intérêts naissent
et demandent leur place au soleil; mais il n'existe rien
qui ressemble à ce qu'on peut appeler un parti. Les partis
supposent une société qui possède une connaissance plus
complète de la vérité morale que celle qu'avait le moyen-
âge ; ils supposent une société *intellectuelle* et non plus
instinctive, qui est capable de transformer ses passions
en principes moraux, qui n'est plus menée par les faits imprévus, mais dans laquelle les différentes classes de citoyens cherchent au contraire à tirer profit des faits en
faveur de leurs idées. Aussi peut-on dire que les partis
n'ont commencé à exister qu'avec le XVIe siècle, à l'époque
où les intérêts ont commencé à devenir intellectuels, où la
civilisation morale a été assez avancée pour que les hommes
aient reconnu l'existence de plusieurs principes différents, à
l'époque, en un mot, où la civilisation matérielle et la
civilisation intellectuelle se sont fondues ensemble et n'ont
formé qu'un tout. Alors aussi a apparu cette classe remarquable des hommes éclairés qui ont joué un si grand
rôle, et si divers dans l'histoire des trois derniers siècles,
intermédiaires entre les partis pendant le XVIe siècle, et
représentants des sentiments d'humanité, de justice et de
tolérance au milieu des passions en lutte, serviteurs dévoués, respectueux et soumis des pouvoirs établis au
XVIIe siècle, partisans impuissants de la modération au
XVIIIe. A partir de cette dernière époque, la civilisation
matérielle ayant commencé à dominer la civilisation morale, et les intérêts ayant pris le dessus sur les principes,
l'influence des hommes éclairés a commencé à décliner,
et aujourd'hui cette classe elle-même tend à disparaître.

Leur rôle pendant les trois derniers siècles a été, ainsi
que nous l'avons dit, très-divers; il y a pourtant une certaine
unité dans leur histoire. Ce sont eux qui ont le plus servi
l'humanité pour elle-même, en dehors de toute idée religieuse et de toute passion de secte et d'église. Nés au

xvie siècle, à l'époque où l'Europe se divisa en deux camps, et où l'humanité chrétienne tout entière, depuis les princes jusqu'au dernier paysan, prit parti dans la grande querelle de la Réforme, ils ne se placèrent généralement dans aucune des deux armées, et gardèrent une position neutre et intermédiaire. Ils ne furent ni catholiques, ni protestants. Ils se rattachèrent aux traditions de l'antiquité grecque et romaine, qu'ils contribuèrent à renouer, et formèrent ce qu'on peut appeler le parti de la Renaissance. S'ils servirent la Réforme, ce fut moins par zèle pour elle que par amour de la tolérance et de la modération ; s'ils servirent l'église catholique, ce fut moins par conviction que par amour pour l'ordre établi et la tradition. Ils firent de toutes les questions religieuses des questions surtout politiques et sociales ; ils s'efforcèrent autant que possible d'apaiser les passions fougueuses de leur siècle et de les entraver. Le type de ces hommes fut Erasme. Le grand Luther s'indignait de la tiédeur du zèle d'Erasme, et disait en l'invectivant : « Cet homme est le plus grand ennemi de Dieu et de son église. Il aimerait mieux voir périr l'Evangile que de voir l'Allemagne se prendre aux cheveux et l'Europe déchirée par la guerre. » Incontestablement Luther devait préférer l'Evangile même à l'Allemagne, et n'avait pas à s'inquiéter des résultats immédiats de ses prédications ; peut-on blâmer cependant Erasme de sa prévoyance de sceptique ? On peut certes refuser les bienfaits moraux d'une doctrine dont les fruits ne profiteront qu'aux générations futures, lorsqu'il faut sacrifier pour ces bienfaits douteux les générations présentes et vivantes auxquelles on appartient. Et c'est là sans doute ce que pensait Erasme. Une société qui serait gouvernée par des sceptiques de la trempe d'Erasme deviendrait bientôt la plus plate et la plus vulgaire des sociétés ; mais en revanche une société où les Luther n'auraient à subir aucun contrôle, et où l'initiative du génie ne rencontrerait aucun obstacle, deviendrait bien vite une société où il serait impossible de vivre. Le génie doit être forcé à la modération, et ce n'est ni le peuple, qui de sa nature est toujours excessif, ni les grands, qui en cela se rapprochent du peuple, qui peuvent le forcer à la modération : ce sont ces partis moyens un peu sceptiques et un peu froids.

L'homme éclairé n'est pas ordinairement un homme d'un grand génie. Il n'a ni grande invention, ni grande initiative, mais en revanche il est exempt de ces vices qui obscurcissent trop souvent les hautes intelligences, — l'âpreté de l'ambition, la passion et la vigueur excessive du caractère. — Quels sont les hommes éclairés du XVIe siècle ? Ce ne sont pas les grands génies de cette époque, qui en compte tant et de si divers ; ce ne sont point les hommes qui ont laissé un grand nom dans l'histoire et une longue trace de leur passage sur la terre. Non, ce sont bien plutôt des érudits aujourd'hui presque oubliés, des publicistes aujourd'hui dédaignés, des hommes dont les figures ne nous apparaissent plus que sur le second plan. Ils se divisent en deux groupes principaux : l'un, formé d'écrivains et de pamphlétaires, qui composent ce qu'on peut appeler le parti de la Renaissance, et dont Erasme est le prototype ; l'autre, formé de politiques et d'hommes d'action, qu'on peut appeler les parlementaires, et dont L'Hôpital est le héros. C'est à ce groupe qu'appartiennent les Achille de Harlay, les de Thou, les écrivains de la *Ménippée*. Il est difficile aujourd'hui de constater d'une manière certaine le mal qu'ils ont empêché et le bien qu'ils ont accompli dans ce XVIe siècle si orageux et si sanglant ; mais nous pouvons présumer par ce qui a été de ce qui aurait pu être. De combien de crimes, de combien de souillures n'ont-ils pas préservé les annales de l'histoire ! Combien d'actions honteuses n'ont-ils pas flétries ! Combien n'ont-ils pas empêché de guet-apens projetés et de trahisons en train de s'accomplir ! Aucun des grands hommes de guerre et de pensée ne s'occupait au XVIe siècle de ce que souffrait la société ; aucun ne pensait à cette multitude anonyme, obscure, paisible, qui cultive ses champs, qui entretient l'activité du travail dans les villes, qui vit des transactions du commerce, qui n'a pas d'intérêts politiques en un mot, et qui n'a d'autres intérêts que ceux que lui a créés la société dans laquelle sa vie s'écoule. Seuls, les hommes éclairés s'en sont inquiétés à cette époque ; sans eux on peut dire que la vie n'eût pas été possible pour tous ces êtres humbles, modestes et obscurs qui composent le fond de la société civilisée. Ecrasées entre le peuple et les princes, entre les armées et les sectes, les classes moyennes n'auraient pas pu vivre, et si finalement le xvi° siècle n'a pas dégénéré en une anarchie pire cent fois que celle du moyen-âge, c'est que la Renaissance a été contemporaine de la Réforme, et que l'amour de la culture intellectuelle a surgi dans l'esprit humain en même temps qu'il s'affranchissait des liens moraux du pouvoir religieux, qui l'avait jusqu'alors contenu et dompté.

Mais le rôle des hommes éclairés à cette époque a été plus grand encore. Ce sont eux qui, en fin de compte, triomphèrent. On peut dire que c'est à eux que nous devons, avec la monarchie de Henri IV, ce gouvernement de compromis et de véritable juste-milieu qui s'appela la royauté française, et qui semble avoir été le gouvernement le mieux approprié au génie de la France. C'est à leur influence que l'on doit le règne de Henri IV, l'édit de Nantes, la réconciliation des partis ennemis. Ils ne donnèrent raison à aucun des deux partis qui avaient divisé la France pendant le xvi° siècle, et se bornèrent à établir un semi-protestantisme politique qui a duré jusqu'au moment où un grand roi, égaré par la dévotion, essaya, par un acte violent, de remonter le cours des siècles. Le véritable gouvernement français, ce sont eux qui l'ont fondé ; la véritable tradition française, ce sont eux qui l'ont établie. Aussitôt que leur œuvre fut consolidée, la France monta à une élévation de grandeur et de génie qu'elle n'avait jamais atteint auparavant, et qui s'abaissa dès que Louis XIV, par la révocation de l'édit de Nantes et les sombres ardeurs religieuses de la fin de son règne, eût porté, roi révolutionnaire sans le vouloir et sans le savoir, le coup mortel à cette œuvre de compromis et de civilisation modérée qui composait la tradition française. Voilà quelle fut l'œuvre de cette classe d'hommes au xvi° siècle : ils empêchèrent ce siècle sanglant d'être plus sanglant encore, et contribuèrent plus que personne à fonder la société monarchique française. Au xvii° siècle, au milieu de cette société même, leur attitude n'est pas moins digne d'attention.

L'homme éclairé, ainsi que nous l'avons déjà dit, n'est pas toujours, il s'en faut de beaucoup, un homme de génie, et l'homme de génie en revanche n'est pas toujours un homme éclairé ; mais au xvii° siècle on peut dire qu'il y eut une fusion complète entre le génie et les lumières,

et que tous les hommes éminents de cette époque furent
en même temps des hommes éclairés. Serviteurs dévoués
de l'autorité, de la tradition et des pouvoirs établis, ils
surent garder en même temps une liberté d'esprit et une
indépendance de langage qui les préservèrent de la servilité. Ce sont peut-être les seuls hommes qui aient pu être
respectueux *à outrance* sans devenir jamais serviles, et
qui aient toujours été soumis sans cesser d'être dignes et
nobles. Jamais les idées traditionnelles de la civilisation
française ne trouvèrent de tels interprètes. Sous leur plume,
et en passant par leur bouche, ces idées revêtirent des
formes singulièrement variées et nouvelles, et la tradition
se montra plus jeune, plus belle, plus féconde que l'innovation et le changement. Conserver est souvent le propre
de l'honnête homme, parce qu'il est timide et sceptique ;
mais ces mobiles n'eurent aucune influence sur les grands
esprits du xviie siècle. Ils furent conservateurs non par
timidité et par scepticisme, mais par bon sens. Chez eux,
rien de violent, de téméraire, de chimérique. Ils pensent
non-seulement avec grandeur, ce qui est le propre de
tous les hommes de génie, mais avec modération : leur
vie est majestueuse et toute familière cependant, si l'on
peut s'exprimer ainsi. Les grands hommes de cette époque ont toutes les splendeurs du génie sans ses violences
trop fréquentes, et tout le bon sens des hommes éclairés
sans leur timidité et leur scepticisme.

Dans cette esquisse rapide du rôle historique des
hommes éclairés, nous voilà arrivés au xviiie siècle, et
nous éprouvons quelque embarras pour en parler. Quelle
que soit notre estime pour la culture humaine, nous ne
pouvons nous cacher qu'il existe des principes, qui forment
la base inébranlable des sociétés, que le xviiie siècle a battus
en brèche. C'est alors que cette union entre les lumières et
le génie, qui avait été le principal caractère du siècle précédent, se rompit. Toutefois il est un problème historique
qu'il est intéressant de se poser. Ce xviiie siècle, si violent,
si passionné, si destructeur, en admettant qu'il fût fatale-
ment amené par le cours inévitable et logique des choses,
ne pouvait-il pas prendre une autre tournure et rester
modéré, même en conservant le fonds d'idées qui lui est
propre? A l'entrée du xviiie siècle se trouvent deux hommes d'un grand talent, les deux types de l'homme éclairé

par excellence : un Français, Pierre Bayle ; un Anglais, John Locke. Tous deux représentent la pure intelligence humaine, tous deux sont républicains, partisans de la tolérance, révolutionnaires même, si l'on veut, dans un certain sens ; mais tous deux sont en même temps circonspects dans leurs attaques contre les pouvoirs établis, les idées ou les préjugés de leur temps, indulgents pour les hommes et même pour les abus. Tous deux, — fait qui n'a pas été assez remarqué et qui est digne de l'être ! — ne sont point des novateurs ; ils restent dans la tradition, et ne s'en séparent pas violemment comme leurs successeurs. On peut les considérer l'un et l'autre comme les sources d'où le XVIIIe siècle est sorti, mais combien le fleuve est différent de la source ! Que fût devenu le XVIIIe siècle, si l'influence de Bayle et de Locke y eût été plus forte, si elle y avait formé une tradition philosophique et des partis politiques imprégnés de leur esprit? Il est très probable que nous aurions vu se passer en France ce qui s'est passé en Angleterre, et qu'au lieu d'un siècle révolutionnaire et destructeur nous aurions eu un siècle réformateur. Nous aurions toujours eu le XVIIIe siècle, mais nous l'aurions eu sage, modéré, éclairé.

Le XVIIIe siècle en effet, tel que nous le connaissons, n'est pas un siècle éclairé, c'est un siècle passionné, violent, sans scrupule moral. Ce n'est pas à dire pour cela qu'il n'ait pas existé alors d'hommes éclairés ; il en existait beaucoup, mais ils n'avaient ni assez d'amour du bien ni assez de caractère pour résister aux influences qui les entouraient ; ils étaient tous plus ou moins dominés par elles. Les hommes sages du XVIIIe siècle, les modérés de la Constituante, sont fort estimables sans doute, mais ils sont inférieurs de tout point, même en bon sens pratique très souvent, aux violents et aux passionnés auxquels ils s'efforçaient de résister ; leurs vertus sont d'un ordre médiocre et mesquin, leurs idées sont bornées et étroites, leur conduite timide, leur caractère sans consistance. En résumé l'homme éclairé du XVIIIe siècle est un être peu séduisant, peu agréable à contempler. Nous voilà bien loin du XVIIe siècle, bien loin surtout de ces savants de la Renaissance ou de ces grands parlementaires qui, malgré la modération de leurs caractères, se montrèrent si souvent héroïques, et dont toute la personne respire une si mâle honnêteté. Ceux-là sont virils dans leur modération, tandis que les hommes éclairés du XVIIIe siècle ne sont modérés, dirait-on, que par suite d'une certaine faiblesse de tempérament et d'un certain affaiblissement de l'âme. Et pourtant c'est alors que pour la dernière fois peut-être la société française sut ce qu'était réellement un homme éclairé. Depuis on a possédé de l'esprit, du talent, de la science et surtout des passions, mais de lumières peu ou point.

DE L'ITALIE ET DU PIÉMONT [1]

—

Celui qui a dit le premier qu'il était impossible à un peuple chrétien de mourir entièrement, a exprimé non-seulement une grande, mais une consolante vérité historique. Il est consolant, en effet, de penser que le dogme de la résurrection n'est pas uniquement un dogme religieux, mais un fait pratique vérifié par l'expérience ; qu'un peuple mis au tombeau n'est point un Lazare que la parole d'un Dieu seul pourrait ranimer, mais qu'enseveli comme ce Dieu lui-même, il ressuscitera le troisième jour. Il est consolant de penser que, chez les peuples de la moderne Europe, il n'y a point de défaite irréparable, mais simplement des vicissitudes de fortune ; point d'anéantissement, mais des maladies qui durent parfois des siècles et qui font condamner le malade par de longues générations successives auxquelles il survit cependant, et sur les cendres desquelles un beau jour il danse bruyamment ses farandoles de triomphe et fait passer ses chariots de guerre. L'Italie est la preuve de cette vérité. Condamnée, tenue pour morte, elle se réveille de loin en loin pour affirmer qu'elle ne consent pas à mourir. A mesure que le temps marche, ces preuves de vitalité deviennent de plus en plus nom-

---

(1) Ces pages ont été écrites à l'occasion d'un roman, *Doctor Antonio*, par l'auteur de *Lorenzo Benoni*.

breuses et se succèdent plus rapidement. Il est même à remarquer que ces mouvements perdent de leur caractère convulsif et deviennent plus réguliers. Or, comme nous sommes de ceux qui souhaitent aux Italiens bonne chance et heureux succès, nous profiterons de l'occasion qui nous est offerte par la dernière publication de l'auteur de *Lorenzo Benoni* pour dire quelques mots sur l'état actuel de l'Italie et sur la ligne de conduite que, d'accord avec bien des hommes éclairés et avec quelques-uns des esprits les plus avancés de la péninsule même, nous croyons la plus propre à remettre ce grand pays à la place qui lui est due et à laquelle il a droit.

Nous disons volontairement grand pays, car outre sa grandeur historique, il est relativement grand encore aujourd'hui par le rôle qu'il joue en Europe. Il n'est guère de puissance que n'intéressent vivement les destinées de ce peuple. Un mouvement à Rome ou à Milan ébranle l'Europe tout entière. Nous sommes d'ailleurs de ceux qui gardent quelque reconnaissance au passé. Rien n'est étonnant lorsqu'on étudie l'histoire, comme de voir le fonds d'égoïsme et de niaise ingratitude qui se rencontre au fond de l'humanité. Les contemporains n'ont jamais d'yeux que pour le vainqueur et le triomphateur du jour, ils ressemblent, pris en masse, à ces troupeaux d'intrigants que l'on a vus à toute époque assiéger les antichambres ministérielles pour saluer le lever de tout nouveau soleil politique. L'humanité applique instinctivement les vilaines règles de conduite que formulait en ces termes, au dire du violent Saint-Simon, un cynique courtisan du temps de Louis XIV : « Tant que les ministres sont en place, on doit leur tenir le pot de chambre, et, lorsqu'ils sont renversés, le leur vider sur la tête. » C'est ainsi que l'humanité se venge des bravos qu'elle a fait éclater au récit des plus grandes actions et de l'admiration que lui ont arrachée les grandes œuvres. Un peuple est-il riche et puissant, sait-il menacer et corrompre, et surtout a-t-il le pouvoir de menacer et de corrompre ; peut-il, à son gré, vous faire pendre ou vous donner des pensions ; tient-il pour un instant entre ses mains la vie et la mort, la fortune ou la ruine du monde : — aussitôt les hommes s'agenouillent, les nations courbent la tête devant le commandeur des croyants, les écrivains font fumer les cassolettes de parfums, et les diplomates, habiles dans l'astronomie comme des mages chaldéens, suivent l'étoile favorable et vont porter la myrrhe et l'encens aux pieds de la sultane Angleterre ou du grand *mamamouchi* russe. — Puis la fortune change-t-elle et la tempête brise-t-elle le puissant navire, soudain on voit les hommes se précipiter sur la rive, se disputer les épaves rejetées par les vagues et dépouiller le naufragé.

Hélas ! l'humanité prise en masse ne croit qu'à la force, et c'est là une triste vérité que les peuples, pas plus que les individus, ne doivent jamais oublier. Cependant, à tout prendre, je ne sais si cette lâcheté n'est point préférable encore à un certain genre d'assistance qui ne manque jamais, pas plus aux peuples déchus qu'aux individus malheureux. Lorsqu'un peuple est tombé et qu'on le voit, obéissant à la loi fatale de la gravitation, rouler d'abîme en abîme, les prêtres et les lévites se rassemblent par milliers et viennent le haranguer, le prêcher et souhaiter bon voyage, *in nomine Domini*, à son âme immortelle ; les pédants se rassemblent en conseil pour lui faire sentir son imprudence et ses fautes, et lui donner des règles de conduite pour la vie future ; puis viennent les amis maladroits qui récriminent contre ses défauts et ses sottises. Tout le monde est d'accord alors pour ne plus voir que ses vices et ses erreurs, et ceux qui agissent ainsi, ce n'est pas ce vulgaire troupeau humain que nous venons de décrire et qui n'aime que le succès ; non, ce sont les hommes éclairés, les philosophes, les publicistes. Ils se refusent à voir les grandes qualités qui jadis avaient fait la gloire de ce peuple et qui subsistent encore malgré tous ses malheurs. Ils se font ainsi, quoique à leur insu, les auxiliaires de tous les despotismes et les apologistes de toutes les injustices ; eux dont le rôle devrait être celui du bon Samaritain, ils formulent des arrêts de pharisiens, et leur conclusion, comme celle du musulman fataliste, est toujours que cela était écrit.

L'Italie, la grande et malheureuse Italie, a fait toutes ces expériences. Admirée, enviée, flattée, imitée, pillée au temps de sa grandeur, elle s'est vue rebutée, méprisée, honnie, dès qu'elle est tombée, par tous les peuples qui précisément l'avaient ruinée et meurtrie. Le dédain et l'injustice dont l'Europe a fait preuve envers l'Italie ressemblent à de la lâcheté, et n'ont rien de commun avec cette froide insouciance qu'ont rencontrée parmi nous les revers de certaines autres nations, car c'est l'Europe elle-même qui a fait de l'Italie ce qu'elle est. L'Espagne, par exemple, est déchue autant que l'Italie peut l'être, et n'a d'autre avantage sur elle que d'être exempte de la domination étrangère; mais les sentiments peu sympathiques que l'Europe a souvent manifestés à son égard ont au moins une excuse. L'Espagne a voulu elle-même sa ruine; agressive, insultante envers l'Europe, elle s'est laissée mener par ses princes à l'asservissement des autres nations, et elle a rencontré le sort qu'elle voulait leur faire subir. Elle a été punie pour avoir été ambitieuse et avoir caressé des rêves de coupable domination. Ses malheurs ont donc une cause, et l'on peut en vérité, sans trop d'injustice, n'être pas charitable à son égard. L'Italie au contraire n'a jamais été agressive et n'a jamais menacé (1) l'indépendance des autres peuples, qui l'ont prise pour théâtre de toutes leurs fantaisies guerrières et pour but de tous leurs désirs de domination. Confiante à l'excès, elle a souvent appelé dans son sein l'étranger, dont le premier soin a toujours été d'abuser de son hospitalité. L'indiscipline de ses peuples a pu être la cause lointaine et première de sa décadence, mais ce n'est pas de leurs mains qu'elle a reçu le coup de la mort. Ces trésors qu'elle n'a plus, ce sont les armées de Gonzalve, de Bourbon, de Charles-Quint, qui les ont ravis; ce commerce ruiné de Venise, ce sont les confédérés de Cambrai qui l'ont détruit; cette domination étrangère, c'est la France qui l'a permise, autorisée, sanctionnée. Valois et Bourbons, Aragonais et Castillans, soldats de l'impériale Allemagne et de la France républicaine, ont tellement traversé, sillonné, remué en tous sens cette terre; bombardé, incendié et pillé ses villes, que c'est presque un miracle qu'il y ait encore une Italie. En vérité, l'Europe doit toujours être modeste et réservée dans ses appréhensions sur ce malheureux pays.

La France surtout, cette sœur de l'Italie, peut se frap-

---

(1) Matériellement du moins, car moralement elle a longtemps entretenu la pensée d'exercer une primauté spirituelle à laquelle ses grandes qualités semblaient d'ailleurs l'appeler.

per la poitrine et avouer ses fautes, car c'est peut-être après tout le seul peuple envers lequel elle ait été coupable. Elle qui a été si souvent trahie, qui a ressenti si amèrement les trahisons, d'autant plus amèrement que par sa nature le Français est le moins traître des peuples, elle a autorisé mainte fois l'Italie à l'accuser de trahison. Il appartient à la France, moins qu'à toute autre nation, d'être injuste envers l'Italie. Tout lui fait un devoir de la traiter comme sa sœur aînée; communauté d'origine, de race, de langage, de tradition, de religion; et si tout cela ne suffit pas, ses intérêts matériels et politiques le lui commandent. Parmi tant de raisons qui sont connues de tout le monde et qui sont autant de lieux communs politiques, il en est une moins connue, moins observée que les autres. Cette raison, la voici.

Lorsque j'entends parler légèrement en France de l'Espagne ou de l'Italie, je ne puis me défendre d'un profond sentiment de tristesse; il me semble toujours voir un insensé qui travaille à se discréditer lui-même, ou un général qui travaille à couper à sa propre armée sa ligne de retraite. Que l'Espagne s'épuise dans des guerres civiles beaucoup trop prolongées, cela est possible; mais ce qui est incontestable, c'est que l'Espagne est pour la France d'une importance géographique extrême. Que l'Italie ne soit plus ce qu'elle était autrefois, fort bien; mais qu'il y ait en Europe un autre pays où la France puisse plus librement déployer son influence, cela est douteux. L'Italie est le théâtre naturel de l'action morale de la France, et c'est pour cela qu'elle est pour nous d'un prix inestimable. Si nous ne cherchons pas à agir sur l'Italie, sur quel peuple pouvons-nous espérer agir? Ce n'est point sur l'Allemagne, ni sur l'Angleterre, qui nous comprendront toujours aussi incomplétement que nous les comprenons, qui ont une civilisation *sui generis*, qui sentent autrement que nous et ont une autre tournure de pensée. Ce n'est point sur les nations slaves : de ce côté, nous ne pouvons agir que par l'épée; nous n'aurons peut-être jamais chez elles, et en tout cas de longtemps, que l'influence que donne la crainte. Mais en Italie nous n'avons pas à nous faire redouter, et nous sommes sûrs de ne rencontrer aucune de ces opinions de race, de langage, de traditions, qui sont autant de barrières morales infranchissables. Là notre influence peut se déployer à son aise, et s'il est aussi nécessaire à un peuple d'avoir une action morale à exercer qu'une armée pour faire respecter ses frontières, on peut voir de quelle utilité l'Italie est pour la France.

Si l'Italie nous est utile, les règles les plus simples d'une politique, même égoïste, sont de veiller sur elle, de la protéger et de l'aider contre ses ennemis ; mais ce n'est pas seulement un intérêt pour la France, c'est un devoir qui lui est commandé par la politique qui doit régir les nations chrétiennes. Précisément parce que l'Italie est le théâtre naturel de l'action morale française, et que l'esprit de la France y peut être plus facilement compris qu'ailleurs, la France a jusqu'à un certain point charge d'âmes en ce pays. Je crois sincèrement que, si l'Italie doit être régénérée, elle ne peut l'être que par la France. C'est en vain qu'elle essaiera, comme elle l'a fait dans les dernières années, de s'assimiler les idées anglaises, c'est en vain qu'elle essaiera de pénétrer les systèmes allemands : il y aura toujours là pour elle des énigmes qu'elle ne trouvera jamais chez nous, et ici nous touchons à un des faits les plus curieux de la politique contemporaine, c'est-à-dire à l'influence de l'Angleterre sur l'Italie.

Certes, s'il est un pays dont l'esprit soit différent de l'esprit Italien, c'est bien l'Angleterre, et cependant l'influence anglaise n'a cessé de grandir au-delà des monts, pendant que l'influence de la France baissait sensiblement. Pourquoi ? Parce que l'Angleterre a pris en Italie le rôle qui aurait dû être celui de la France. Pendant que nos hommes politiques s'inclinaient devant cette école de diplomates qui trouvent que la pénisule est une *belle idée géographique;* pendant que notre clergé et nos catholiques allaient en pélerinage à Rome et revenaient sans se douter qu'il y eût dans ce pays autre chose que des prêtres, des cardinaux, une cour pontificale ; pendant que nos artistes et nos poètes allaient en Italie pour n'y rien voir que des musées et des églises, les Anglais parcouraient cette terre et y découvraient que l'Italie contenait encore des Italiens. Nous rendrons volontiers cette justice à ce grand peuple anglais, que dans ces dernières années il a véritablement découvert le peuple italien et a déclaré au monde que la manière dont il était traité était réellement indigne, qu'il y avait mieux à faire de lui et de ses nobles facultés. Notre grand crime, à nous tous Européens, est d'avoir considéré l'Italie comme une *institution* européenne, et de n'avoir jamais voulu y voir un peuple et une nation. Il entre encore beaucoup de souvenirs du moyen-âge dans notre manière de considérer l'Italie, et la papauté et le saint empire occupent encore beaucoup trop peut-être nos imaginations. Dans un autre ordre de faits, depuis trop longtemps déjà notre politique au-delà des monts a été plutôt une politique d'intervention qu'une politique d'influence, et lorsque nos armées sont entrées en Italie, c'était moins afin de protéger les Italiens que de nous protéger nous-mêmes. Il s'agissait avant tout d'empêcher l'Autriche d'aller trop loin. Au milieu de toutes ces luttes, nul ne songeait au peuple italien, et lorsqu'on y songeait, c'était pour dire (on l'a déclaré à haute voix à la tribune française) que le peuple italien ne s'appartenait pas, et que le sol italien était un sol cosmopolite.

La politique anglaise a été diamétralement contraire à la nôtre. Dégagée par sa position insulaire des intérêts compliqués qui se débattent en Italie, libre par son caractère protestant des passions qui s'agitent autour de la papauté, l'Angleterre était mieux en position qu'aucune autre puissance européenne de voir des Italiens en Italie, et elle a fait réellement, nous le répétons, cette découverte. Personne n'a mieux parlé et plus affectueusement de l'Italie que les poètes modernes de l'Angleterre, personne n'a parlé plus souvent de ses souffrances que les hommes d'état de l'Angleterre. Toute consolation est bonne dans le malheur, les Italiens ont été reconnaissants. Ils se sont tournés du côté de l'Angleterre pour chercher la protection que leur refusait l'Europe, et ont appris à compter plutôt sur elle que sur toute autre nation pour leur délivrance. Ce ne sont point seulement les classes cultivées de la nation qui ont subi cette influence, les écrivains, l'aristocratie, les réfugiés politiques : des faits récens ont montré que cette influence s'était étendue jusqu'aux dernières couches du peuple. Ces monstrueuses affaires de protestants italiens condamnés pour avoir lu la Bible en sont la preuve. Que ce peuple artiste, amoureux de ses madones, en soit arrivé à accepter la Bible des mains d'un prédicant de l'église anglicane, ce fait seul suffit pour indiquer l'intensité du mal qui ronge l'Italie, et la puissance d'action que l'esprit anglais s'est acquise sur l'esprit italien. Il y a aussi une énergie désespérée fort remarquable chez ce malade qui, pour se guérir, ne craint pas d'avoir recours à des remèdes antipathiques à sa nature. Or si l'Angleterre a pu se créer un tel empire sur cette nation, qui a si peu de ressemblance avec elle, quelle influence la France n'aurait-elle pas pu exercer !

Ainsi donc, que l'on discute plus ou moins vivement sur les motifs qui ont fait agir l'Angleterre, qu'on lui attribue ou non un but intéressé, un fait n'en reste pas moins évident : c'est que la politique anglaise a la première, et pour la première fois depuis des siècles, compté le peuple italien pour quelque chose en Italie. Ce fait est des plus importants, car il constitue à lui seul le commencement d'une ère toute nouvelle pour l'Italie, c'est-à-dire la constatation de l'existence d'un peuple particulier en libre possession de lui-même, ayant droit à se gouverner luimême. C'est sur ce fait que doit s'appuyer désormais notre politique française, et c'est sur ce fait aussi que désormais les Italiens doivent régler leur politique intérieure. Ici s'élève l'importante question de savoir quelle est la meilleure ligne politique à suivre pour l'Italie.

Une nationalité se compose de deux choses, d'abord du peuple lui-même avec ses goûts particuliers, ses traditions, ses instincts, ses aptitudes spéciales, ses tendances déterminées, et puis du gouvernement né de ces goûts, qui dirige ces instincts, donne leur vraie direction à ces aptitudes. Le vice radical de l'Italie moderne est précisément le désaccord qui existe entre l'esprit du peuple et ses gouvernements, désaccord qui fait de l'Italie le pays le plus anarchique du continent. Les gouvernements italiens sont tous pour ainsi dire des gouvernements étrangers ; l'Autriche gouverne en Lombardie, la Toscane n'a qu'une ombre d'indépendance, la papauté est une institution *universelle* autant qu'italienne, dont le génie est parfaitement conforme au génie italien, mais qui, en vertu de son caractère universel, ne peut se dévouer exclusivement à l'Italie. Quant au gouvernement de Naples, il est trop difficile de le qualifier, et nous y renonçons, de crainte de ne pas trouver assez de ressources dans notre langue, si

pauvre et si claire, où les mots à nuances et à demi-teintes
n'abondent pas. Parmi tous ces gouvernemens italiens,
où trouver un gouvernement national ? Le gouvernement
pontifical l'est par un côté seulement; le gouvernement
de la Toscane a la bonne volonté de l'être, bonne volonté
dont l'Italie doit lui savoir gré, mais qui est incessamment
effarouchée par une ombre menaçante. L'étranger a donc
la main sur toute l'Italie. Où trouver un coin libre sur cette
terre ? Et si le seul moyen de régénération de l'Italie est
un gouvernement national, où trouver les éléments d'un
tel gouvernement ? Un seul pays italien est libre réellement et se possède lui-même, un seul peut avoir une politique, une armée, un seul est gouverné par des princes
nationaux : c'est le Piémont. C'est donc le Piémont qui
renferme les éléments de la régénération future de l'Italie ; s'ils ne se trouvent pas là, ils ne se trouvent nulle
part.

Parlons d'abord de la dynastie. Il y a toujours pour les
peuples deux choses à considérer chez les princes, d'abord
leur origine, et ensuite leur esprit de famille. La plus
importante des deux est, je crois, l'origine, et je suis très
porté à considérer comme vrai le jugement de M. de
Maistre sur la guerre d'Espagne et la lutte héroïque que
soutint ce pays pour ne pas accepter de l'étranger un bon
roi en place d'un roi détestable, mais représentant de la
nationalité. Un peuple peut perdre sous un mauvais
roi de sa race sa liberté et sa puissance; rarement il perdra son indépendance, et les nations sentent si bien instinctivement cette vérité, qu'elles ne se décident qu'à la
dernière extrémité à chasser ou à remplacer leurs dynasties traditionnelles. Or la maison de Savoie possède cet
avantage, qu'elle est la plus italienne des maisons prin-
cières qui gouvernent la péninsule. Puis, outre cet avantage, qui est le premier pour une famille royale, la maison
de Savoie en possède un autre : elle est nationale non-
seulement par son origine, mais par son histoire, de fait
comme de nom. Elle est essentiellement populaire en ce
sens qu'elle a toujours considéré ses intérêts comme liés
à ceux de ses peuples, qu'elle ne s'est pas cru des droits
différents de ceux de ses peuples et qu'elle n'a jamais
cherché à retarder leurs progrès, mais à les guider. Cette
petite dynastie, bien différente en cela de dynasties plus

puissantes et plus célèbres, n'a jamais, je crois, produit un seul mauvais prince, et quelques-uns d'entre eux ont été, comme Félix V par exemple, animés d'un grand esprit de justice et doués d'un grand esprit politique. Le caractère de ses princes a toujours été exempt de ces vices d'âme qui rendent les aristocraties odieuses ; ils ont tous eu au contraire les qualités qui plaisent au peuple et qui rendent les dynasties populaires. Ardents, courageux, chevaleresques, grands batailleurs, bons soldats, francs du collier, comme dit énergiquement le peuple, souvent aussi mauvais diplomates qu'ils étaient solides cavaliers, bons enfans en un mot, tels ont été généralement les princes de cette famille. Si grande qu'ait été déjà la destinée de la maison de Savoie, l'avenir lui en réserve encore cependant une plus glorieuse, car elle peut devenir, à un moment donné, la maison d'Orange de l'Italie. Si les Italiens sont sages, ils ne laisseront échapper aucune occasion de grandir cette famille, ils l'entoureront de leurs respects, ils l'appuieront de toutes leurs forces, et même, si cela est nécessaire, ils devront se résoudre à bien des concessions.

Au nom de l'Italie, tout homme éclairé du continent doit demander aux chefs de parti l'abandon de bien des rêves chéris et caressés avec amour. Les partis en Italie peuvent nourrir des idées plus ou moins généreuses, mais ils n'ont aucun élément de force entre leurs mains. La monarchie piémontaise est non-seulement le seul gouvernement national de l'Italie, mais elle est encore sa seule force nationale. Une des plus grandes erreurs de notre époque est de croire que la force morale peut quelque chose toute seule, de penser qu'il y a un divorce radical entre la force morale et la force matérielle réglée. Telle est l'erreur dans laquelle sont tombés notamment les révolutionnaires modernes ; ils acceptent volontiers la force, mais sous sa forme anarchique ; toute autre leur est antipathique. Les patriotes italiens qui comptent sur les explosions populaires pour accomplir la régénération de l'Italie sont le jouet de la plus funeste et de la plus coupable illusion. Les explosions populaires peuvent renverser un gouvernement ; mais où a-t-on jamais vu qu'elles aient fondé une nationalité ? Excellentes pour détruire et renverser, elles peuvent momentanément assurer le triomphe d'une cause ; elles sont impuissantes à établir la durée de ce triomphe. Une cause n'est donc jamais victorieuse que lorsqu'elle a des forces régulières à sa disposition ; jusque-là c'est une âme sans corps. Mais lorsqu'une idée s'est transformée en un gouvernement régulier , lorsqu'au lieu de dons volontaires et d'aumônes privées elle a un budget régulier, lorsqu'au lieu de corps francs elle possède une armée composée d'escadrons et de bataillons soldés et recrutés par l'État, lorsqu'elle peut contracter des emprunts, qu'elle a le droit de siéger aux congrès, qu'elle peut conclure des alliances, construire des navires et fondre des canons, alors elle est réellement une puissance, et, quelles que soient les vicissitudes de sa fortune, ses revers sur les champs de bataille, ses fautes dans les conseils des peuples, elle est sûre de se relever toujours. Au contraire, une idée qui reste à l'état moral pur, qui compte pour triompher sur l'enthousiasme et sur la force populaire, cette idée, une fois abattue, ne se relève plus. L'enthousiasme, comme tout ce qui est individuel, s'éteint avec l'enthousiaste. Une idée morale, lorsqu'elle s'est produite, doit donc s'incarner dans un fait destiné à durer après la disparition des générations qui l'ont adoptée, ou bien elle risque fort de passer avec elles et d'être bientôt oubliée. La Réforme offre une preuve mémorable de cette vérité. Nul doute qu'elle n'eût disparu, si elle s'était confiée à la seule force morale et à l'enthousiasme des contemporains ; mais elle s'incarna en faits politiques solides et durables, elle forma des sociétés non-seulement religieuses, mais politiques, et elle fut à jamais triomphante du jour où elle eut ses dynasties à elle, ses armées et ses budgets à elle. Or il existe un gouvernement qui représente ces éléments de force nécessaires à toute idée morale. Le gouvernement de Piémont représente pour l'idée de la nationalité italienne ce que la république de Genève, les Provinces-Unies et la Suède ont représenté successivement pour la réformation. Comment pourrait-il y avoir des hommes assez aveugles pour confier au hasard et aux forces du hasard, qui n'ont ni durée, ni certitude, ni continuité, l'accomplissement d'une œuvre qui demande du temps, de la suite, de la constance, et pour se fier à des hypothèses lorsqu'il existe des assurances de succès ?

Non-seulement la dynastie piémontaise représente plus

qu'aucune autre la nationalité italienne, non-seulement le gouvernement piémontais réunit seul les éléments de force nécessaire au triomphe de cette nationalité, mais dynastie et gouvernement représentent encore les idées modernes au moyen desquelles doit s'accomplir la régénération de l'Italie. Leurs idées sont celles de la France et de l'Angleterre avec lesquelles le Piémont combat et dont il est l'allié. Aucun parti italien, si enthousiaste soit-il, ne pourra jamais servir ces idées avec autant de succès que le Piémont. L'influence d'un gouvernement est plus lente sur l'opinion populaire, il est vrai, que celle d'un parti, mais elle est plus sûre. Un parti a toujours besoin de triompher, il a toujours besoin de ces grands et bruyants incidents de combat, de victoire, de lutte, qui ne sont et ne doivent être que de races incidents dans la vie nationale des peuples. Les idées d'un parti n'ont de force qu'autant qu'elles se manifestent au dehors, et pour cela il lui faut des efforts désespérés qui troublent la vie générale, font quelques enthousiastes, beaucoup plus de mécontents, fatiguent les esprits et les âmes, laissent la conscience troublée et la vérité des idées contestée, puis en fin de compte engendrent le scepticisme et l'indifférence. Un gouvernement n'a pas besoin de tant de tapage. Lorsqu'il est une fois reconnu qu'il représente certaines idées, il peut rester immobile et laisser ces idées faire leur rayonnement. Un parti peut être toujours nié, un gouvernement ne peut jamais l'être. A ceux qui lui demandent des preuves de la vérité de ses idées, il se montre lui-même pour exemple, et renouvelle ainsi l'argument de cet ancien qui se mit à marcher pour prouver le mouvement. Le gouvernement piémontais doit donc être regardé comme le vrai et le seul représentant des idées libérales en Italie, et c'est lui seul en effet qui les représente aux yeux de l'Europe. Quelques Italiens égarés par un trop célèbre hiérophante pourront le nier, mais les ministres de l'empereur François Joseph ne s'y trompent pas. En vérité, les Italiens, s'il en est encore qui soient hostiles au Piémont, devraient bien ouvrir les yeux en voyant la malveillance systématique dont ce petit royaume est l'objet : — malveillance très-raisonnable et on ne peut plus clairvoyante. Il est aisé en effet de se débarrasser de tout le parti mazzinien. Pour cela, quelques coups de fusil suffisent et quelques procès sommaires contre lesquels personne ne réclamera, parce que personne n'aura le droit de réclamer ; mais il est plus difficile de se débarrasser d'un royaume qui possède un gouvernement, une armée, et qui est l'allié de puissantes nations. On peut menacer, chicaner, refuser ses ambassadeurs ; mais l'anéantir, non. On a, il est vrai, la ressource de gronder et d'insulter ; mais si l'insulte va trop loin, l'affaire ne peut se terminer que par un duel réglé en bonne forme, et non plus par les vulgaires coups de bâton au moyen desquels on termine ses querelles avec un rustre grossier. Pour les idées comme pour les individus, il est toujours excellent et profitable d'être de bonne famille, et c'est heureusement la condition des idées libérales en Piémont.

Toutefois cette ligne de conduite politique telle que nous l'exposons n'est plus à l'état de désir et d'espoir, et nous sommes heureux de constater que les Italiens ont enfin compris qu'elle était la seule possible, la seule profitable, et même la seule légitime. La politique révolutionnaire inspirera toujours à l'Europe de la méfiance, et éloignera de l'Italie les sympathies qui ne demanderaient qu'à se tourner vers elle. La ligne politique que nous venons d'exposer au contraire n'a aucun de ces inconvénients ; elle aura le double avantage d'éveiller les sympathies et d'enlever toute ressource aux mauvais vouloirs. Elle recevra les encouragements, les conseils et les secours de tous les amis de l'Italie. C'est même déjà un fait accompli. Les chefs les plus importants des partis italiens abdiquent successivement, et la lettre de M. Manin n'est point un fait isolé, car, si nous en croyons un journal anglais, un des chefs les plus fougueux de la révolution romaine a écrit une lettre empreinte de sentiments semblables, et que certes on était en droit de ne pas attendre de lui. Le Piémont devient, de plus en plus, non-seulement la main, mais la tête de l'Italie ; en lui se résument, de plus en plus, toute sa force matérielle et toute sa force morale. Les hommes éminents de la péninsule s'y donnent tous rendez-vous. Là vit et écrit le violent M. Guerrazzi, le plus modéré cependant, malgré toutes ses violences, des triumvirs de la révolution toscane ; là vivent et écrivent M. Tommaseo, et l'ancien ministre du pape, Terenzio Mamiani. M. Ruffini est aussi un sujet sarde, rallié, croyons-nous, à la ligne de conduite politique que nous venons d'exposer, et nous éprouvons une satisfaction sincère pour lui comme pour son pays, à voir les espérances, qu'il laissait percer dans son charmant récit de *Lorenzo Benoni*, devenir si vite des réalités.

Son nouveau livre, *Le Docteur Antonio*, est une jolie histoire d'amour coupée et contrariée par les tristes incidents de la politique napolitaine, histoire dans laquelle respire un souffle italien qui tient le lecteur en éveil, et l'empêche de voir que l'intérêt languit et que l'action marche trop lentement. Le fond de ce récit est évidemment historique; mais l'anecdote racontée, n'étant point personnelle à l'auteur, n'a pas ce cachet d'originalité et de passion qui caractérisait *Lorenzo Benoni*. Dans *Lorenzo Benoni*, tout était vrai, parce que tout était personnel; dans *Le Docteur Antonio*, tout est vrai encore, mais d'une vérité de seconde main, pour ainsi dire : l'auteur a *vu* peut-être, il n'a point *senti*; il n'a pas été mêlé directement aux aventures de son héros. L'amour d'Antonio pour la belle Anglaise miss Lucy Davenne, qui occupe les trois quarts du récit, est charmant et fait honneur à l'âme gracieusement courtoise de cette Italie que l'on se figure toujours sensuelle et matérielle, et qui pourtant est pleine d'une si grande noblesse naturelle. L'Italie est essentiellement au contraire une terre patricienne, et sur le visage de ses paysannes et de ses simples pêcheurs brillent la majesté royale et la tristesse sérieuse et fière des races aristocratiques, supérieures au malheur et à la misère. Cette noblesse est d'autant plus frappante que l'éducation n'a rien fait pour elle, mais qu'elle est comme le fruit spontané d'un sol vigoureux. L'amour d'un Italien pour une Anglaise, quel admirable sujet de roman ou de poëme! L'amour de l'héliotrope, sorti sans préparation d'une terre fertile, pour la fraîche et éblouissante fleur de cactus qui a attendu cent ans pour s'ouvrir! l'alpha et l'oméga de la beauté qui se rencontrent et se reconnaissent! la nature sous sa forme la plus forte et la plus naïve, qui, pour la première fois, n'est pas en querelle avec la civilisation, et qui se courbe d'admiration devant le plus exquis de ses produits! C'est quelque chose de semblable que l'amour d'Antonio pour miss Davenne, et l'admiration de cet autre pauvre Italien qui tombe à genoux

devant la jeune Anglaise, en la prenant pour la madone,
est certainement un des hommages les plus touchants que
la nature ait rendus à la civilisation et au raffinement de
la culture humaine. Malheureusement ce poëme admirable, et que nous indiquons à tout poëte en quête de sujets, n'a été qu'ébauché à peine par M. Ruffini ; ce n'est
pas cependant la bonne volonté qui lui a manqué, car son
livre indique qu'il nourrit pour la civilisation, les idées et
la beauté anglaises, autant d'amour que son héros pouvait
en avoir pour miss Lucy.

Antonio est un proscrit sicilien de noble naissance, qui,
banni après les troubles de 1836, cherche un refuge en
Piémont, retourne en Sicile, prend part aux révolutions
de 1848, et finit par aller, en compagnie du duc d'Andria
et de Carlo Poerio, rendre compte de sa conduite à ces
fameux tribunaux napolitains dont M. Gladstone a raconté les exploits. L'amoureux de miss Davenne, le galant
et vaillant médecin italien endosse la casaque du forçat
et va ramer sur les galères de sa majesté Ferdinand II.
Les détails que donne M. Ruffini sur les affaires de 1848
et les procès qui en furent la suite sont assez nombreux,
mais n'apprennent rien de bien nouveau après les lettres
de M. Gladstone, et d'ailleurs le cœur nous manquerait
pour soulever ces tristes incidents, qui sont encore si
près de nous, et dont on ne peut parler avec calme et
peut-être avec justice. Pourtant, puisque nous rencontrons sur notre chemin le gouvernement napolitain,
disons en passant qu'on ne lui rend pas, à notre avis, la
justice qu'il mérite. Le gouvernement napolitain est bien
un gouvernement italien ; oui, vraiment il est après le
Piémont le plus italien des gouvernements de la péninsule. Tandis que le Piémont représente les aspirations
nouvelles de l'Italie, l'idée de réforme et de nationalité
italienne, l'entrée de l'Italie dans l'alliance de l'Europe
moderne, et en un mot tout ce qu'il y a d'excellent dans
le passé et dans le présent de l'Italie, Naples semble
prendre plaisir à représenter tout ce qu'il y a de fâcheux
dans le caractère du peuple de la péninsule et de triste
dans son passé ; là nous trouvons la superstition italienne,
les puérilités italiennes, le *lazzaronisme* et le vice fatal
qui a perdu ce noble pays, — l'amour de l'étranger et
l'appel incessant au barbare. Ainsi donc il existe en Italie

deux gouvernements réellement nationaux : c'est aux Italiens à faire leur choix; qu'ils choisissent bien, car ils ne peuvent avoir que l'un des deux.

Comme les évènements marchent vite à l'heure où nous sommes arrivés ! Il y a un an, tout dormait tranquillement en Italie, ou plutôt tout couvait sous la lave refroidie de 1848, et maintenant nous attendons impatiemment des nouvelles de chaque courrier qui arrive de Turin et de chaque paquebot qui touche à Marseille. Et quelle différence aussi entre la situation de 1848 et celle d'aujourd'hui (1) ! Après 1848, l'Italie était seule, livrée à toutes les violences révolutionnaires, sans gouvernements réguliers, sans alliances. Le Piémont était abattu, et son souverain allait mourir sur un sol étranger après une abdication volontaire. Il n'y avait plus de force italienne nulle part. L'Italie a grandi dans la défaite; le Piémont est remonté à son rang et occupe une place plus glorieuse que celle qu'il occupa jamais, et les gouvernements despotiques raffermis luttent en vain pour conserver un pouvoir qu'ils n'ont plus la force d'exercer. Renversés, ils se présentaient aux yeux de l'Europe comme un élément d'ordre ; relevés, ils se présentent comme un élément de désordre et d'anarchie. Cependant il y a un fait plus considérable que tous ceux-là : c'est que l'Europe a compris, comme elle ne l'avait jamais compris auparavant, la solidarité qui l'unit à l'Italie; c'est qu'elle a senti que l'état de l'Italie était réellement insupportable et qu'il devait être changé par tous les moyens, si elle ne voulait pas se créer à elle-même des dangers sans cesse renaissants et s'attacher au flanc un ulcère rongeur, si elle ne voulait, comme le disait naguère avec force, un spirituel et ingénieux écrivain (2), faire de l'Italie l'Irlande du continent.

Là surtout a été le grand point gagné, et auquel ont contribué bien des évènements, dont quelques-uns malheureux et même injustes que nous n'avons pas besoin de citer. Désormais la politique des puissances occidentales est toute tracée ; elles ont besoin, pour se protéger elles-mêmes, de la régénération italienne, et elles ont pour

(1) Ces pages ont été écrites au moment où le Piémont est entré dans l'alliance occidentale.

(2) M. John Lemoine dans le *Journal des Débats* de 1849.

allié l'instrument même de cette régénération. Les puissances occidentales ne peuvent désormais agir au-delà des Alpes sans le Piémont; il est donc désirable pour les Italiens qu'elles n'agissent jamais que par lui, de manière à identifier leurs intérêts particuliers en Italie avec ceux de l'Italie même. Grâce à l'alliance du Piémont avec les puissances occidentales, il ne peut plus guère y avoir dans l'avenir aucune de ces interventions directes et armées de l'Occident qui ont été la ruine de la péninsule, car cette alliance fait tacitement du Piémont l'arbitre suprême des affaires italiennes. Mais cette alliance avec l'Occident confère encore à l'Italie un dernier bienfait, qui est le plus grand de tous : elle fait rentrer dans la politique active de l'Europe l'Italie, qui depuis si longtemps n'avait joué qu'un rôle passif, un rôle de souffrance et de misère. Chacun des succès de l'Occident est aussi un succès pour elle, chacune de nos victoires est une victoire pour elle, chacun des *Te Deum* qui se chante à Turin ébranle les voûtes des casernes ou des palais de ses ennemis. De même qu'elle partage nos dangers, l'Italie partagera aussi nos triomphes, et le moment viendra où dans nos conseils une voix italienne s'élèvera pour stipuler en faveur de l'Italie. Puisse ce moment n'être pas éloigné, et tous les Italiens comprendre, en attendant, que le moyen de régénération pour leur pays n'est pas dans des théories nébuleuses et dans des proclamations ridicules, et que les murailles de Jéricho tombent plus facilement, de nos jours, sous le canon que sous le son des trompettes, dont certains patriotes italiens, trop préoccupés de leur personne, assourdissent les oreilles des contemporains !

FRAGMENT

SUR

LE GÉNIE ITALIEN [1]

. . . .

Nous n'aurons pas le courage d'exprimer sur le livre de M. Ruffini une opinion politique ; nous ne ferons pas un reproche à l'auteur d'avoir suivi le drapeau de la république plutôt que celui du gouvernement constitutionnel, et nous laisserons le gouvernement constitutionnel se défendre tout seul. S'il est une chose que nous n'ayons jamais comprise, ce sont les disputes des Italiens sur les formes de gouvernement. La question italienne n'est pas malheureusement une affaire de forme politique; c'est surtout et avant tout une question de vie ou de mort, d'être ou de n'être pas ; aussi peut-on demeurer fort indifférent à tous les systèmes politiques qui ont été proposés, et par suite assez indulgent pour toutes les fautes qui ont été commises. Celui qui est soumis à l'oppression ne raisonne pas toujours d'une manière bien saine, et il serait d'ailleurs assez ridicule de prêcher la modération à l'homme qu'on

______

(1) Ces pages sont extraites d'un travail sur le livre de M. Ruffini, intitulé : *Lorenzo Benoni.*

accable de coups. Il est des faits historiques devant lesquels il faut suspendre son jugement, parce qu'il est des circonstances, pour les nations comme pour les individus, qu'on ne peut bien comprendre qu'après les avoir traversées soi-même. Lorsque j'entends parler des fautes commises par les nations malheureuses, et que j'en entends parler avec une sévérité pédantesque, je me demande involontairement ce que nous ferions, si nous avions à supporter les mêmes épreuves. Vous êtes-vous jamais vu forcé, après avoir longtemps lutté pour rester calme, de vous soulever contre un être tyrannique ou seulement déplaisant? Et pourtant ce n'était là qu'un incident momentané dans votre existence. Savez-vous à quel état d'esprit vous arriveriez si cet incident durait toujours, si votre vie tout entière y était indissolublement liée ? Le duc de Brunswick adressa au peuple français une proclamation menaçante ; vous connaissez la sanglante tragédie, longue de trois jours et de trois nuits, qui en fut la suite. Nous qui avons supporté deux invasions, — avec quels ressentiments et quelle amertume ! — nous savons combien nos cicatrices ont été longues à guérir. Encore aujourd'hui, à certains moments et sous l'influence de certains courants de l'atmosphère politique, ces plaies se rouvrent et saignent. Qu'eût-ce été si l'invasion se fût prolongée, si ce fait momentané qui troubla notre existence nationale était devenu désormais la règle de notre vie? Lorsque nous sommes enclins à trop de sévérité envers l'Italie par intérêt, par esprit de parti, ou par mauvaise humeur politique, pensons à ce que nous ferions si nous étions placés dans les mêmes circonstances, et la réflexion nous donnera toute l'indulgence que la passion ne nous donne pas. Nous n'avons pas besoin de dire à quel parti nous voudrions voir confiés les intérêts de l'Italie, mais ce ne sont là pour nous que des opinions théoriques et froides : ceux qui ont enduré des souffrances pratiques ont des opinions un peu plus exagérées, et nous n'avons naturellement pas la naïveté de nous étonner de ce fait.

Peut-être d'ailleurs sommes-nous porté à l'indulgence par un goût particulier pour l'Italie. De toutes les nations malheureuses, c'est celle que nous aimons le mieux et pour laquelle nous faisons les vœux les plus ardents, et c'est celle au contraire pour laquelle le public européen a toujours montré le moins de sympathie. Le sort des Irlandais arrache des larmes d'attendrissement à toutes les bonnes âmes dévotes et pieuses, et ce sort est véritablement digne de pitié. Toute une nation en haillons, et quels haillons ! c'est là certainement un spectacle peu gai. Nous connaissons toutes les vives et charmantes qualités du peuple irlandais, mais nous ne pouvons nous dissimuler que ce n'est là, après tout, qu'une peuplade à demi sauvage, brillamment douée, qui n'a jamais rien fait et qui ne fera jamais rien pour l'humanité ; dès-lors la destinée de ces frères celtiques doit nous toucher beaucoup moins. Tous les partis ont déploré le sort de la Pologne, et il est certain qu'on l'a injustement et cruellement traitée, que les Polonais sont un vaillant peuple, capable de fournir de braves soldats, de se battre courageusement et étourdiment, et qu'ils ont produit plusieurs héros ; mais je sais aussi qu'en plein XVIIIe siècle leurs grands seigneurs propriétaires de serfs menaient encore la vie féodale, et je ne puis plus m'étonner de la chute lamentable de cette nation. Les Espagnols ont été aussi héroïques qu'il est possible de l'être, mais je sais que leur héroïsme avait un but mauvais, qu'il était menaçant pour la liberté des autres peuples, et je dois, en gémissant, reconnaître que leur décadence est une expiation. L'Italie au contraire n'a jamais vu le flambeau de la civilisation s'éteindre chez elle. Elle a été la première des nations modernes, elle a fait l'éducation de toutes les autres, et elle brillait du plus magnifique éclat lorsque toute l'Europe était encore plongée dans les ténèbres. Nous avons généralement dans la tête un faux type d'Italien qui nous cache le véritable caractère de ce peuple, l'Italien *lazzarone*, paresseux, gourmand, mangeur de macaroni et dilettante sensuel, l'Italien du théâtre et des mascarades ! Nul peuple au contraire n'a été plus sérieux et plus ardent dans les choses sérieuses. La foi morale, l'intrépidité intellectuelle, la passion portée dans la science, nul n'a eu toutes ces qualités, nous dirions presque ces vertus, autant que le peuple italien. Leurs spéculations ne sont pas froides comme l'intelligence, mais chaudes comme la vie qui les inspira et le climat sous lequel elles se produisirent. En vérité, la placidité, la sérénité de Leibnitz et de Newton me semblent glaciales, comparées à la fougue scientifique et au génie brûlant de

Galilée. Les ingénieuses dissertations de Montesquieu sont admirables de pénétration judicieuse ; mais il est probable que *L'Esprit des Lois* ne fera jamais éprouver de bien fortes émotions à personne, tandis qu'il est impossible de lire Machiavel sans se sentir déchiré, affligé, troublé comme à la représentation d'un drame. Albuquerque, Vasco de Gama, l'infant don Henri, furent des héros, mais jamais ils ne le furent au même degré que le Génois Christophe Colomb, l'âme la plus religieuse et la plus naïvement dévouée aux œuvres de Dieu qui ait jamais vécu. Le sublime Milton paraît pédantesque, compassé, mesquin à côté de Dante. Les peintres espagnols et hollandais sont de grands artistes qui expriment admirablement, les premiers le fanatisme catholique, les seconds la trivialité de la vie bourgeoise ; mais les peintres italiens ne sont pas seulement des artistes : ce sont de très-grands hommes ayant des *conceptions*, des conceptions qui ne sont pas le reflet de préjugés populaires ou la copie exacte des trivialités de la vie de chaque jour, mais qui sont éternelles comme le monde idéal et moral dont elles nous représentent les personnages.

Voilà pourquoi j'aime l'Italie et le peuple italien ; c'est le peuple qui a été le plus ardemment sérieux, et personne ne l'a remplacé sous ce rapport. Depuis les Italiens des XVe et XVIe siècles, l'humanité a eu encore de très-grands hommes, mais elle a eu une note de moins, la plus puissante, la plus grave de toutes. Cette ardeur sérieuse n'est cependant pas éteinte en Italie ; vous la retrouvez encore chez les Italiens, mais exagérée et pervertie comme leur peinture après les Carraches ; vous la retrouvez, mais envenimée, enfiellée, pleine de rages impuissantes, de blasphèmes, de colère et de tristesse sombre et fiévreuse chez un Alfieri et un Foscolo. L'étincelle est recouverte sous d'épaisses couches de cendres, mais elle n'est pas morte ; elle brillera de nouveau pour allumer, nous l'espérons, non pas un incendie, mais un flambeau bienfaisant.

WERTHER

J'ai lu *Werther* bien des fois, et je ne l'ai jamais lu sans être ému profondément. Je l'ai lu à l'âge où l'on pressent tout sans avoir encore rien éprouvé. Je l'ai lu à l'âge où l'on a déjà trop senti pour être facilement ému, et toujours le héros à l'habit bleu et à la culotte nankin a exercé sur moi la même séduction. J'ai raffolé de bien des héros de poèmes et de romans qui sont maintenant effacés de mon esprit comme les affections oubliées. Je puis avouer aujourd'hui que j'ai été dupe de bien des inventions de poète et rire d'anciennes admirations ; mais il n'en est pas ainsi pour Werther, et toutes les fois que je reprends le récit de sa lamentable destinée, je sens renaître mon affection pour lui. J'éprouve même une recrudescence d'affection pareille à celle que l'on ressent au retour d'un ami absent depuis longues années, et qu'on retrouve tel qu'on l'avait aimé autrefois. Non, Werther n'a rien perdu pour moi. J'ai eu avec lui une récente entrevue, il est bien encore tel que je l'ai connu jadis : éloquent, romanesque, exalté, si fiévreux et pourtant si doux, si naïf et pourtant si retors en sophistique, d'habitudes si simples et cependant d'une intelligence si subtile, si raffinée, si apte à pénétrer les choses compliquées, si timide dans ses relations avec le monde et si hardi avec lui-même, si gauche dans ses manières et pourtant si gracieux. Sur son intéressant et mélancolique visage, l'étrangeté de ces contrastes répand quelque chose de douloureux. On sent qu'il voudrait vivre et qu'il ne le peut pas, qu'il ne le pourra pas. Pauvre Werther ! toute sa personne exprime d'une manière muette ces mots fiévreux qu'il laissa échapper dans sa dernière entrevue avec Charlotte : « Cela ne peut pas durer, non, cela ne se peut pas ! »

J'ai lutté contre mon affection pour lui et je me suis mainte fois reproché, comme un sentiment coupable, la sympathie qu'il m'inspirait. A l'âge où l'on se défie volontiers de son jugement, on me dit un jour que ce personnage était immoral et que sa fréquentation était dangereuse ; comme cet argument mérite considération, je fis tout au monde pour me persuader qu'il était vrai. J'appris à confondre Werther avec les héros de lord Byron, avec René et je ne sais quels autres personnages, tous pleins de désirs plus criminels les uns que les autres, en quoi je lui faisais certainement tort. Le pauvre Werther, qui est la candeur même, n'a rien de commun avec ces personnages. Il est trop honnête pour s'être jamais complu dans des pensées incestueuses, trop bourgeois pour avoir jamais eu la pensée d'attenter à la vie d'autrui. J'ai toujours été étonné de la filiation qu'on essayait d'établir entre Werther et les héros de Byron. Ce qui caractérise Werther, c'est l'impuissance d'agir, et ce qui caractérise les héros de Byron, c'est précisément l'action poussée jusqu'à ses dernières limites ; non-seulement ils se tuent, mais ils tuent autrui, et quelquefois après l'avoir détroussé. De tels moyens d'action peuvent convenir peut-être aux aristocratiques Lara, Manfred, Conrad et *tutti quanti* ; mais ils ne sont pas à la portée de Werther, le jeune, timide et honnête bourgeois.

Comme mon admiration pour Werther a persisté en dépit de toutes les leçons de morale que j'ai lues sur ce sujet et de toutes les suppositions calomnieuses que j'avais inventées moi-même à l'égard de l'inoffensif Allemand, je m'en suis demandé la cause, et j'ai fini par la trouver précisément dans la comparaison du roman de Goethe avec les poèmes de Byron. Les héros de Byron n'ont jamais plu qu'à mon imagination. Il m'est impossible de voir en eux des types humains, ni des types du temps présent ; je ne consentirai jamais à calomnier à ce point la nature humaine, ni même notre époque, qui n'a pas besoin qu'on la calomnie; je ne puis voir dans les héros de Byron que des conceptions toutes personnelles, enfants d'une puissante nature devenue dépravée, mais conservant encore des restes de noblesse première et remplaçant au moins les vertus qu'elle n'a plus par la haine de la vulgarité. Dans Byron éclate en paroles enflammées le mépris des vices mesquins et de la vulgaire corruption sociale. Par malheur pour lui, il aime la dépravation, mais son âme est trop ardente pour se contenter de ce qui l'entoure, et il invente un monde baroque et impossible où ses désirs puissent trouver leur satisfaction. Qu'avez-vous à m'offrir? dit Byron à la société: d'ennuyeuses orgies, d'ignobles fourberies, de prosaïques adultères et des courtisanes médiocrement attrayantes. J'ai connu, j'ai senti, j'ai rêvé des choses beaucoup plus belles. Votre corruption ne me satisfait point. Chez vous, tout respire le mensonge, le calcul et les parfums rancis. Vous êtes avares, économes, rangés dans le vice, et vos passions les plus folles obéissent à je ne sais quels calculs de boutiquier. Venez, je vais vous montrer un monde merveilleux, plein de péchés, mais exempt de souillures et de malpropretés. Là des rivaux s'entretuent avec rage sous les frais rayons de l'aurore qui étincellent sur leurs épées, de sauvages amants mêlent leurs adieux au retentissement des cascades, ou échangent leurs serments au bord des précipices; des barques de pirates fuient sur les flots illuminés par la pourpre du couchant. Là la passion, le meurtre, le brigandage lui-même sont nobles et séduisent par leur air de grandeur. Ce monde plein de crimes est exempt de vices sordides et bas. On y tue, mais on n'y ment jamais. Tel est le caractère des héros de Byron; ils n'expriment rien autre chose que les imaginations du poète, et je m'étonne qu'on ait voulu y voir des types du temps présent. Ces héros n'appartiennent à aucune classe ni à aucun pays, et ne veulent rien dire, sinon que leur père, nature essentiellement aristocratique, trouve la société moderne beaucoup trop bourgeoise pour lui, qu'il souffre, non pas des douleurs de cette société, mais d'être lui-même condamné à y vivre, qu'il n'a que du mépris pour elle, et qu'il ne veut pas plus de ses vices que de ses vertus.

Les personnages de Byron sont donc des créations tout individuelles et qui ne représentent aucun type général de notre temps; ils n'expriment rien que lord Byron lui-même. En faisant un effort d'esprit, je parviens à les comprendre, mais ils n'excitent en moi aucune sympathie; il n'y a rien en eux qui corresponde à ma nature; je ne les ai jamais connus, et j'espère bien ne les connaître jamais. Quand à Werther, nous l'avons connu, celui-là; il est du même sang que nous, il appartient à la même classe sociale. Son père était un honnête bourgeois de notre voisinage; sa mère et la nôtre étaient amies. Enfants, nous avons joué ensemble; ensemble nous avons été élevés dans le même collège, ensemble nous avons passé la saison de l'adolescence. Je le connais donc depuis longues années; je sais les causes de son ennui, car je les ai observées jour par jour. Son grand malheur, c'est d'avoir été éprouvé plutôt par des souffrances mesquines que par de grandes douleurs. Tracasseries de la destinée, circonstances déplaisantes, médiocrité de fortune et de condition, solitude forcée, légers froissements d'un susceptible amour-propre, petites souffrances incessamment renouvelées, petites humiliations durement senties, sourd ressentiment contre la destinée et les hommes, dépendance impatiemment supportée, j'ai vu tous ces chagrins vulgaires ruiner comme des mites cet arbuste gracieux, sucer sa sève et piquer ses fleurs. N'est-ce pas que nous l'avons tous connu? Nous savons quel dépit a imprimé sur son front cette ride imperceptible, et à quelle illusion déçue il doit cet air mélancolique. L'ambassadeur dont il nous parle l'a beaucoup tourmenté; il a eu beaucoup à souffrir de ses emportements, de ses sourires d'imbécile, de ses froides réprimandes, de sa supériorité usurpée. Il ne pouvait s'empêcher de comparer sa nature à celle de son supérieur officiel, et de faire la réflexion que, s'il y avait inégalité entre elles, cette inégalité était à son avantage, et que lui, Werther, était le réel supérieur. Cette réflexion le torturait d'autant plus à chaque humiliation nouvelle, qu'il se rappelait avec quelle douceur, lui, le pauvre employé, traitait ses inférieurs, et qu'il osait à peine leur faire une observation lorsqu'ils avaient mal ciré ses bottes ou brossé ses habits. La brutalité des puissants, la froide cruauté mondaine blessaient toujours à coup sûr cette nature délicate et sensible à l'excès. Aucune piqûre, si légère qu'elle fût, ne manquait son effet. Enfin, lorsqu'éclata l'orage qui devait l'emporter, il était mur pour la mort. Il ne fallait qu'une occasion pour terminer ce drame, et elle se présenta heureusement. Nous disons heureusement, et en effet concevez-vous Werther vieillissant au milieu de ces tracasseries et de ces ennuis, sa mélancolie poétique se changeant en humeur chagrine, Werther devenant aigre, grognon, insociable? Il vaut mieux qu'il soit mort jeune, car il reste fixé dans notre souvenir avec son attitude juvénile, avec sa grâce et son éloquence, avant qu'aucun défaut trop prononcé nous ait appris à moins l'aimer et à parler de lui avec un sourire ironique. Un vieux Werther, quelle déplaisante image s'éveille en nous à ces mots! Un vieux Werther! cela ressemble presque à un paradoxe.

Oui, Werther est bien un type vrai et vivant. Il n'est pas vrai d'une vérité éternelle, comme les créations de tel autre grand poète; mais il est vrai d'une vérité temporaire et relative. Il est un type de transition, et il ne cessera d'être vrai que lorsque la transition elle-même aura cessé. Ne nous faisons pas illusion sur ce malheureux suicidé, car il est plein de défauts, toutes ses vertus sont incomplètes, — et cependant n'allons pas en pharisiens lui jeter la pierre. Il faut laisser cette sale et sotte besogne aux pédants, aux parvenus et à tous ces pauvres diables qui, dans l'argot du moment, s'intitulent des hommes *modernes*. L'homme *moderne*, pauvres gens, il existe; mais il n'est pas aussi heureux que vous. N'enviez pas sa destinée et ne prenez pas son titre, il pourrait vous en arriver malheur. L'homme moderne digère mal, ses journées sont pleines d'inquiétudes et ses nuits pleines de rêves qui chassent le sommeil. L'homme moderne! mais c'est Werther, c'est quiconque lui ressemble, de près ou de loin.

Werther est un bourgeois, un enfant des classes moyennes. Avec lui commence dans la littérature une nouvelle série de héros; il est le premier d'une longue liste de personnages nouveaux dont la littérature ancienne n'avait fait aucune mention. C'est lui qui met réellement fin à la littérature chevaleresque et aristocratique. Avec lui s'éteignent les sentimens du moyen-âge; avec lui, la vie mo-

derne entre en scène. Il représente bien le moment précis
où les classes moyennes, qui avaient croupi si longtemps
dans des mœurs grossières et plébéiennes, qui pour toute
littérature n'avaient eu si longtemps que d'obcènes fabliaux et des contes grivois, sont arrivées à cette culture
d'esprit, à ce raffinement de pensée, à cette délicatesse de
sentimens qui font l'orgueil et le charme de la vie. La
vie bourgeoise prend, à partir de *Werther*, droit de cité
dans la littérature. C'est encore à Goethe qu'on doit cette
innovation, beaucoup plus qu'aux tentatives dramatiques
de Diderot et de Lessing, beaucoup plus qu'à Jean-Jacques
et à son Saint-Preux, personnage équivoque, fiévreux et
bas, fier et servile, image de Jean-Jacques lui même, et
qui n'est pas plus que les héros de Byron, un type général. Adieu maintenant pour toujours aux personnages
et aux types d'autrefois; adieu à ces passions et à ces sentiments dont le dernier accent expire avec le XVIIe siècle,
et qui, de la féodalité au XVIIIe siècle, avaient régné sous
des formes diverses, dans tous les pays de l'Europe!
Adieu à Tristram et Yseult, à Chimène et au Cid, à Titus
et à Bérénice, à Louis XIV et à Madame! Charlotte et
Werther, deux personnages très modestes, deux jeunes
bourgeois, vont se faire une réputation qui égalera celle
de tous ces chevaleresques et royaux amants, ils vont exprimer des sentiments passionnés qui enflammeront des
millions de cœurs (1).

(1) Il est singulier que tandis que les classes moyennes fournissaient
dans les trois derniers siècles tant d'individualités remarquables et
d'hommes de génie, elles n'aient pas fourni à la littérature un seul
type noble et élevé. On cherche en vain dans l'ancienne littérature un
type de bourgeois supportable. Au XVe siècle, la littérature possède un
type de bourgeois : il est repoussant; c'est Patelin. Dans Rabelais, le
bonhomme Gargantua et le bon Pantagruel, un roi et un prince, expriment seuls des sentiments élevés; Panurge est un personnage fort
comique, mais un drôle de la pire espèce. Les héros de Corneille, de
Racine, de Mme de la Fayette, sont nobles; les bourgeois de Molière
sont des imbéciles. On sait ce que vaut Gil Blas. La première exception
à citer, c'est le vicaire de Wakefield; mais qui ne voit que ce personnage doit son élévation d'âme surtout à son caractère de ministre?
Lui seul dans la famille a réellement de la noblesse. Ses fils sont de
braves garçons, et ses filles sont charmantes; mais les enfants, dépouillés
du caractère de leur père, lui sont fort inférieurs.

L'idéalité dans la passion et dans le sentiment, la délicatesse d'âme dans l'amour, la perception fine et subtile de la beauté morale, *l'idéalité* en un mot, cette chose enviable qui éclate dans l'amour de Tristram et d'Yseult, de Roméo et Juliette, et qui était le privilége bien réel des classes élevées par la féodalité, cette *idéalité* de sentiment, plus précieuse que la grandeur et les couronnes, ce cher Werther l'a conquise pour nous. Comme tout cet intérieur bourgeois décrit par Goethe est plein d'idéal ! L'ameublement est bien modeste, les personnages n'empruntent aucun éclat à leurs aïeux, leur condition ne leur sert pas de piédestal ; mais aussitôt qu'il parlent et qu'ils agissent, la noblesse des sentiments exprimés, l'élégance de l'allure et du geste, la profondeur de la passion, vous font demander si ce sont bien de simples bourgeois que vous contemplez. Les trois personnages de *Werther* sont également nobles. Quelle belle et remarquable nature est celle d'Albert : prudent, froid, réservé, indulgent, voyant d'un œil clair et net tout le péril de sa situation sans s'étonner, ni s'emporter, et faisant face à tous les dangers au moyen de cette faculté si délicate et si rare, le tact ! Et Charlotte ! n'est-elle pas l'idéal de la femme bourgeoise ? La pauvre Charlotte est à l'antipode des sentiments chevaleresques et de la vie chevaleresque. Il y a et il doit y avoir une contradiction entre sa vie morale et sa vie matérielle. Ses désirs, ses passions, doivent rester chez elle à l'état abstrait. Intelligente, sensible, bien élevée, son unique devoir est de distribuer à ses petits frères les tartines beurrées et de compter la lessive. Ce devoir, elle l'accomplit sans dépit et sans croire qu'elle est capable de choses plus élevées. Elle peut pleurer sur les héroïnes de Goethe et de Schiller sans se croire le droit de sentir comme elles. Sa poitrine se soulèvera d'enthousiasme et son cœur débordera de tendresse aux sons de la musique de Mozart et de Beethoven; mais ces émotions fortes et dangereuses cesseront avec la magie des sons. Lorsqu'elle s'écriera : Oh ! Klopstock ! à la vue de l'arc-en-ciel, ne croyez pas que cette exclamation soit autre chose qu'une exclamation littéraire. La vie de Charlotte restera paisible et monotone comme un village de province, tandis que son esprit sera peuplé de sentiments, de passions et de rêves. Elle représente bien, la bonne

Charlotte, cette invention des classes moyennes, la vertu des femmes, idéal essentiellement bourgeois, et dont aucune autre classe de la société ne s'est, à tout prendre, jamais beaucoup soucié.

Mais des trois personnages, le plus intéressant, c'est le plus malheureux, c'est Werther. Supposez que son amour contrarié n'existe point, qu'il n'ait jamais connu Charlotte, et sa destinée sera la même. Charlotte n'est dans sa vie qu'un accident qui sert à précipiter le dénouement; voilà tout. Le grand malheur de Werther, c'est qu'il existe une contradiction entre sa condition et ses sentiments. Werther pourra penser comme un prince, il ne sera jamais qu'un bourgeois; il pourra sentir comme la nature la plus fine et la plus exquise, il ne sera jamais qu'un employé. Grâce à cette contradiction, l'action lui est interdite, et il devra rester forcément oisif. Comment agir en effet? Pour cela, il lui faudrait une nature plus grossière et moins noble, il lui faudrait une nature capable, comme dit Shakspeare, de manger des crapauds et d'avaler des couleuvres. Ah ! s'il avait seulement un levain de bassesse, si léger qu'il fût, quel chemin il ferait dans le monde ! Malheureusement Werther en est absolument dépourvu. Pour agir, combien il lui faudrait nouer d'intrigues, accepter d'humiliations, faire de courbettes, débiter de mensonges, inventer de flatteries ! Werther est incapable de tout cela; il préfère rester oisif, et nous ne pouvons le condamner; mais cette oisiveté forcée ne convient pas à sa nature fiévreuse, et qui a besoin du dérivatif de l'action. Il va donc se dévorer lui-même et se nourrir de son propre cœur. Sa vie est manquée, et peu à peu, dans l'inaction, il finira par oublier que l'existence humaine a un but, que plus la nature de l'homme est noble, plus ce but est élevé. Werther a d'ailleurs commis un calcul faux et tout à fait impardonnable : enfant d'un siècle nouveau, animé de sentiments nouveaux, dépourvu de tout préjugé, Werther a cru que tout le monde était aussi franchement dégagé que lui des superstitions du passé. Il s'est trompé. Il n'a pas vu que l'ombre du passé s'étendait sur lui, absolument comme l'ombre du moyen âge s'étend sur Hamlet. Il pense comme un homme moderne, et il ne voit pas que le spectre de l'ancien régime le poursuit. A chaque pas qu'il va faire, il lui arrivera quelque mésaventure. Ici il se heurtera contre une vieille ruine remplie de corbeaux effarouchés qui s'envoleront en croassant contre lui ; là un fantôme se dressera sous ses pas et le regardera d'un air étonné ; plus loin un préjugé impitoyable, sous la forme de quelque ambassadeur ou de quelque ministre, lui adressera mille impertinences. Werther n'appartient plus à ce passé, mais il en souffre, et, malgré ses souffrances, il ne peut se résigner ni à l'accepter, ni à lutter contre lui.

Werther souffre aussi de lui-même. Il sent tout ce qu'il y a d'imparfait et d'incomplet en lui, et cette pensée le tourmente. Il a un sentiment très-vif de ses défauts et de ses ridicules, et il se reproche durement chacune de ses étourderies ou de ses faiblesses. Il n'a pas, comme tant d'autres, la ressource de pouvoir s'abuser sur son compte, car l'esprit d'analyse est chez lui très-éveillé et lui tient toujours l'œil ouvert sur lui-même. Sa terrible imagination complète encore l'horreur de cette situation, en lui présentant sans cesse des choses plus belles que celles que la réalité lui offre. Ses désirs ont des ailes, mais sa puissance d'action porte des chaînes. Son amour de la vie est énergique, car Werther aime la vie autant qu'on peut l'attendre d'une nature aussi riche (une des nombreuses sottises qui aient été dites sur ce remarquable personnage est de lui supposer je ne sais quel amour malsain de la mort) ; mais il ne peut en jouir. Toutes les choses de la terre se présentent à lui décolorées. Il n'aime plus rien que Charlotte ; c'est elle qui peut encore lui faire retrouver quelques-unes de ces émotions naïves et puissantes qu'il trouvait autrefois dans une promenade au fond des bois, dans la conversation d'un ami, dans la lecture de son Homère. S'il se résigne à ne plus aimer Charlotte, il devra se résigner aussi à ne plus rien aimer dans sa vie. Elle possède encore le secret magique qui peut faire battre son cœur. Si la magicienne disparaît, ce cœur se taira pour toujours. Terrible situation que celle-là ! Qui se résignerait à vivre comme un fantôme, sans espérance, sans illusion, sans amour et sans haine, avec les ombres d'un passé douloureux, à s'entretenir avec des souvenirs cruels sans espoir de renaître un jour à la vie ? Peut-être vaut-il mieux mourir. Werther se tue.

Le suicide de Werther n'est donc pas un suicide ordinaire ; ce n'est pas un de ces actes de folie inspirés par un égarement momentané ou une passion insensée : c'est un acte de froid calcul inspiré par la perception très-nette de l'impossibilité de *vivre* plus longtemps dans le sens réel du mot. Oui, Werther pourrait continuer à vivre, si l'on entend par là déjeuner et dîner, dormir et bâiller, marcher ou parcourir d'un œil ennuyé les pages d'un livre qui ne dit plus rien à l'esprit ; mais si par vivre l'on entend aimer, sentir, s'émouvoir, désirer, Werther ne le peut plus. Lorsque quelqu'un d'entre nous a éprouvé quelque grande douleur, il peut trouver autour de lui des sources de consolation. La bonne nature (*alma mater*) nous ouvre ses bras, nous berce et nous endort en nous chantant ses vagues complaintes de nourrice ; elle nous fait oublier nos douleurs à force de nous entretenir, et, par une alchimie particulière et bienfaisante, transforme ces douleurs en joies radieuses et en souvenirs affectueux. Ces peines et ces chagrins, qui nous mordaient le cœur comme des lutins malicieux, deviennent nos bons anges. Dans notre cœur, touché par la magique baguette de la nature, s'ouvrent de nouvelles sources, plus fécondes que les anciennes, et alors les sentiments qui circulaient en nous, semblables à de petits ruisseaux aux faibles murmures, capables de refléter à peine notre propre image, jaillissent comme des cascades à la voix sonore, ou roulent comme de beaux fleuves au cours tranquille, réfléchissant dans leurs claires ondes le paysage entier de leurs rives et le ciel qui les recouvre avec son lumineux soleil ou ses myriades d'étoiles. Puis, à la magie de la nature, succède la toute-puissance du temps, qui sait si bien cacher nos chagrins sous d'épaisses couches de gazon, et qui sur les ruines de nos affections sait faire germer et éclore tant de fleurs que nous n'espérions plus. L'étude est là aussi avec ses ressources sévères, et le travail, précepteur indulgent qui nous réprimande avec douceur malgré son aspect austère. Grâce à lui, nous pouvons nous oublier et nous distraire de nous-mêmes dans la contemplation des douleurs d'autrui et de la vie universelle. Puis enfin, si tout cela ne réussit pas, il reste la religion, avec ses perspectives infinies et ses opiniâtres espérances. Mais Werther a épuisé toutes ces sources de consolation. Pour lui, la nature est vide et décolorée, elle a été son premier amour, et maintenant oubliée pour une passion ardente, elle se vengera en rivale dédaignée. Ses chansons enfantines, sa physionomie gracieuse ou sévère, mais toujours naïve, son innocence, n'auront plus de charmes qui agissent sur Werther. L'étude n'a plus d'attrait pour lui, il a épuisé à peu près tout l'esprit de ses livres favoris, et il n'y trouve plus que des mots stériles. Il a eu assez à se plaindre de ses semblables pour ne pas essayer de chercher des consolations dans leur société, et quant à la religion, hélas ! Werther est un enfant du XVIIIᵉ siècle, il ne peut pas se donner le conseil qu'Hamlet donne à Ophélia : *Go to a nunnery !*

Comment ce personnage ne serait-il pas intéressant ? Il est jeune, noble, bien doué, et il lui est défendu de vivre. Les malheurs de Werther ne sont pas imaginaires pour être en grande partie abstraits. Il y a d'autres situations intolérables qu'une mauvaise situation matérielle. Il y a des situations d'âme qui sont plus terribles que la gêne pécuniaire, qu'une vie précaire, que les angoisses même de la faim, par exemple celle-ci : être obligé de marcher seul, n'avoir aucun appui dans le passé ni dans le présent, être à la fois le levier et la masse, et se consumer en efforts terribles pour soulever le poids de la destinée. C'est la situation de Werther, et n'est-ce pas beaucoup la nôtre à tous, enfants d'un siècle nouveau, sans traditions, sans passé, nous qui bégayons des paroles que nos pères ne comprennent plus, que nos aînés même ne comprennent pas toujours sans peine, nous qui sentons plus que nous n'agissons, et dont les sentiments sont encore si nouveaux même pour nous, qu'ils nous étonnent souvent et nous effraient ? Nous sommes en effet des êtres pour ainsi dire abstraits, notre cœur et notre cerveau sont comme les habitations où est venu loger tout un peuple de pensées et de sentiments avec lesquels nous ne sommes pas encore familiers, et qui sont pour nous-mêmes pleins de mystères. De là le vague de notre langage et l'indécision de notre caractère. De là vient aussi la disproportion qui existe entre nos sentiments et l'expression que nous leur donnons. Le sentiment est vigoureux et profond, l'expression est incomplète et faible. Nous avons tous, comme Werther, une originalité en germe, un caractère moderne *en puissance* qui ne s'est pas encore développé, et dont la croissance, lente et douloureuse, nous fait mortellement souffrir. Il y a chez nous tous, comme chez Werther, une contradiction entre notre vie intérieure et notre vie extérieure ; nos aspirations morales sont singulièrement hardies, élevées et nobles ; mais notre vie extérieure, nos manières et nos mœurs ont forcément quelque chose de vulgaire et de commun qui causera toujours je ne sais quel dépit amer et quelle honte à une âme bien née. Oui, Werther, encore une fois, c'est bien nous, enfants des classes moyennes, avec nos habitudes d'esprit, notre tournure de pensée, notre excessif raffinement intellectuel, notre fatale intelligence des choses les plus subtiles et notre condition équivoque, flottante comme Délos, la patrie du dieu qui fit cesser sur la terre le règne des Titans et inaugura le règne des hommes. En vérité, si nous écrivions notre histoire, nous pourrions tous inscrire en tête le titre du roman de Gœthe, *Les souffrances du jeune Werther*. — Et, dites-moi, ces simples mots ne contiennent-ils pas pour vous tout un monde de rêveries plus nombreuses que celles qu'éveillaient chez l'éloquente Mme de Staël les orangers du royaume de Grenade et les citronniers des rois maures ?

Je viens incidemment de nommer le dieu qui fit cesser le règne des Titans et inaugura le règne des hommes. Dans notre xixe siècle, le règne des Titans a aussi cessé pour toujours, et nous essayons d'inaugurer le règne des hommes. Ne nous y trompons pas cependant, cette société moderne qu'on se vante d'avoir établie n'existe pas en réalité, elle existe en nous, chez les quelques millions d'hommes cultivés et moralisés qui foulent le sol de notre planète ; mais que de temps s'écoulera encore avant que cette abstraction soit devenue un fait, cet idéal une réalité, et combien de Werthers auront eu l'occasion de se suicider ! Oh ! quand je pense à la société moderne, — je pense inévitablement à la position de Werther à la soirée du comte de C..., et je vois défiler devant lui Mme de S... et son époux, et leur *grand oison de fille*, le baron de F..., couvert de toute la défroque du couronnement de François Ier, et le ridicule J..., homme habile à unir les contraires et qui mêle dans tout son habillement le gothique à la mode la plus nouvelle. Pauvre Werther, qui n'as pour te défendre que beaucoup de noblesse dont on ne tiendra pas compte et beaucoup d'ironie dont tu ne pourras pas

user ! Pauvre société moderne, assaillie d'ennemis, qui
n'as pour te soutenir que la bonne volonté et le ferme
espoir de quelques nobles cœurs ! L'une après l'autrre se
dressent contre toi des armées d'ennemis qui prétendent
tous que tu leur appartiens, et qui travaillent tous à te tuer
en germe, souvent même en croyant te servir ; brillants
escadrons de cavaliers, restaurateurs de l'art gothique et
de la monarchie légendaire, importants parvenus bouffis
de pédantisme, prolétaires socialistes, enfiévrés et impatients, *and that last Ghost, the most horrid of all*, le
saint-simonisme pratique, spectre obscène et rétrograde,
proclamant la prédominance absolue de l'industrie, et
introduisant parmi nous la superstition mosaïque du fait,
de la richesse, de la matière. Ah ! pauvre esprit moderne,
pauvre Werther !

Pour toutes les raisons que je viens d'énumérer, je
donnerai donc à toutes les personnes de l'un et de l'autre
sexe qui ne sont pas honteuses d'avoir une âme, et qui ont
encore l'audace de le laisser voir, le conseil de ne jamais
dire de mal du bon, gracieux, aimant, candide Werther ;
de garder en secret à sa mémoire la sympathie qu'il
mérite, et de le défendre bravement en public, lorsqu'il
sera méchamment attaqué. Ames scrupuleuses et pieuses,
ne craignez pas de vous charger de ce devoir ; on défend
tous les jours bien des gens qui ne valent pas Werther,
et on les défend à juste titre. Il ne faut jamais laisser
attaquer les hommes qui, au milieu même de beaucoup de
défauts, ont une vertu, quelle qu'elle soit. Il me serait
impossible de laisser un démagogue attaquer sottement
ce funeste grand homme, — Philippe II, roi d'Espagne ;
je ne pourrais jamais entendre un voltairien débiter son
chapelet d'injures contre Ignace de Loyola, sans avoir
envie de prendre sa défense, et je les défendrais en vertu
de ce principe incontestable, que la noblesse d'âme, même
mal dirigée, est préférable à l'absence de toute noblesse.
Faites donc pour Werther, le pauvre jeune Allemand trop
calomnié, trop critiqué, ce que vous feriez volontiers pour
des hommes plus dangereux qu'il ne le fut et ne le
sera jamais : vous serez récompensés de votre bonne
action, et son ombre vous remerciera en vous en-
voyant de beaux songes pleins de grâce, de mélancolie
et d'amour.

Pour moi, si je l'ai défendu, c'est par un goût tout particulier, qui n'a, je le crois, aucune raison puérile, goût fondé sur les qualités nobles et sérieuses qui sont l'apanage de Werther. Ce n'est pas sa fièvre que j'aime, c'est son tourment; ce n'est pas sa susceptibilité que j'aime, c'est sa délicatesse d'âme; ce n'est pas son inertie passive et son inaction que j'aime, c'est cette fière indépendance qui lui fait préférer l'inaction à une action accomplie par des moyens honteux; ce n'est pas sa sentimentalité rêveuse que j'aime, c'est la violence et la profondeur de sa passion. Ce que j'aime, bien plus, ce que je respecte et ce que je salue chez ce jeune fou, amoureux d'une femme qui ne lui appartient pas et qui se débarrasse par le suicide d'une passion sans issue, c'est une âme ardente, ouverte, sympathique, et en dépit de sa fièvre et de sa sentimentalité indépendante, fière, mâle, incapable de se courber sous les fourches caudines du monde, incapable de rendre ses armes, que ses ennemis pourront prendre, s'ils le veulent, sur son cadavre, mais pas auparavant ni autrement. Voilà le vrai Werther que l'on découvre aisément sous le nuage de rêverie dont il s'enveloppe. C'est le personnage de la littérature moderne que j'aime le mieux; il n'est pas le plus grand, mais il est le plus touchant. A vrai dire, dans la littérature des trois derniers siècles, il y a trois personnages qui m'inspirent à peu près une égale sympathie, le prince Hamlet, le gentilhomme Alceste et le bourgeois Werther, et c'est pourquoi j'ai la plus grande vénération pour les trois castes qui ont pu produire ces trois grands caractères. Tous les autres héros de drame ou de roman me touchent beaucoup moins et me paraissent tous un peu des Polonius ou des Philinte. Cependant malgré toute ma sympathie pour le prince Hamlet et l'illustre Alceste, j'ai un penchant plus grand encore pour Werther, d'abord parce qu'il est plus récent et pour ainsi dire notre contemporain, ensuite parce qu'il est moins séparé de moi par le rang et la naissance. Il m'est plus familier, je le tutoie, j'ai joué aux barres avec lui dans mon enfance, et à mesure qu'il a grandi, il m'a fait part de ses douleurs.

Un mot encore. Si par hasard dans les pages qui précèdent j'ai heurté les sentiments de quelques âmes sincères (il y en a beaucoup) hostiles à Werther, je leur demande pardon de cette offense involontaire ; mais quant aux partisans d'une certaine morale conventionnelle, ennemie par cela même de la vraie morale, qui seraient tentés de répéter pour la millième fois le plaidoyer de Rousseau contre le suicide, ou de renouveler contre Werther les vieilles accusations connues , je leur dirai que Werther leur a répondu d'avance le jour de cette immortelle entrevue avec Charlotte , alors qu'il parcourait d'un pas convulsif l'appartement de sa bien-aimée : « On pourrait imprimer cela, Charlotte, et le recommander à tous les instituteurs. »

HAMLET

Il a été très bien dit que toute l'histoire n'était point dans les livres, que ses matériaux étaient épars sur toute la surface du globe, et que les hiéroglyphes écrits sur la pierre, que les sarcophages et les tombeaux, les haches de silex et les armes barbares, les dolmens gigantesques éternellement debout sur les bruyères druidiques, constituaient des lignes inachevées et incomplètes de longs chapitres qui ne seraient jamais écrits. Tous les personnages historiques ne sont point non plus ceux que mentionne l'histoire ; il est toute une classe de héros qui n'ont jamais existé officiellement, mais qui méritent ce titre de personnages historiques mieux que bien des capitaines et des hommes d'état, et qui sont bien moins qu'eux soumis aux vicissitudes du jugement humain et à l'oubli des générations. Ce sont les héros crées par l'imagination des grands poètes ; ils ont pris possession de la mémoire humaine, et ils ne seront plus oubliés. Hamlet n'est pas moins réel que le comte d'Essex ou que Walter Raleigh. Alceste a vécu tout aussi bien que M. de Montausier ou le duc de Roannez. Tant qu'il y aura une Espagne, l'ingénieux hidalgo don Quichotte sera un personnage aussi incontestablement historique que le duc d'Albe, Philippe II et toute sa cour. L'excellent chevalier peut nous tenir très réellement lieu de tous les héros du XVIe siècle espagnol, car il résume avec une étonnante fidélité toutes leurs qualités, et il est plus intéressant, car il n'a pas leur insensible cruauté et leur implacable orgueil. Qui donc a pu dire que le *Don Quichotte* était la satire des romans de chevalerie? Pourquoi est-on allé chercher cette ingénieuse et sophistique théorie d'après laquelle ce livre immortel serait la représentation de l'âme traînant après elle sa guenille corporelle sous la forme du bon Sancho? Ce livre peut contenir toutes ces intentions et bien d'autres encore ; mais là n'est pas son sens vrai et profond. Le mérite éminent de la biographie de cet illustre et singulier personnage est d'être le document historique le plus incontestable et le plus fidèle que nous possédions sur la grande et misérable Espagne du xvi° siècle. Nous pouvons perdre tous les écrits racontant les guerres et les événemens de cette époque tragique, il sera facile encore de les comprendre avec cet unique chef-d'œuvre, car l'Espagne est morte pour sa dame bien-aimée et en voulant faire confesser, comme Don Quichotte, à tous les peuples de l'univers qu'elle était la princesse la plus accomplie du monde; car, ainsi que le bon chevalier, elle s'est couverte de gloire inutile, et elle a rêvé, comme le beau ténébreux, d'extases mystiques et de châteaux de la perfection; car, après avoir couru tous les grands chemins de l'Europe à la recherche des chevaliers infidèles, elle est rentrée moulue de coups, bernée et rossée par tous les muletiers des routes, par des roturiers huguenots, par des maritornes flamandes, par de grossiers rustres anglais. Alors toutes les vulgaires pies bourgeoises de la terre ont salué son retour de ce cri fatidique qui porta le dernier coup à l'âme du héros de la Manche : Elle est morte, ta dame, et tu ne la reverras jamais plus ! — Elle ne l'a en effet jamais revue.

C'est cette tragique et douloureuse histoire de l'âme espagnole que raconte sous le voile de l'allégorie, mais avec une grande transparence, le *Don Quichotte*, le plus amusant et le plus triste des livres, œuvre d'un grand patriote attristé, et lui-même emblème vivant de l'Espagne d'alors, si fièrement drapée dans ses héroïques guenilles. D'un œil clairvoyant, il découvrit la misère profonde de toute cette grandeur et la folie de ce dévouement à des chimères, et il n'osa pas condamner son pays. Peut-être eut-il l'intention d'écrire une satire, mais pas un mot amer ne put s'échapper de sa plume, des torrens de compatissante admiration en coulèrent, et il écrivit une apologie. Il haussa les épaules, rit des lèvres et resta Espagnol de cœur. A la cour de la duchesse, Sancho se conduisit de même : après avoir égayé ses illustres hôtes du récit des sottises de son maître, il conclut en protestant de son amour pour lui : « Tel qu'il est, fou, visionnaire, absurde, je l'aime cependant, et je ne lui tiens point rancune des coups de bâtons qu'il m'a valus. Oui, j'ai jeûné bien souvent à son service, et pourtant je le suivrai fidèlement, et jusqu'à ce qu'une même bêche et une même pioche nous creusent un même lit. »

J'ai complaisamment parlé du *Don Quichotte* et de son auteur, par plaisir d'abord, et ensuite dans l'intention de faire remarquer que les créations des poètes étaient souvent plus historiques que la plupart des faits et des documents, car les poètes nous font entrevoir et souvent nous résument en traits immortels, comme dans cet exemple mémorable, toute la partie idéale de l'histoire qui se joua de leur temps, et que nous avons tant de peine à reconnaître sous le masque des événements et des grossiers intérêts. Grâce à eux, nous surprenons maintes fois le profond *pourquoi* de tel fait qui se présente à nous comme une énigme indéchiffrable et absurde ; ils nous font saisir l'esprit de l'époque, ce qui fut l'âme de telle génération, ses désirs, ses rêves, ses espérances, ses chimères chéries, toutes choses fugitives, insaisissables, — délicates nuances, fumées colorées, frissons nerveux. Rien de tout cela n'a pu être fixé dans les poudreux papiers d'état; les yeux grossiers des chroniqueurs, même lorsqu'ils en ont aperçu quelque rayon, ont été aussi peu réjouis de sa lumière que les yeux d'un paysan des beautés naturelles; les mœurs du temps elles-mêmes ne nous en donnent pas une image fidèle. Mais si par hasard un vrai poète se présente, il prête l'oreille et surprend les murmures de tous ces êtres immatériels, et ce bourdonnement confus devient un langage musical et correct, compréhensible à des oreilles humaines. De tous ces atômes errans répandus partout dans l'air, il tire un monde enchanté; il rapproche mille rêves épars dans les âmes, et forme un type qui exprime d'une manière sensible aux plus obtus le tourment secret, la pensée caressée avec amour qui les faisait agir presque à leur insu, et qu'ils ne pouvaient nettement exprimer. Il révèle les contemporains à eux-mêmes, et conserve à la postérité l'insaisissable idéal de son temps. Tel est le genre de service historique que nous rendent les poètes.

Une opinion généralement répandue en France, c'est qu'aucun poète n'est grand s'il n'exprime les sentiments éternels de l'humanité, c'est-à-dire un certain *homme abstrait* enlevé aux conditions de temps et de lieu, privé pour ainsi dire d'atmosphère ambiante et se mouvant dans une espèce de vide métaphysique. Il y a certainement beaucoup à dire sur cette opinion, qui, exprimée comme elle l'a été souvent parmi nous, m'a toujours paru à la fois pédantesque et exclusive. Il est incontestable que le poète doit reproduire les sentiments éternels de l'humanité, car sans cela les hommes d'une autre génération que la sienne ne le comprendraient plus; mais que sont ces sentiments séparés du milieu dans lequel ils se meuvent, des obstacles qui les limitent, des circonstances qui les sollicitent, et de ces mille accidents qui se mêlent à la vie, la pénètrent et la modifient? Réduire le poète à se conformer à cette théorie, ce serait obliger un homme à conjuguer un verbe en restant toujours à l'infinitif. Le sentiment pur, *en lui-même,* n'existe pas pour ainsi dire, dans les conditions de notre charnelle et mortelle humanité; il peut être saisi d'instinct ou par un effort de la logique : il n'est sensible, visible, compréhensible que par ses manifestations. Amour, ambition, piété, que sais-je encore? sont comme les infinitifs d'un verbe qui demande à être conjugué. Ces infinitifs métaphysiques pourraient avoir leur charme dans une allégorie; mais dans un poème ou dans un drame ils n'ont de valeur que par le temps ou le mode qui leur imprime une personnalité. En poésie, comme en bien d'autres choses, on peut donc dire en toute vérité que la forme emporte le fond, et que le mode domine la substance. Les poètes n'expriment pas les sentiments; ils en *expriment* les *expressions,* si nous pouvons nous servir de ce terme; ils en racontent les attitudes, les situations, les aventures à travers le temps et l'espace, ces deux grands modes universels qui nous ferment l'éternité et nous parquent nousmêmes dans le fini. La série des œuvres poétiques constitue donc toute une histoire, celle de l'âme humaine, qui, coulant sans cesse vers l'infini, réfléchit sans cesse de nouveaux cieux et de nouvelles rives. Et maintenant la conclusion est facile à tirer : le génie poétique consiste précisément non dans une vaine recherche de ce qu'il y a d'identique dans les sentiments humains, mais dans l'expression des modes de ces sentiments. Dirai-je toute ma pensée ? Eh bien ! ce qui constitue l'essence de la poésie, ce qui lui donne son charme et sa beauté, ce qui fait la matière du poète, ce n'est pas cet élément impersonnel et identique que les critiques retrouvent au moyen de l'analyse, ce sont précisément ces circonstances fugitives qui ne reviendront plus, ce sont ces visions poursuivies et chéries que les yeux d'aucune génération ne reverront, ce sont ces couleurs et ces formes que le temps créa et fit disparaître, ce sont ces allures et ces tournures qu'affecta l'âme, ces mille dialectes par lesquels elle s'exprima. Là est la poésie et pas ailleurs, et s'il est vrai que le poète n'est grand que lorsqu'on retrouve au fond de ses œuvres l'humanité universelle, en revanche il n'est poète qu'autant qu'il sait exprimer cette humanité universelle par les circonstances et les particularités de sa nation et de son temps.

Je voudrais faire sentir par des exemples la vérité de ce paradoxe; mon assertion peut passer pour telle parmi nous. Il est reconnu, par exemple, que l'ambition est une des passions qui font partie de l'essence de l'âme. La peinture la plus forte que je connaisse de l'ambition, c'est le *Macbeth* de Shakspeare. En quoi consiste la poésie du *Macbeth?* Consiste-t-elle dans dans l'expression générale de l'ambition? personne n'oserait le dire. Nous sentons tous instinctivement à la lecture que l'âme de l'ambitieux peut ressembler à celle de Macbeth; mais aucun de nous ne se reconnaîtra dans ce portrait : il n'y a entre lui et nous aucun trait commun. Macbeth n'est donc point un type; c'est un individu, c'est Macbeth. Telle est l'impression véritable qui nous reste après la lecture. Où donc est le grand intérêt de ce personnage, puisqu'il n'a point de ressemblance sensible avec nous? Oh! dans mille circonstances. Macbeth est un chef de clan, un sauvage qui commande à d'autres sauvages : voilà son mode d'existence. Si dès la première scène il se présente à nous comme un personnage poétique, ce n'est pas parce qu'il est homme, c'est parce qu'il est thane de Glaris. Ardent et cruel, il prend la résolution de s'emparer de la couronne. C'est bien un fait d'ambitieux. Comment accomplit-il sa résolution? Comme un homme sans doute, mais surtout comme un chef barbare. D'où vient le degré de terreur poétique qui accompagne cet acte? De plusieurs circonstances : d'abord il tue Duncan de sa propre main, dans son sommeil, à l'heure des ténèbres, à l'heure « où la chauve-souris et la chouette sont les seuls êtres éveillés, où le loup hurle en attendant sa victime. » En second lieu, ce sauvage, à qui le crime serait naturel en sa qualité de sauvage, a cependant reçu le baptême, et une faible aurore de christianisme a brillé sur ses bruyères stériles : — cela suffit pour faire hésiter sa main, quoiqu'il se vante de faire bon marché de la vie future. Un des phénomènes naturels qui accompagnent l'ambition, ce sont les avertissements, les tressaillements, les remords de la conscience : ils se retrouvent dans Macbeth; mais comment? De hideuses apparitions viennent à sa rencontre et jettent dans son âme la pensée du mal. Des agens surnaturels et extérieurs le sollicitent, comblent ses désirs et le perdent. Où est la poésie dans tout cela? Est-ce dans le fait psychologique du remords, ou dans la forme que prend ce fait? On voit quelle combinaison de circonstances il a fallu pour former la poésie de Macbeth. Un seul mot peut résumer le tout : Macbeth n'est pas poétique parce qu'il est le type d'une âme ambitieuse; il est poétique parce qu'il est Macbeth, c'est-à-dire chef de clan, barbare baptisé, mari d'une femme encore plus cruelle que lui, croyant aux sorcières, salué roi par elles, perdu par elles, et vaincu le jour où la forêt de Birman marcha contre la montagne de Dunsinane.

Nous avons pris un caractère, prenons maintenant une idée abstraite. Une des croyances qui ont toujours été chères à l'homme est celle de la fatalité. Cette idée fait le fond de toute la littérature antique, et elle apparaît avec toute sa majesté terrible dans la tragédie d'*OEdipe roi*. Les musulmans ont été les plus fervents sectateurs de cette idée, et on a du calife Omar un mot qui vaut tout un poème : « Ta destinée cherche après toi, c'est pourquoi ne la cherche pas. » Et dans ce mot, pour le dire en passant, ne voyez-vous pas apparaître la poésie de toute une civilisation? ne voyez-vous pas les peuples musulmans accroupis à terre, les jambes croisées, buvant l'opium, fumant, rêvant ou priant dans une attitude de soumission grave et raisonnée, de mutisme plein d'une religieuse réserve? Cette idée, qui se déroba chez les chrétiens sous la forme aimable et pieuse de la résignation à la volonté d'un Dieu d'amour, mort pour les hommes, a été reprise par les calvinistes sous le nom implacable de prédestination, qui est la forme la plus cruelle qu'elle puisse revêtir. Le grand Milton l'a chantée, avec quelle puissance, on le sait! John Bunyan l'a donnée pour guide austère à son *fidèle chrétien* dans son âpre pèlerinage à la cité éternelle. Nous pourrions demander déjà si la poésie de cette idée consiste dans l'idée même, ou dans les expressions diverses qu'elle a revêtues successivement; mais un exemple se présente à notre mémoire, qui éclairera encore mieux notre pensée. Il existe un drame de Calderon que nous n'avons jamais pu lire sans frissonner. Tout ce que le fanatisme espagnol a de sombre et de violent a été mis à contribution pour enfanter cette œuvre terrible. Les gracieuses allégories catholiques ont disparu, une nuit immense et épaisse s'étend partout, éclairée seulement par en bas de reflets rouges comme les flammes de l'enfer; des démons sous figures d'hommes foulent cette terre ténébreuse et maudite; mais au milieu des ombres se laissent apercevoir les formes d'un gigantesque crucifix. Le drame s'appelle *La Dévotion à la Croix*. Le héros est un jeune homme nommé Eusebio, qui à sa naissance a été placé sous la protection de la Croix et abandonné sur une route au pied du symbole sacré. Depuis lors il a grandi et s'est couvert de crimes. Il tue, il vole, il viole, enlève des religieuses de leur couvent, entraîne dans le mal hommes et femmes, et livre au diable des milliers de victimes. Certes, si quelqu'un mérite la damnation, c'est lui. Cependant, quelque mauvais usage qu'il fasse de son libre arbitre, il échappe à tout jugement humain et divin, car Dieu lui-même est enchaîné par la puissance de la Croix, Dieu ne peut lancer son arrêt contre le malheureux sur lequel l'arbre sacré a étendu son ombre protectrice. Vingt fois il a été pris, condamné, vingt fois il a vu la mort en face, et toujours il a échappé, la protection de la Croix le poursuit partout et le couvre d'une invulnérable égide. Enfin le bandit tombe frappé d'une balle au coin d'un bois et meurt sans confession ; mais la protection divine qui l'a accompagné pendant sa vie criminelle le sauve de la damnation éternelle et fait un miracle en sa faveur. Un prêtre passe le long du chemin, et on entend un bruit dans les feuilles ; c'est le mort qui ressuscite un instant afin de faire une dernière confession et de recevoir l'absolution avant d'être jugé. Il est impossible de se rendre compte sans l'avoir éprouvé de l'effet terrible que produit sur vous incrédule, tiède croyant, catholique *éclairé,* cette donnée bizarre et cette absurde et sinistre interprétation de l'idée de prédestination. Qu'est-ce qui est saisissant et poétique dans ce drame? Est-ce l'idée de destinée en elle-même ou la forme qu'elle revêt? Ce drame est donc poétique par l'élément historique qu'il contient, il est poétique parce qu'il est violent, bourré de fanatisme et de superstition, d'orgueil et de passion, parce qu'il est espagnol dans la pire acception du mot.

Je pourrais multiplier les exemples ; en voici un dernier. Qu'est-ce qui fait le charme des comédies pastorales de Shakspeare ? Les sentiments éternels de l'homme, ou l'expression, aimable et passagère comme une mode de l'âme, comme un gracieux engouement de l'esprit, qu'ont revêtue ces sentiments ? Me dira-t-on qu'Orlando, Célie, Rosalinde, le philosophe Jacques nous plaisent et nous séduisent parce que sous leurs déguisements de bergers nous sentons battre des cœurs pareils aux nôtres ? Eh non ! tout leur charme poétique vient de leurs déguisements mêmes. En lisant ces œuvres adorables, je vois défiler devant moi toute une légion ailée de rêves et de chimères qui autrefois furent la consolation et l'amusement de deux ou trois générations successives au milieu des grandes guerres, au lendemain des massacres, à la veille des échafauds. Rêves d'innocence pastorale, chimères de bonheur tranquille, ingénieuses combinaisons de gouvernements paternels et débonnaires, amalgame factice et aimable de la politesse des cours et de la simplicité rustique, utopies construites dans les longues heures de désenchantement et de tristesse, tout cela fut vivant jadis, toutes ces rêveries firent doucement battre le cœur et chatouillèrent finement les sens des contemporains de

Shakspeare. Ce fut leur idéal de bonheur terrestre, leur songe mille fois interrompu et mille fois repris, leur tour favori d'imagination, leur disposition d'âme habituelle. Le grand poète saisit ces chimères et les fixa sur la trame immortelle où elles vivent éternellement C'est donc une chose très-passagère et jusqu'à un certain point factice qui fait le charme des comédies pastorales de Shakspeare; le poète n'y a peint rien d'éternel, au contraire il a donné l'immortalité aux choses les plus fugitives qui existent, les modes de l'imagination.

Toutes les œuvres poétiques peuvent ainsi être considérées en même temps comme des œuvres historiques, et il y aurait fort à craindre pour le génie du poète dont les créations ne seraient aux yeux de la postérité que de pures entités métaphysiques. Autre observation. Si la vie n'éclate pas dans ses créations, si ses personnages ne sont pas de chair et d'os, s'ils sont d'une simplicité si grande, qu'on pourrait les prendre pour des allégories, et qu'ils se présentent aussitôt à l'esprit avec leurs étiquettes, — *ambitieux, amoureux, jaloux, menteur, intrigant*, — ils auront beau faire les discours les plus éloquents, exposer les axiomes les plus philosophiques : ils n'auront jamais droit de cité dans les domaines de la poésie. Une des choses qui ont perdu la littérature dramatique française, c'est la manie de vouloir peindre des caractères abstraits et tout d'une pièce. Nous péchons par amour de la simplicité, et il a fallu à notre Molière toute la force de son génie pour ne pas échouer dans la fausse voie où l'esprit français s'est toujours complu et fourvoyé. Le poète doit peindre des caractères, cela est vrai, mais ces caractères ne doivent pas être artificiellement conçus : ils doivent être le résultat même de la vie. Il n'y a pas de caractères, à proprement parler, dans le monde ; il n'y a que des individus, c'est-à-dire des combinaisons, extrêmement compliquées et subtiles, de passions, de pensées, de vices et de vertus. Un individu qui représenterait ce qu'en langage dramatique on appelle un caractère serait un véritable monstre, et, par dessus le marché, un monstre monotone. Je ne connais pas de caractères ; je n'ai jamais vu l'ambitieux, le menteur, l'avare, le débauché, mais j'ai connu des individus qui étaient affligés de ces différentes passions, et je puis affirmer que, quelque prépondérantes qu'elles fussent en eux, elles n'y étaient cependant encore qu'à l'état de nuance, de fraction, d'ingrédient. Tels qu'ils étaient, ils étaient originaux, ou intéressants, ou dignes d'observation; s'ils avaient été des caractères, ils auraient été insupportables. J'ai déjà remarqué que Macbeth, le personnage le plus accusé de Shakspeare, ne nous intéressait pas comme type d'ambitieux, mais comme individu portant le nom de Macbeth. Le poëte, s'il veut nous plaire et surtout s'il veut être vrai, doit rester fidèle à la vie; il doit peindre, non des personnages, mais des personnes, non des êtres généraux, mais des individus.

Je faisais toutes ces réflexions sur ces éléments, encore mal analysés, du moins en France, du génie poétique, en relisant l'*Hamlet* de Shakspeare, source inépuisable de sentiments et de pensées, et vers lequel un invincible attrait nous ramène toujours. Ce chef-d'œuvre n'est pas encore passé pour nous à l'état de lieu-commun; les stupides sentimentalités qui ont été débitées sur son compte n'ont pu encore nous en dégoûter, et les éloquentes explications de Goethe, de madame de Staël et de tant d'autres n'en ont pas épuisé pour nous le sens et la signification; la source est toujours vive et coule toujours. Cependant la sympathie que nous éprouvons pour Hamlet est tout à fait particulière. Nous nous sommes accusé, on s'en souvient peut-être, d'aimer Werther comme un camarade qui n'a rien à nous cacher et dont nous connaissons tous les secrets; mais nos sentiments sont un peu différents à l'égard des deux personnes qui partagent avec lui nos sympathies littéraires. Nos sentiments pour Alceste sont ceux de l'estime et du respect. Si nous avions vécu de son temps, nous aurions cherché non pas à le connaître, — on ne fait pas la connaissance de telles personnes, elles sont nées pour vivre libres et solitaires, et la seule sottise qu'ait commise dans sa vie cet illustre caractère est précisément d'avoir méconnu cette vérité et d'avoir eu la triste fantaisie d'aller servir de jouet à Célimène une semaine ou deux, — mais à apercevoir ses traits et à étudier son visage. Quant à Hamlet, le sentiment qu'il nous inspire est celui d'une sorte d'admiration passive. Nous ne nous mêlons pas à sa vie, nous ne pouvons pas l'aider dans ses déboires, il ne nous est pas permis de le consoler dans ses douleurs; une certaine étiquette et dignité de rang le protége contre la vivacité des sympathies humaines, et il est remarquable qu'Horatio lui-même, qui vit auprès de lui, ne lui est d'aucune ressource dans ses ennuis. Nous n'avons le droit d'être ni de ses amis ni de sa cour, mais en tout cas nous avons une excuse pour parler de lui : notre titre de membre de son parti. Le dernier bourgeois bonapartiste, orléaniste ou légitimiste est uni à ses princes par les liens de parti ; c'est de cet amour de partisan que nous aimons le prince Hamlet, un des plus nobles exemplaires de la nature humaine qui jamais ait paru sur le théâtre du monde.

Nous pouvons vérifier par Hamlet quelques-unes des observations que nous avons exprimées sur le génie poétique. Il est généralement reconnu qu'*Hamlet* est la plus philosophique des tragédies de Shakspeare, la plus abstraite, si l'on peut se servir de ce mot. Voyez cependant comme la vie éclate de toutes parts, comme l'écheveau de la destinée est hardiment embrouillé sous nos yeux par le poète, avec un audacieux dédain de la simplicité artificielle et une insouciance apparente de la composition et de l'unité ! Le poète sait bien que tous ces incidents confus et multipliés finiront par converger vers un but fatal, et qu'ils s'harmoniseront dans une unité souveraine comme le destin qui se charge de dénouer le drame. Chacune de ces scènes est un pas vers la destinée ; mais ce pas est fait par des êtres vivants qui s'arrêtent pour se reposer, respirer, causer ou contempler le paysage qui les entoure. C'est l'image même de la vie ; l'action en a tour à tour la lenteur majestueuse et la précipitation convulsive ; les personnages marchent sans connaître le but vers lequel ils se dirigent ; le temps accumule les incidents et goutte à goutte remplit le vase ; les épisodes succèdent aux épisodes, sans amener aucun résultat sensible à l'instant même, comme dans notre existence les mois succèdent aux mois, et les années aux années, si bien que l'incertitude règne dans l'âme du lecteur au moins autant que dans l'âme du prince Hamlet. Pendant trois longs actes, la vie ordinaire suit son cours, et le drame est pour ainsi dire abandonné à l'action humaine. C'est Hamlet seul qui est chargé d'accomplir la terrible mission du fantôme, et comme Hamlet n'est qu'un homme, ces trois premiers actes sont remplis de réflexions, d'irrésolutions, de projets et de rêves, de plans ébauchés et abandonnés, de sorte qu'on peut dire que dans cette première partie du drame l'inaction est l'action même; mais lorsqu'une fois il est bien démontré qu'Hamlet ne peut pas exécuter le message du fantôme, la destinée s'en charge, et alors l'action marche avec une effrayante rapidité. Cette vie humaine, si molle et si lente, la voilà qui disparaît comme un tourbillon; tous ces individus qui marchaient d'un pas si mesuré et si timide, les voilà, feuilles arrachées, tiges brisées, qui vont joncher le sol : on dirait le triomphe de la mort. Aucun des acteurs n'a accompli son projet ou sa vengeance, et la destinée l'a également accompli pour tous. Laërte est vengé d'Hamlet par Hamlet lui-même, et Hamlet est vengé du roi par le roi lui-même. Leurs vœux sont tous également accomplis, mais aucun d'eux ne peut jouir de son succès; la même ombre les enveloppe tous; ils ont tous fait plus qu'ils ne voulaient et moins qu'ils ne voulaient faire, et tous ils ont fait autre chose. L'honnête fantôme lui-même s'est trompé, car il ne voulait certainement pas la destruction de son royaume. Quand le drame est joué et que la mort semble triompher, vous croyez peut-être que tout est fini; non : aussitôt la vie reprend impitoyablement son cours, et le poète nous en avertit. Les cadavres sont encore chauds, que déjà s'avancent les acteurs d'un nouveau drame : sonnez, fanfares; avancez, cavaliers du jeune Fortinbras !

Quel drame ! Jamais, je crois, on n'a mieux démontré les deux conditions qui dominent notre vie terrestre : d'une part, la lenteur de mouvement et l'impuissance de l'homme, les difficultés innombrables qui l'empêchent d'agir, cette masse d'obstacles, d'attraits, de hasards qui entravent notre marche et la poursuite de nos projets; de l'autre cette impatience presque cruelle des lois éternelles qui semblent s'irriter de nos délais et ont hâte de débarrasser la terre des générations qui la couvrent pour la peupler de nouveaux acteurs. Mais si c'est là une donnée abstraite, comme elle est recouverte de couleurs brillantes, comme elle est bien cachée sous le sang et la chair ! Quelle profusion de détails, et en même temps comme ces détails sont bien en harmonie avec le lieu de l'action, la nature des personnages et l'esprit du temps ! Tout porte le cachet du Nord dans cette pièce merveilleuse, depuis

les passions et les superstitions des acteurs jusqu'à la décoration de la scène. Les superstitions sont sinistres, sérieuses, viriles, et ne s'égarent pas en frayeurs fantasques
et puériles comme les superstitions du Midi; les fantômes
sortent de la tombe pour raconter gravement des secrets
que leurs auditeurs écoutent d'une oreille recueillie. Les
passions, d'une intensité étonnante, sont toutes intimes
et n'ont rien d'extérieur; elles semblent prendre plaisir à
se refouler toujours plus profondément dans l'âme, au
lieu de chercher à se répandre au dehors comme ces
passions exubérantes de climats plus heureux que le poète
a peintes lui-même dans *Othello* et dans *Roméo*. Le
paysage qu'il nous semble voir, tant est grande la magie
du poète, est tout septentrional, et ce n'est pas une méta-
phore de dire que dès la première scène on frissonne
sous l'âpre vent du nord avec les soldats de garde sur
l'esplanade du château d'Elseneur. Une triste et tendre
lumière boréale éclaire également toutes les parties du
drame, et il semble qu'à sa clarté sans chaleur on voie
apparaître les sapins et les chênes du Nord. Le ruisseau
où s'est noyée Ophélia est décrit avec une précision particulière. Vous l'avez vu quelque part en Angleterre coulant limpide et transparent au milieu d'une oasis de ver-
dure. Le cimetière apparaît aussi très-facilement à l'imagination : un terrain argileux, stérile, une pauvre lande
où les fougères ont peine à pousser; pas très-loin de
l'église et des habitations de l'homme, assez loin cependant pour que les fossoyeurs puissent se livrer à toute
leur gaieté sans avoir à craindre les importuns et les pas-
sants. C'est au milieu de ce paysage que se meuvent ou
plutôt glissent les acteurs, car, si violemment qu'ils s'agitent, on n'entend jamais le bruit de leurs pas, amortis,
dirait-on, par une fine couche de neige.

Voilà la scène et la couleur générale du drame; toute
la poésie du Nord y est répandue. Quant aux personnages,
jamais, je crois, le mélange confus qu'on appelle non pas
l'homme, mais *un homme*, n'a été présenté avec une telle
hardiesse. Ces personnages ne ressemblent à rien qu'à
eux-mêmes, ils ne représentent rien qu'eux-mêmes. On
ne les a jamais vus auparavant, et on ne les retrouvera
jamais plus. Si vous avez des règles d'esthétique pédantesque, n'abordez pas cette pièce, elle met au défi toutes

les règles. Il n'y a pas possibilité d'étiqueter et de classer ces personnages et de dire à quel genre ils appartiennent; ce sont des individus qui composent à eux seuls leur famille, leur tribu et leur genre. Il a fallu pour les former des combinaisons toutes particulières de la vie, des rencontres imprévues, des chocs d'atomes moraux uniques, et que toute la science du monde ne pourrait pas retrouver. C'est ici qu'éclate le merveilleux génie de Shakspeare. Son procédé pour créer des hommes ressemble à celui de la nature. Ses héros ont des aspects infinis et changeants, ils sont soumis à d'innombrables variations d'humeur et de tempérament, ils n'ont pas une particularité caractéristique, ils en ont cent. En un mot, ils ont tous les signes distinctifs de l'*individualité*, et il nous restent dans le souvenir non comme des types, mais comme des personnes connues. Que représente Polonius par exemple, sinon Polonius lui-même? Il n'y a jamais eu qu'un Polonius dans le monde, et la nature qui le créa dans une de ses heures de fantaisie confuse ne retrouvera jamais cette grotesque inspiration. Quel singulier mélange de bon sens et de sottise que l'âme de cet honnête chambellan, qui est réellement expérimenté, mais qui n'en tombe pas moins en enfance, qui vous donne les meilleurs conseils du monde, mais des conseils qui ne répondent en rien à la question posée, — qui est fin et qui manque lourdement de tact! Sa sagesse radote, ses radotages sont sentences dorées. Il est véritablement fort respectable, mais il n'en est pas moins ridicule. Shakspeare a-t-il connu Polonius? Cela est probable; il l'aura fidèlement reproduit, car il est impossible que l'imagination arrive d'elle seule à cette perfection; l'imagination, comme la logique, veut conclure, et le personnage de Polonius n'a ni commencement ni fin. Quant à sa fille, la charmante miss Ophelia, son caractère consiste à n'en pas avoir, ce qu'on n'a point assez remarqué. Ici la nature a été copiée avec une fidélité surprenante. Ophelia est une pure jeune fille; rien n'est accusé en elle, ni penchants, ni passions, ni caractère; elle n'a pas d'individualité morale, elle n'a rien d'élevé, et sa naïveté même tient à la jeunesse et à la nature plutôt qu'à l'âme. Ne cherchez pas en elle, cela va sans dire, l'étincelle passionnée de Juliette, la distinction d'âme de Desdemona, la splendeur virginale de Miranda. C'est un gracieux faon.

Hamlet a fort raison de l'aimer, car si elle devenait sa femme, elle serait capable d'un inaltérable dévouement, précisément par ce qui lui manque d'élévation, — et de son côté Polonius a fort raison de la rudoyer et de prendre la peine de veiller sur elle, car si Hamlet n'était pas tant occupé avec le fantôme, on ne voit pas comment Ophelia trouverait dans son ignorance confiante et dans sa naïveté toute physique des ressources suffisantes pour résister au prince de Danemarck.

Hamlet passe généralement pour un type, type assez vague, il est vrai, et que jusqu'à présent on n'a pu classer,— le type du rêveur métaphysique incapable d'action. Il l'est en effet. C'est donc un type, mais c'est un homme en chair et en os, un homme très-compliqué, très-ondoyant et très-divers, comme disait Montaigne. C'est si bien un individu, — le prince Hamlet, — qu'on peut donner sur sa personne les renseignements les plus précis et les plus exacts : Goethe l'a fait en partie. Hamlet porte le deuil de son père ; il est à peine sorti de l'adolescence. Au moment où commence l'action, il a de vingt-quatre à vingt-six ans. Il a étudié à Wittenberg. Son amusement favori est l'escrime ; mais il ne peut s'y livrer peut-être autant qu'il le voudrait, car il est un peu gras et s'essouffle facilement. Il est blond comme un enfant du Nord ; son visage, jeune, cela va sans dire, est cependant prématurément fatigué, noble plutôt que beau. Ses manières sont froides, franches et discrètes, souvent aussi pleines de laisser-aller et de sans-façon. Pareil contraste dans son costume, qui est à la fois noblement sévère et négligé. Dans ses relations avec ses semblables, son caractère est un mélange de hauteur et de bonhomie, de candeur et de défiance. Il craint toujours d'être dupe ; de là une certaine duplicité toute superficielle qu'il donne pour masque à sa franchise. Il est ordinairement muet, mais devant le monde et par contrainte, car il est plein d'effusions, et il aime à s'épancher. Quand il parle, il parle beaucoup et longtemps, comme un homme à qui l'on n'a jamais coupé la parole, et que son rang place au-dessus de la contradiction. Parler est même son faible, et quoiqu'il soit exempt de vanité, il n'est pas sûr qu'il n'ait pas aimé le dilettantisme de la parole et le brillant déploiement de ses belles facultés. Dans ses relations avec lui-même, il est singulièrement irrésolu à force de scrupules, scrupuleux à force d'honnêteté. L'habitude de l'analyse à outrance et de l'observation intime, en éclairant les abîmes de sa conscience, paralyse les forces de sa volonté. Cette méditation trop continue dérange l'équilibre de ses facultés, et le fait incliner vers un certain scepticisme élevé et découragé qui le rend incapable de choses que le plus vulgaire des hommes mènerait à bonne fin. Son âme est celle d'un vrai prince ; il en a la condition essentielle, qui est d'être à son aise partout, et de savoir causer avec des soldats dans leurs casernes ou de vulgaires fossoyeurs dans un cimetière, comme avec des courtisans dans son palais.

On a fortement calomnié Hamlet. Son caractère irrésolu, son langage mélancolique, l'ont fait accuser de manquer d'énergie : c'est une erreur. Hamlet est un des caractères les plus mâles qu'il soit possible d'imaginer ; sa bravoure est à toute épreuve, sa loyauté ne se dément pas un instant, ses promesses sont sûres ; toutes les qualités de l'homme viril, il les possède. Il a le courage de suivre le fantôme sans hésiter un seul instant, et avec un tel sang-froid et un calme si parfait de jugement, malgré le trouble inséparable d'une pareille aventure, qu'il commande presque à l'ombre : « Parle maintenant, je ne te suivrai pas plus loin ! » Je tiens surtout à faire remarquer qu'Hamlet n'a absolument aucune sentimentalité, comme on l'imagine généralement ; personne ne foule mieux aux pieds, au contraire, tous les masques hypocrites de la passion. Bien loin d'être sentimental, il est très-dur et même brutal. Il a semblé du reste prévoir que cette accusation serait portée contre lui, car il fait tout son possible pour la détourner, et il affectionne une certaine vulgarité d'expression très-forte, très-poétique, mais très-peu galante et aimable. Une certaine grossièreté bourrue ne lui déplaît pas. Je connais peu de scènes plus passionnées, mais en même temps moins sentimentales, que la scène de feinte folie où il se montre si dur pour la pauvre Ophélia : *go to a nunnery*. La violence de la race féodale se sent partout d'ailleurs chez ce noble personnage, et il crache son mépris à la face des gens avec une hauteur qui n'épargne même pas les personnes de son sang. Dans la scène avec sa mère, il va si loin, que l'honnête fantôme sent la cendre de son cœur se remuer dans le tombeau, et qu'il vient avec une tendresse exquise commander au jeune homme d'épargner celle qu'il aima tant, et qui, malgré ses fautes, est toujours reine, femme et mère. Il y a donc un type de faux Hamlet qui hante nos imaginations; nous avons fait un Hamlet à notre image, un Hamlet sentimental parce qu'il est mélancolique, mou parce qu'il est irrésolu, presque féminin parce qu'il est méditatif et subtil de pensée; mais le véritable Hamlet est à la fois méditatif et énergique, mâle et irrésolu, mélancolique et brutal. C'est une âme noble et élevée, mais c'est aussi une âme féodale et dure.

Oui, une âme féodale, et c'est même un de ses traits les plus accusés. Ce personnage, en qui nous sentons palpiter l'esprit moderne, qui a parcouru les mêmes séries de pensées que nous, dans lequel nous nous reconnaissons et qui parle notre langage, il sort cependant du moyen âge, et l'ombre de cette époque plane au-dessus de lui. C'est en cela qu'Hamlet est réellement *historique*; il marque une heure et une date, le moment remarquable où les hommes de race noble, réveillés comme en sursaut par la Réforme et la Renaissance, se frottent les yeux, regardent ébahis la disparition des vieux symboles et sentent un nouvel esprit s'abattre en eux. Cette heure d'étonnement, d'incertitude, d'hésitation, est admirablement marquée dans Hamlet. Le mélange des deux esprits, qui fait l'originalité du XVIe siècle, qui prête à ses personnages je ne sais quoi de grandiose et d'énorme comme la société du moyen-âge, et en même temps de raffiné et de subtil comme l'esprit moderne, est très-visible dans le drame de Shakspeare. La disposition d'âme d'Hamlet n'est point un fait d'imagination; elle fut à un certain moment celle de tous les membres les plus nobles de la société européenne. Shakspeare n'a pas eu besoin d'inventer Hamlet, il existait de son temps, et il est facile de retrouver en sa personne bien des traits des gentilshommes anglais de l'époque. Ne les reconnaissez-vous pas? Ils sont soucieux, inquiets, sollicités par un esprit nouveau qu'ils adoptent avec une ardeur grave et une certaine tristesse noble, et qu'ils servent avec dévouement et jusqu'à la mort. Autour d'eux brillent encore des symboles que la vie commence à déserter; les formes du moyen âge, entamées déjà par la mort, se dressent encore à leurs côtés; les fantômes hantent encore leur imagination, leur donnent de funèbres messages, et arment leurs mains du poignard pour la vengeance personnelle, pour la politique ou la religion. L'esprit est converti, mais la chair s'obstine ; les vieilles habitudes résistent, et le sang bouillonne avec sa vieille vivacité : bouillonnements solitaires cependant, passions à demi vaincues, réduites à l'impuissance. Un scrupule ou un obstacle retient souvent leur bras prêt à frapper ; ils ont sucé le lait de la tendre humanité, comme dit Macbeth. Eclairés, ils le sont ; superstitieux, ils le sont aussi. Ils ont la générosité qui tient à une grande existence, et la bonté qui doit toujours accompagner le privilège et la puissance ; mais il leur manque je ne sais quelle douceur familière et d'un usage journalier et commun, comme aurait dit Montaigne. J'imagine que Shakspeare n'a eu qu'à prendre les traits épars que ses contemporains lui fournissaient pour former ce personnage d'Hamlet. Essex et Leicester, sir Walter Raleigh et sir Philip Sidney ont pu lui fournir chacun un détail, et quoiqu'ils n'aient aucune ressemblance générale avec Hamlet, cependant il est reconnaissable en eux. Ils ont, les uns sa tournure d'âme, son inquiétude secrète et sa tristesse grave ; les autres sa subtilité métaphysique aisément chimérique, et son élévation de pensée mêlée de superstition ; ceux-ci, sa fière allure, unie à ces boutades de dureté et à cette rudesse de ton qui lui étaient si habituelles ; ceux-là enfin, son esprit mâle et son irrésolution. Ce ne sont là toutefois que des traits particuliers ; le fait essentiel, considérable, *historique*, est celui que nous avons indiqué. La situation dans laquelle se trouvèrent les héritiers du moyen-âge lorsque sonna le xvie siècle est exprimée dans Hamlet avec une étonnante fidélité ; il réunit deux natures d'homme en lui : c'est le dernier des féodaux, et c'est le premier des hommes modernes.

Mais le personnage d'Hamlet, s'il doit son individualité à ce cachet historique, doit sa beauté et sa grandeur à une cause plus élevée : il dépasse l'histoire, enjambe le temps. Nous avons vu le féodal, l'homme du xvie siècle, d'une parcelle infiniment petite du temps ; voyons l'autre nature qui est en lui : elle est admirable.

La grande vertu d'Hamlet, c'est un amour inaltérable, ardent pour la vérité. Il ne comprend réellement pas le

mensonge : cela dépasse son intelligence et le frappe lit-
téralement de stupidité. Quand il essaie de mentir, de
paraître ce qu'il n'est pas, il est d'une inconcevable maladresse; à chaque instant, il laisse soupçonner la vérité; à chaque instant, sous la peau d'âne dont il s'est
affublé, passe la griffe du lion. Il ne comprend pas mieux
les mensonges du cœur que les mensonges de l'esprit;
que dis-je, les mensonges? il ne comprend pas même
pas qu'on oublie, et il appelle hypocrisie ce qui est sécheresse naturelle et égoïsme humain. Ainsi, avant que le
fantôme lui ait confié aucun secret, il trouve sa mère
coupable, parce qu'elle a trop vite oublié son père. Comment peut-on ne pas aimer toujours ce qu'on a aimé une
fois? comment les sources du cœur peuvent-elles se tarir
si vite? comment pouvons-nous être infidèles à notre
âme, mentir à nos affections, bien plus à nos plaisirs?
Sa franchise est sans bornes, et il la pousse aussi loin
qu'il peut la pousser, et avec le même mépris insultant.
Un courtisan, un homme à surface lui inspire un horreur profonde et en même temps une sorte de gaieté
exubérante. Un menteur pour Hamlet, dont l'élément de
vie est la vérité, est une caricature, un être grotesque et
surprenant, exactement comme pour l'homme antique,
dont l'élément de vie était la liberté, pour le Dion, pour
le Pélopidas, le tyran était une espèce de monstre ridicule en dehors de toutes les règles naturelles. Il s'amuse
du menteur et du flatteur, il le bafoue, il l'humilie; il le
force à s'avilir et à se donner en spectacle comme dans la
scène du courtisan. Les semblans en toute chose lui sont
odieux. «Il me semble, dites-vous, madame!... je ne
connais pas les semblans,» répond-il à je ne sais quel
argument captieux de sa mère. Comme tous les amants
de la vérité, il sait reconnaître la réalité sous l'apparence,
et distinguer les cœurs qui battent fortement sous l'enveloppe charnelle qui les recouvre. Son meilleur ami est
un gentilhomme de rang inférieur, Horatio, qu'il a choisi
parce qu'il a reconnu en lui un esprit libre. «Donne-moi
un homme qui ne soit pas l'esclave de ses passions, et je
le porterai comme toi dans mon cœur, dans le sanctuaire
de mes affections intimes» dit-il à Horatio. Pour connaître la vérité, il ne reculera devant rien; il suivra sans
hésiter les fantômes, il traversera avec joie les régions

ténébreuses de la mort; il renoncera à ses habitudes chéries, fera taire les émotions de la piété filiale et de la tendresse naturelle, brisera son propre cœur, et en rejettera Ophelia et toutes ses espérances de bonheur. Ne croyez pas qu'il aime la vérité par curiosité passionnée, comme nous l'aimons trop souvent; non, c'est pour lui une affaire de vie ou de mort; il l'aime avec cette intrépidité philosophique qui pousse une grande âme à contempler son redoutable aspect, dût-elle mourir ensuite du secret pénétré, comme on mourait chez les Juifs, lorsque l'oreille avait reçu le son des syllabes du nom mystérieux d'Adonaï.

C'est en cela qu'Hamlet est profondément moderne. Quelque féodal qu'il soit, le moyen-âge, ses terreurs, ses superstitions disparaissent; il n'y a plus de fantômes; il ne reste devant nous qu'un homme tourmenté de la soif de connaître, et qui aspire de toutes les forces de son âme à la vérité. La vertu d'Hamlet, c'est, je crois, aussi le signe élevé et glorieux, le caractère dominant de l'homme moderne, dont nous parlons beaucoup, mais qui est fort difficile à définir : c'est l'amour de la vérité pure, de la vérité *en elle-même* et *pour elle-même*, de la vérité contemplée sans voiles, dépouillée de toute enveloppe et de tout symbole matériel, nue comme lorsqu'elle sortit des puits de l'antique Grèce. C'est là le principe immuable au milieu de toutes les vicissitudes historiques, immobile et résistant au milieu de toutes les oscillations et incertitudes de la pensée, qui soutient l'âme humaine depuis trois siècles. C'est à ce principe aussi qu'on doit l'accélération du mouvement d'activité infinie, imprimé par le christianisme à l'âme humaine. Dans Hamlet, nous avons pour ainsi dire le point de départ de cette accélération, ralentie par la nuit et les obstacles pendant tant de siècles. De là l'agitation fébrile, les incertitudes, les appréhensions de ce personnage, dont l'âme est entraînée par un mouvement qu'elle ne peut modérer ni guider. Il est le premier de cette chaîne électrique qui relie les hommes des derniers siècles; il a ressenti la secousse imprimée par l'étincelle avec la même force que nous, qui sommes nés d'hier. Tout à l'heure nous avons vu qu'il marquait une date, un moment de la vie d'un siècle; maintenant il marque aussi une date, mais c'est celle d'une nouvelle ère de l'histoire humaine, de la plus récente et de la dernière peut-être.

Cet amour de la vérité pure et nue, cet ardeur à briser les enveloppes et les symboles, à chercher les réalités qu'ils cachent, cette haine de l'apparence ne sont pas seulement les qualités métaphysiques et scientifiques des temps modernes. Ces sentiments constituent une manière de vivre, non pas, il est vrai, pour le vulgaire troupeau humain, mais pour l'élite humaine, — non pas encore pour les nations, mais pour les individus. Ils constituent une manière de vivre, car ils raffinent la conscience, la remplissent de scrupules, et donnent à la pensée plus d'élan et plus d'amour, sinon plus de force qu'autrefois. Ils créent un langage subtil, inquiet, tourmenté, mais plein de ressources, et qui partout devient plus capable de saisir les nuances les plus ondoyantes de la pensée. Ils affectent la vie idéale et matérielle à la fois, et rendent naturellement le bonheur plus difficile et la satisfaction de l'âme moins paisible. Ils multiplient nos chimères et nos rêves, en nous dégoûtant successivement de chacune et en augmentant les exigences de nos imaginations. Ils affectent même jusqu'au tempérament, et donnent à l'élément nerveux la prédominance sur l'élément sanguin et bilieux, qui fut tout puissant à une autre époque. Il y a donc toute une manière de vivre moderne qui n'existait pas autrefois, et qui est due à cet amour particulier de la vérité. Ce qui m'étonne, c'est que les poètes ne l'aient pas remarqué plus souvent. Ils copient les vulgarités de la vie ; ils créent des personnages dont le type et le mode d'existence sont depuis longtemps épuisés, et ils négligent l'élément vraiment poétique qu'ils ont sous les yeux, ou, pour mieux dire, ils ne l'aperçoivent pas. Trois héros poétiques seuls nous frappent par leur tournure moderne, et nous semblent parler un langage approprié aux temps nouveaux. Oui, quoique cette réunion semble bizarre, Hamlet, Alceste et Werther ne doivent rien à une vie qui n'est plus. Ils n'ont leur origine dans aucune autre époque que l'époque moderne ; ils sont contemporains pour ainsi dire et ne doivent rien à leur temps que leur costume et leur tournure éphémère, — Hamlet son titre et son ton de prince, Alceste ses rubans verts et son dédain de gentilhomme, Werther sa sentimentalité et son air d'étudiant d'université allemande. Sous des formes diverses, et avec des nuances particulières, ils représentent tous trois, et ils représentent seuls, dans la littérature des derniers siècles, cette grande vertu, l'amour de la vérité. Ces trois personnages furent pour ainsi dire l'œuvre personnelle des trois poètes qui les créèrent. *Hamlet* était la pièce favorite de Shakspeare ; Molière, qui d'ordinaire n'aime pas à s'élever au-dessus d'un certain niveau moral, a mis dans Alceste tout ce que son âme pouvait concevoir de noble ; Goethe se reprochait trop vivement *Werther* pour n'avoir pas un faible pour lui, et peut-être le dédain de ses dernières années venait-il des reproches intérieurs que sa conscience lui adressait. Chacun des trois poètes a tracé son idéal d'homme, et il est remarquable qu'ils soient arrivés tous trois à rencontrer le même, à quelque différence près, et à donner tous trois l'héroïsme de la franchise comme le signe suprême de l'élévation. Une telle rencontre n'est pas fortuite, et fait rêver. Trois poètes qui cherchent quel est l'idéal humain, et qui le placent également dans l'amour de la vérité, cela n'indique-t-il pas que cet idéal est une réalité, un fait existant ?

Avais-je tort de dire qu'Hamlet était un personnage *historique ?* C'est au lecteur d'en juger ; mais qu'il en pense ce qu'il voudra, je lui donnerai un bon conseil : s'il n'a pas encore lu *Hamlet,* qu'il s'empresse de le lire, et s'il l'a lu, qu'il le relise. C'est un charme qui agit toujours.

CONFIDENCES

D'UN

HYPOCONDRIAQUE

—

Je voudrais décrire un fort singulier état de l'âme que j'ai vu de très près, et que je crois connaître parfaitement. Ce n'est pas autre chose que la vieille maladie connue depuis longtemps sous le nom d'ennui, mais l'ennui arrivé jusqu'à ses dernières limites, et pénétrant l'être physique tout entier de ses poisons subtils et de ses énervantes léthargies. A celui qui posséderait la plume du violent Swift, il serait facile, avec cette simple description, de faire un de ces pamphlets comme il savait les faire, un de ces pamphlets où il concentrait en quelques pages toute l'énergie de cette haine qui aurait pu suffire à une génération entière de cœurs haineux ; mais je ne possède pas la plume de l'illustre misanthrope, et n'ayant d'ailleurs aucun sentiment personnel à mêler à cette description, je dois me borner à transcrire le plus exactement possible les confessions qui m'ont été faites un certain jour. Je voudrais les transcrire sans aucune mise en scène littéraire, comme un naturaliste décrit une plante inconnue ou comme un médecin décrit une maladie, sèchement, avec méthode et précision. Un pareil travail, s'il était accompli par un esprit attentif et délicat, ne serait inutile, je le crois, ni au moraliste, ni au médecin, ni à l'historien futur des mœurs contemporaines. Le premier y trouverait la preuve que la nature humaine a des ressources infinies, même lorsqu'elle est placée dans les conditions les plus déplorables; le second y trouverait des indications certaines sur le tempérament des hommes d'aujourd'hui et sur les causes de leurs bizarres maladies, qui se concentrent de plus en plus sur la substance pensante et l'appareil de la sensibilité; le dernier enfin pourrait s'en servir pour mesurer les progrès de la grande infirmité du siècle. Pour moi, mon ambition serait satisfaite, si le lecteur, après avoir achevé ces quelques pages, leur donnait lui-même pour titre : *Mémoire pour servir à l'histoire de l'ennui au dix-neuvième siècle.*

Comme très peu de personnes ont connu le héros de ces confidences, je crois fort inutile de vous faire ici son portrait et de vous raconter son histoire en détail. Il était, comme nous tous, composé de bonnes et de mauvaises qualités : très impérieux et très faible en même temps, très sensible à toute chose et très indifférent à toute chose, très facile à tromper et très difficile à retenir dans l'erreur où on l'avait engagé. Prompt à s'abandonner, il se passionnait en un instant pour un système, pour un principe moral, pour une œuvre d'art nouvelle, pour un ami de la veille; mais il pénétrait rapidement au fond des choses et voyait vite le peu que cela était. J'oubliais cependant que je ne dois tracer de lui aucun portrait. Contentez-vous donc de savoir que, pour des causes très complexes, dont quelques-unes trop légitimes, il avait de bonne heure respiré ce mortel poison de l'ennui. Les ravages de cette maladie, lents et sourds d'abord, s'accrurent, à mesure que les années s'écoulèrent, avec la progression de vitesse des corps qui approchent du terme de leur chute, si bien que ce fut à l'époque où l'on supposait qu'il était près de la guérison, que la maladie prit une marche plus rapide et un caractère plus incurable. Quoiqu'il se soit ennuyé obscurément et qu'il ait été un mélancolique sans aucune célébrité, je crois pouvoir avancer que depuis les deux grands ennuyés de notre siècle, Chateaubriand et Benjamin Constant, le fardeau de la vie n'avait semblé plus lourd à personne. Il n'avait fait, il est vrai, ni *René* ni *Adolphe;* mais je doute que René ait plus bâillé sa vie, et qu'Adolphe ait senti plus que lui l'ennui descendre de son cerveau dans son cœur. Il était une preuve vivante que cet ennui dont tous les grands poètes de notre âge ont accusé l'existence chez les générations modernes était bien une maladie réelle, et n'était pas un jeu de l'imagination, une attitude choisie pour attirer les regards du vulgaire, une *pose* savante pour appeler les sympathies des âmes romanesques. Il est permis en effet d'avoir quelques soupçons quand le malade s'appelle Byron, Chateaubriand ou Benjamin Constant; on peut supposer qu'il tient à sa maladie comme à une partie de sa gloire. Malheureusement ici il n'y avait à faire aucune supposition semblable : le malade était un homme sans nom. Perdu dans la foule confuse de ses contemporains, il n'avait aucune gloire à espérer, n'en désirait aucune, et vivait seul, loin des hommes, sous l'œil maternel de la fatalité. Mais, inconnu ou non, il avait plus qu'aucun poète été favorisé de l'amitié assidue de ces deux divinités redoutées des heureux, le *spleen* et la mort. Elles l'aimaient, parce qu'elles savaient qu'il n'avait à leur opposer aucune formule de conjuration, aucune résistance, et qu'il leur obéirait docilement, sans appeler à son secours l'aide des divinités protectrices, des joies bruyantes et conservatrices de la vie. Que de services il leur avait rendus d'ailleurs! Quand la ville était trop gaie, elles savaient qu'il y avait toujours dans Paris un asile qui ne leur serait pas fermé. Elles entraient donc comme des amis familiers, s'asseyaient au coin du feu, à la place qu'elles connaissaient si bien, et alors, par reconnaissance pour l'hospitalité reçue, l'ennui faisait pleuvoir autour de son hôte l'épais brouillard de ses malsaines rêveries, et la mort ouvrait devant ses yeux les riantes perspectives qui mènent au bienheureux royaume de l'anéantissement.

Je l'ai vu passer successivement par toutes les phases de ce mal redoutable, je l'ai vu renoncer tour-à-tour à toutes les chimères que les hommes poursuivent sous le nom de bonheur, éclat, renom, amour, amitié, opinion du monde, orgueil de soi-même, et je lui dois cette justice, que jamais homme n'a dit adieu à toutes ces choses qui sont si chères à notre nature avec plus d'égalité d'âme et plus de sérénité. Chaque fois qu'il a dû renoncer à quelqu'une de ces vaines illusions, il l'a fait avec une bonne grâce parfaite, sans contorsions et sans déclamations, en prenant respectueusement congé de l'idole qui s'enfuyait. Oh! que le destin est bon! Cet être, qui semblait condamné à devenir le plus malheureux des hommes, avait trouvé dans son malheur même la source d'une joie infinie et d'une paix profonde. Religieusement soumis aux inexorables décrets qui avaient été prononcés sur lui, il savait qu'il lui était défendu d'espérer, et il se résignait humblement. Il savait que nul ami n'est aussi assidu que l'ennui, nul amour aussi fort que celui de la mort, et il s'estimait heureux d'avoir conquis une amitié qui devait durer toute la vie, un amour qui le suivrait pendant toute l'éternité.

Rien cependant dans sa personne n'indiquait au premier abord qu'il fût en rapport avec d'aussi grandes puissances, ni qu'il fût honoré d'aussi illustres amitiés, rien si ce n'est une certaine tendance à s'isoler, qui pouvait faire supposer un mystère dans sa vie. Cet isolement lui avait été souvent reproché par les rares personnes dont il supportait la rare société, et il avait été interprété de diverses façons; mais aucune de ces interprétations n'était la vraie. Il s'isolait, parce qu'une sévère expérience lui avait révélé plusieurs fois que la solitude était sa condition naturelle, que s'il tentait d'en sortir, il le ferait à ses risques et périls, et que l'ennui était, à tout prendre, préférable au ridicule et à la lâcheté. D'ailleurs cet ennui si funeste avait fini par lui devenir nécessaire, il était devenu une habitude comme l'opium et le tabac. Lorsqu'il s'abandonnait à un élan de gaieté, on le voyait s'arrêter subitement, comme s'il eût reçu à l'oreille quelque sévère avertissement, ou que la pensée qu'il mentait à sa véritable nature lui eût traversé l'esprit. «Que fais-tu, misérable présomptueux? tu t'avises d'être gai, comme si tu avais quelque motif de l'être; *memento quia pulvis es*, souviens-toi que tu dois être le fidèle serviteur de l'ennui; bâille en son honneur, et ne recommence pas tes impertinentes incartades.» Telles étaient les paroles qu'il lui semblait entendre prononcer par sa conscience, et qui le ramenaient modeste et soumis aux conditions pour lesquelles il était créé... Jamais homme, depuis le philosophe de Pascal, ne s'est montré acteur si docile, et n'a joué avec plus de scrupule le personnage que les dieux lui avaient confié dans la vaste comédie dont ils s'amusent.

Grâces à ces heureuses dispositions, il tomba enfin dans cette sombre maladie qui renferme toutes les autres, l'hypocondrie, et ce qui n'avait été jusque-là qu'une rêverie malsaine devint une sinistre réalité. Il eut dès lors toujours présent à ses côtés un spectre invisible pour tout le monde, visible pour lui seulement, et la pensée du néant, qui ne se présente à l'esprit des autres hommes que pour en être chassée par les préoccupations des plaisirs et des affaires, lui devint familière et chère entre toutes. Toutes ces légères velléités de bonheur qui de loin en loin agitaient encore son cœur cessèrent de le tourmenter, et le désir même de vivre mourut en lui. Dans cette stérilité, dans ce silence de toutes les voix de la nature, il trouva pourtant paix et douceur. Cette quiétude au sein d'un ennui aussi profond devint enfin tellement effrayante, que ses meilleurs amis ne virent d'autre remède qu'une réaction violente, de quelque nature qu'elle fût; ils le supplièrent de s'arracher à ce bonheur sinistre, de secouer cette paix plus mortelle qu'une eau marécageuse et dormante, d'essayer de vivre en un mot. Ils tentèrent une dernière fois de le bercer de vains rêves, ils essayèrent d'attiser en lui les flammes des espérances. Inutiles tourments! les flammes étaient éteintes, et le foyer où elles s'alimentaient refroidi depuis longtemps.

C'est alors qu'un soir, après avoir fait tous les efforts qu'il était en mon pouvoir de faire pour l'engager à rebrousser chemin dans la voie où il était entré, et à rentrer brusquement dans la vie, je reçus en réponse à mes conseils ces tristes confidences que j'essaierai de reproduire telles qu'elles furent faites, sans amplification ni développement inutile, et dans leur concision cruelle et ironique.

« Vous me plaignez, mon ami; vous me jugez malheureux et désespéré! Si vos conseils ressemblaient à ceux que je reçois chaque jour d'amis indifférents ou d'indifférents trop officieux, je vous répondrais tranquillement ce que j'ai répondu si souvent déjà : « Oui… sans doute… j'essaierai; merci, en attendant, de vos excellents conseils. » Mais comme je vois en vous plus de sincérité que

chez la plupart de ceux qui m'entourent, je vous répondrai
franchement : Ne me plaignez pas. Si j'ai souffert, depuis
longtemps toutes les blessures sont cicatrisées ; si j'ai été
malheureux, je ne le suis plus ; le sort compatissant, ne
trouvant plus rien à ronger en moi, a bien voulu me rendre
la paix et chercher ailleurs une autre proie. Maintenant
je jouis d'un bonheur inaltérable que rien, je crois, ne
pourra troubler désormais, car j'ai conquis dès ce monde
le repos de l'éternité. Ah ! mon ami, les sentiers par lesquels vous fait passer l'ennui ressemblent aux sentiers pé-
nibles que préfère, dit-on, la vertu ; mais au terme du
désagréable voyage on trouve, je vous assure, la récompense de ses fatigues. Je voudrais vous faire bien comprendre le bonheur dont je jouis, et en vérité c'est une
tâche difficile. Je chercherai donc dans l'histoire morale
de l'homme un fait historique qui puisse vous servir de
point de comparaison pour juger de l'état de mon âme.
Vous savez ce que les bouddhistes appellent le *nirwana*.
C'est une des plus singulières méthodes de perfectionnement mystique que l'enthousiasme humain ait encore inventées ; comme le bouddhisme lui-même me semble, si je
puis m'exprimer ainsi, une des atmosphères morales les
plus étranges que l'âme humaine ait traversées jusqu'à
présent. De quel immense ennui, de quelle lassitude ne
témoigne pas cette doctrine, qui a fait de l'athéisme une
religion, qui a donné à l'homme la promesse du néant
comme récompense de la vertu et de la piété ! L'âme
humaine, qui partout ailleurs a reculé d'effroi devant la
pensée du néant, s'est sentie un jour saisie de terreur
devant la pensée qu'elle ne mourrait jamais ; elle a eu,
pour ainsi dire, la panique de l'immortalité. Alors elle a
embrassé l'idée du néant comme sa plus chère espérance,
et n'osant y croire cependant, elle s'est creusée elle-même,
elle s'est épuisée à trouver des méthodes ingénieuses de
mériter cette récompense. De là un système de métaphysique extrêmement subtil et profond, où le néant est considéré comme l'essence divine elle-même, où la raison
humaine est considérée comme d'autant plus parfaite
qu'elle se rapproche davantage du néant. Le but suprême
de la sagesse consiste à trouver le moyen de ne plus
vivre. Qu'est-ce qui constitue la vie ? demande le boud-
dhiste. Le désir, l'espérance, la passion, voilà les racines

qui rattachent l'âme à la vie ; lorsqu'elle veut quitter son enveloppe mortelle, des liens la retiennent et l'emprisonnent encore dans un nouveau corps, l'empêchent d'aller se perdre au sein de l'éternel rien. Mourons donc dès cette vie, si nous voulons mériter ce bienheureux anéantissement, coupons ces tyranniques racines qui entravent notre perfection et retardent notre bonheur ; travaillons à ne plus espérer, à ne plus aimer, à ne plus désirer, à ne plus penser, et ainsi nous monterons successivement les degrés de l'échelle mystique qui conduit au vide infini.

« Que de peines se donnent les pieux talapoins, les bonzes mystiques, les vertueux ascètes, sectateurs de Bouddha, pour arriver à cet état qu'on pourrait définir la mort dans la vie ! Il n'est pas de moyens absurdes devant lesquels ils aient reculé, pas d'expédient ridicule dont ils aient eu honte, pas d'attitude obscène ou grotesque qu'ils aient hésité à prendre. Quels labeurs pour s'abêtir, quelles ruses ingénieuses pour se mutiler ! Mais en vérité tout cela me paraît bien enfantin. Dans leurs rituels d'abêtissement, les pauvres gens ont oublié l'ennui, qui les eût dispensés de tant d'expédiens ridicules ; l'ennui, plus puissant pour sécher le cœur et tarir les sources de la pensée que tous les exercices monastiques, que tous les tours de force inventés par les stylites orientaux. J'en sais plus long qu'eux sur la perfection suprême sans avoir eu besoin de recourir à leurs méthodes, et avec le seul ennui pour auxiliaire, j'ai franchi rapidement tous les degrés du *nirwana*.

» Vous qui jugez mon sort si malheureureux, vous ignorez tout le bonheur que l'ennui peut procurer à ceux qu'il a choisis pour ses victimes. Jamais tyran italien n'a fait mourir ses ennemis avec plus de grâce, et en les couvrant de plus de fleurs. Ses premières visites, par exemple, sont charmantes, pleines de douces rêveries, de tendres entretiens, d'affectueuses larmes. Il s'assied à vos côtés, le perfide, et en même temps qu'il vous insinue ses poisons, il vous conseille d'espérer, de prendre goût à la vie, de l'oublier même. Conseils hypocrites ! il sait bien que l'on ne peut guérir de ses poisons. Il s'insinue auprès de vous comme un ami, et un long temps s'écoule avant que vous ayez aperçu qu'en lui vous avez un maître. Et les heures coulent rapidement en sa compagnie, quoiqu'en dise l'opinion vulgaire! Il peuple votre solitude d'une foule de génies et d'esprits malfaisants, et des essaims de mélancolies légères viennent par son ordre, comme les océanides de Prométhée, vous prodiguer leurs impuissantes consolations. Cette première période du *spleen* est donc pleine de charme et de dangereux attrait; l'âme s'y laisse doucement aller, et apprend à tirer de son infortune même un funeste plaisir. Cependant un rayon de véritable bonheur pourrait faire fondre en un instant tous ces enchantements malsains, toute cette magie vaporeuse; mais il refuse de briller, et le brouillard s'épaissit de plus en plus.

» Le bonheur seul en effet, le bonheur réel, non les vaines chimères auxquelles nous donnons ce titre, peut lutter avec avantage contre cet ennemi terrible, lorsqu'il n'a pas pris depuis trop longtemps possession de notre âme. Toutes les autres armes sont vaines, quoiqu'on dise, et l'énergie d'un Hercule faiblirait dans une pareille lutte. Que veulent dire les pédagogues qui n'ont jamais subi les atteintes de ce mal, les mondains à la vie bruyante, lorsqu'ils nous prêchent qu'il est de notre devoir de lutter, ou qu'ils nous proposent leurs plaisirs comme moyens de défense? Pensent-ils donc que la lutte n'ait pas eu lieu? Il y a toujours un moment où la réaction arrive, où l'âme s'agite avec une fiévreuse impatience pour secouer son engourdissement, où nous nous indignons contre cet asservissement que nous n'avions pas prévu, où nous essayons de reconquérir notre liberté. C'est l'heure des vaines colères et des inutiles violences, l'heure des blasphèmes lancés dans le vide, des cris auxquels nul écho ne répond, des larmes que nul souffle du ciel ne vient sécher; mais, pareille à un peuple révolté qui vient de lui-même se remettre sous le joug d'un tyran, l'âme se lasse de ces stériles combats. Oh! comme elle revient domptée, soumise et châtiée de sa tentative d'indépendance! Avec quelle muette servilité et quel obéissant empressement elle reprend le collier de son ancienne servitude! Désormais elle ne fera plus un mouvement : elle comprend qu'elle est une victime marquée par la fatalité, et, pleine de repentir pour ses hardiesses impies, elle courbe pieusement la tête devant cette éternelle puissance qui régissait les anciens dieux et qui régit toujours les hommes.

» C'est alors que cet ancien ami, cet aimable compagnon de vos longues journées solitaires et de vos veilles silencieuses, l'ennui, se présente à vous avec son véritable visage, imposant, solennel, despotique. Désormais docile et revenu à jamais de vos incartades d'écolier, vous prêtez attentivement l'oreille à ses graves leçons, vous n'en perdez plus une syllabe. L'amour de ce maître austère vous vient, vous comprenez enfin que son dessein est de vous donner, malgré vous, le bonheur. Il veut vider votre âme et votre cœur de tout cet assemblage profane d'idées, de sentiments, de passions, sources d'erreurs et de mensonges que les sages ont toujours fuies. Il veut y faire régner un désert solennel qui soit un tabernacle digne de recevoir l'idée du *rien* éternel. Une telle opération vous semble dépasser de beaucoup, n'est-il pas vrai, les opérations chirurgicales les plus douloureuses que nous connaissions? Cependant il n'en est rien. L'ennui procède dans son œuvre de destruction comme la nature, comme le temps, comme toutes les forces éternelles qui ne sont pas de l'homme, qui n'ont pas de fiévreuses impatiences et de puériles précipitations; il procède avec lenteur et avec mesure. Oh! comme le cœur de l'homme, ce fragile organe qui semblerait devoir être brisé en quelques minutes, peut résister longtemps! Quelles solides et subtiles racines l'attachent à la vie! Quelle force il a pour souffrir! Avec quelle élasticité et quelle souplesse il rebondit contre l'adversité! Quelle source inépuisable d'amour, quels mystérieux trésors d'affection et de bonté sont cachés en lui! Pour dessécher cette source, pour dissiper ces trésors, il faut des années. C'est un grand martyre, pensez-vous sans doute, d'assister chaque jour, à toute heure, sans intervalle de repos, à la destruction de son propre cœur, que de le voir s'en aller par imperceptibles lambeaux comme une étoffe rongée des vers? Lorsqu'il nous est infligé par une main humaine, celle d'un tyran domestique par exemple, ou celle d'une femme aimée, ce martyr nous paraît insupportable. Eh bien! avec l'ennui, je vous assure, ce supplice est supportable après tout; l'ennui n'a pas ces lourdeurs et ces maladresses de main, cette ignorance grossière, cette rudesse cruelle qui distingue nos bourreaux humains; lui, il panse en même temps qu'il blesse, il endort en même temps qu'il tue. Sa puissance narcotique est telle que dans mes rares heures de libre fantaisie, lorsque, pareil à l'esclave, je raillais mon maître absent, j'ai souvent pensé que les savants devraient chercher le moyen d'utiliser l'ennui dans les opérations chirurgicales qui réclament l'emploi de l'éther.

« Il a deux baumes pour apaiser l'irritation des plaies qu'il creuse dans l'âme, le mépris et l'oubli. On se console de bien des choses, je vous assure, en méprisant et en oubliant. Je vous recommande surtout le mépris comme une volupté que très peu d'hommes connaissent, et qui est une des plus délicieuses qu'on puisse goûter sur cette terre. Si un jour vous en prenez le goût, usez-en largement : c'est une volupté dont il est nécessaire d'abuser pour la sentir, et qui perd toute sa saveur lorsqu'elle est prise à petites doses. C'est, après l'amour, la plus grande volupté dont l'âme humaine soit capable ; seulement je la crois plus délicate que l'amour, plus exquise, plus *distinguée*, comme on dit aujourd'hui, moins à la portée de la foule grossière, moins conforme aux instincts du vulgaire. On dit que ceux qui ont aimé une fois cherchent à aimer jusqu'à leur mort ; ceux qui ont méprisé ne se guérissent aussi que par la mort de cet aimable poison. Le mépris est l'auxiliaire le plus actif de la mort ; c'est celui qui, de tous nos sentiments, nous fait le mieux prendre la vie en dégoût et l'humanité en pitié. Essayez-en, et vous me direz plus tard si vous pensez qu'il soit un cœur qui puisse vivre longtemps, s'il est soumis à cette volupté violente. Et c'est à ce régime que j'ai été soumis. Non-seulement j'ai cessé de croire à la possibilité de vivre, mais j'ai cessé de sentir même le désir de la vie.

» Pendant longtemps, à mesure que je sentais mon cœur se fermer et mon âme se dépouiller, comme un arbre aux approches de l'hiver, il me semblait que j'éprouvais comme une lassitude vague qui se traduisait par un immense besoin de repos ; mais aujourd'hui j'ai conquis ce repos : le vide est maintenant complet. Si le bonheur existe, je n'en veux rien savoir ; si la vérité existe, elle ne m'est plus nécessaire. Que la vérité reste entre les mains jalouses des dieux, qui rient de nos efforts pour l'atteindre, je ne les divertirai pas plus longtemps de mes souffrances et de mes travaux : je n'ai jamais eu aucun goût pour les rôles ridicules. Que le bonheur aille où il le voudra chercher ses élus, je ne l'appellerai plus, car j'ai une certaine fierté, et je n'ai jamais poursuivi longtemps ce qui s'obstinait à me fuir. Pour parler un langage poétique : non, je ne serai plus la dupe des olympiens et des mortels. L'ennui, le bienfaisant ennui m'a enfin délivré de tous ces soucis qui nous causent de si cruelles souffrances, et qui pourtant nous sont si chers, tant que nous n'avons pas dominé notre nature charnelle et dompté l'ancien Adam qui est en nous, comme disent les théologiens. Moi, j'ai dompté l'ancien Adam, je m'en flatte, à l'aide du tout-puissant *spleen*, et je suis entré dans le royaume de l'*ataraxie* la plus stoïque. Le calme règne en moi et autour de moi ; je suis comme plongé dans l'infini du vide. Comment pourrai-je vous dépeindre les joies que j'éprouve. Une bouche mortelle n'a pas de mots pour décrire à une oreille mortelle des voluptés qui dépassent notre nature. Comment exprimer ce bonheur de l'insensibilité absolue, cette plénitude du néant? Il faudrait pour une telle œuvre la plume des grands poètes qui ont entrepris de chanter les joies célestes et les voluptés séraphiques. Je suis donc heureux, très-heureux, et en même temps que j'ai trouvé le bonheur, j'ai travaillé à mon perfectionnement moral, s'il faut en croire les docteurs bouddhistes. Je me suis dépouillé successivement de tout ce qui pouvait m'attacher à la vie, et qui me rendait indigne d'entrer dans le néant éternel. Maintenant j'attends ma récompense, que le sort, malgré ses rigueurs, ne peut me refuser sans une iniquité trop criante, c'est-à-dire ce néant éternel, que j'aurai bien gagné à la sueur de mon front, je vous assure, et que je vous souhaite lorsque vous serez arrivé à l'état de perfection auquel je suis arrivé. »

Je n'eus pas le courage de remercier mon pauvre ami de l'aimable vœu qu'il faisait pour moi ; ce souhait d'anéantissement, étant une formule de politesse fort inusitée jusqu'à présent, me frappa de surprise et me laissa sans réponse. Quelques années se sont écoulées depuis le soir où cette navrante confession me fut faite, et celui qui la fit jouit maintenant, il faut l'espérer, d'une immortalité plus douce que cet anéantissement qu'il attendait avec un calme si religieux ; mais ses paroles me sont

restées dans la mémoire comme la meilleure expression
de la tournure qu'à prise, vers le milieu de notre siècle,
ce sentiment de l'ennui, qui depuis tantôt cent ans a joué
un si grand rôle dans le monde. Tout ce que j'ai vu de
caractères mélancoliques et entendu de discours spléné-
tiques portaient le même cachet d'ironie amère, calme,
méprisante et un peu brutale. L'ennui a subi une transformation, comme toute chose autour de nous ; il eût été
fort singulier en effet que lui seul n'eût pas changé, et que
dans notre société matérialiste il eût gardé ses délicatesses
de dilettante, de touriste grand seigneur et de poète allemand. Au commencement de notre siècle, l'ennui fut
presque une religion ; il se confondit avec une noble inquiétude des choses éternelles ; il cherchait, il rêvait ; que
dis-je? il osait même espérer. Aujourd'hui l'ennui règne
plus qu'autrefois ; mais ce n'est plus un noble tourment,
c'est une maladie, lourde, fatigante, monotone ; il ne se
contente plus d'enivrer l'âme, il la tue. L'ennui n'est plus
une inquiétude, comme au temps de Goethe et de Rousseau, c'est une négation ; ce n'est plus ce scepticisme qui
rougissait de lui-même et osait à peine s'avouer, c'est
l'athéisme qui s'avoue sans fausse honte, froidement et
franchement. Nous allons vite en vérité, dans le siècle où
nous vivons, vite comme la cavalcade sinistre de la bal-
lade de Bürger. Nous marchons d'un pas rapide et hardi
dans le chemin de la mort. Tout s'en va, tout se décolore
et s'abâtardit, même le désespoir, même l'ennui. On dirait
que l'âme humaine a atteint la limite de volupté, de pensée, de curiosité qu'elle ne peut franchir sans se para-
lyser ou s'hébéter. Lasse d'espérer, fatiguée d'attendre,
veuve depuis trop long temps des sentiments qui donnaient
un but à son activité, elle se tient accroupie au fond de
l'organe que les philosophes lui ont assigné pour séjour,
et contemple d'un air hagard les sens qui simulent encore
les grimaces de la vie. Comme mon ami l'hypocondriaque,
elle tire maintenant son bonheur de son impuissance, et
place dans le néant son suprême espoir et sa dernière récompense.

TABLE

—

FIN